La Divina Comedia

Dante Alighieri

Happy Hour Books

Publicado por:

HAPPY HOUR BOOKS

www.happyhoursbooks.com

Correo lectrónico::: happyhourbooks1@gmail.com

Primera publicación por Happy Hour Books 2025

Título: **La Divina Comedia**

ISBN de tapa blanda: 9789358481457

ISBN de tapa dura: 9789358482362

ISBN Ebook: 9789358487060

Table of Content

Purgatorio

Paraiso

LA COMMEDIA

QUE es pues la Comedia? La edad medieval realizada como arte, a pesar del autor y de los contemporáneos. ¡Y notad qué cosa tan grande es ésta! La edad media no era un mundo artístico, antes lo contrario del arte. La religión era misticismo; la filosofía, escolástica. La primera excomulgaba el arte, quemaba las imágenes, avezaba a los espíritus a desasirse de lo real. La otra vivía de abstracciones y de fórmulas y de citas, aguzando el entendimiento y llevándole a sutilizar acerca de los nombres y de los vacuas generalidades llamadas *esencias*. Los espíritus eran atraídos hacia lo general, más dispuestos a idealizar que a realizar: y esto es precisamente lo contrario del arte. En los poetas sencillos hallamos la realidad tosca e informe, como en los misterios, en las visiones y en las leyendas. En los poetas doctos encontramos una forma crudamente didascálica o figurativa y alegórica. El arte no había nacido aún. Existía la imagen; pero no la realidad con su libertad y carácter.

Dante toma de los misterios la comedia del alma y hace de esta historia el centro de una visión suya del otro mundo. Toda esta representación no es más que sentido literal; la visión es alegórica, los personajes son imágenes y no personas; todo lo que es activo en su espíritu lo lleva hacia la figura y no hacia lo figurado. Su naturaleza poética, arrastrada a pesar suyo a las abstracciones teológicas y escolásticas, se rebela y puebla su cerebro de fantasmas, obligándolo a concretar, a materializar y a dar forma a lo que es más espiritual e impalpable, aún a Dios mismo. Aquel mundo literal lo hechiza, lo persigue, lo asedia y no descansa hasta que recibe de él su forma definitiva; y ya no es letra, sino espíritu; ya no es imagen, sino realidad; un mundo en sí cabal e inteligible, perfectamente realizado. Visión y alegoría, tratado o leyenda, crónicas, historias, loores, himnos, misticismo y escolástica, todas las formas literarias y toda la cultura de la época están aquí encerradas y animadas en este gran misterio del alma y de la humanidad: poema universal en que se reflejan todos los pueblos y todos los siglos que constituyen la edad media.

Más este mundo artístico, nacido de una contradicción entre la intención del poeta y su obra, no es acabadamente armónico, no es poesía pura. La falsa conciencia poética perturba la obra de aquella espontaneidad genial, y pone en ella un no sé qué de inseguro y de no acabado, una mezcla y crudeza de colores. El pensamiento, en su desnudez escolástica; o exornado con imágenes que sin embargo no bastan a vencer su abstracción, tiene demasiada importancia. Sus figuras alegóricas recuerdan en ocasiones a los monstruos orientales más que a la serena belleza griega: lo mismo las entidades abstractas que los personajes conscientes y libres. A menudo, preocupado por el segundo sentido que tiene en mientes, agrega pormenores extraños a la imagen, lo que perturba y distrae al lector, interrumpiéndole el libre vuelo de la fantasía. La presencia constante de otro sentido que aligera la representación y a veces la penetra, menoscaba la claridad y la armonía. Aún el estilo, enmarañado de cuando en cuando con asuntos lejanos y sutiles pierde su claridad y se torna confuso y turbio. No es un templo griego sino una catedral gótica, llena de vastas sombras, en donde pugnan elementos contrarios, que no han sido bien armonizados. A veces es tosco; otras, delicado. En ocasiones, poeta docto y en otras, popular. Ora pierde de vista a la verdad y se entrega a sutilezas, ora la intuye rápidamente y la expresa con sencillez. Ya es un cronista burdo, ya un pintor acabado. Cuándo se pierde en cuestiones abstractas; cuándo, en medio de ellas, hace germinar la vida. Aquí desciende a cosas pueriles, allá se remonta a excelsitudes sobrehumanas. Al ocuparse en un silogismo brilla la luz de una imagen; mientras teologiza estalla la flama del sentimiento. En ratos os halláis ante una fría alegoría y repentinamente sentís a la carne estremecerse con ella. Su credulidad nos hace hoy sonreír; luego su audacia nos llenará de asombro. Fué un pequeño mundo donde se reflejaba toda la existencia de entonces.

Los elementos contrarios que fermentaban en una sociedad en estado aún de formación contendían en él, sin que se diera cuenta de ello. Si miráis sus aspiraciones encontraréis que en ellas todo es armonía. Filósofo, piensa en el reino de la ciencia y de la virtud; cristiano, contempla el reino de Dios; patriota, suspira por el reino de la justicia y de la paz; poeta, sueña una forma toda luz, proporción y armonía, *lo bello stile*; su autor es Virgilio. Mientras más grande era la barbarie y la ignorancia, mayor su aspiración hacia un mundo armónico y concorde. Mas el poeta se halla rodeado por esta burda realidad, por esas formas discordes; se apesadumbra y le falta la serenidad del artista y saca de su fantasía un mundo del arte, en gran parte realizado, pero donde se encuentra aún las asperezas de una materia domeñada imperfectamente.

Penetremos en este mundo, mirémoslo e interroguémoslo. Porque un argumento no es *tabula rasa,* donde podamos escribir a nuestro antojo, sino mármol entallado, que tiene en sí mismo su concepto y las leyes de su desarrollo. La virtud mayor del genio consiste en entender su argumento, ser uno con él, apartando todo lo que le sea extraño. Es necesario apasionarse por él, vivir dentro de él, constituirse en su alma o su conciencia. De modo semejante el crítico en lugar de imponerse reglas abstractas y juzgar con el mismo criterio la *Comedia* y la *Ilíada,* la *Gerusalemme* y el *Orlando Furioso,* debe estudiar el mundo creado por el poeta, interrogarlo, indagar su naturaleza que contiene forzosamente su poética o sean las leyes orgánicas de su formación, su concepto, su forma, su génesis, su estilo. ¿Qué cosa es el otro mundo?

Es el problema del destino humano resuelto, la explicación del misterio del alma, el fin de la historia del hombre, el mundo perfecto, lo eterno presente, la inmutable necesidad. En la naturaleza ya no ocurre el accidente; en el hombre ya no hay libertad. La naturaleza está predeterminada y fijada por una lógica preconcebida según la idea moral. Lo real y lo ideal se vuelven idénticos; la apariencia y la sustancia son una misma cosa. El hombre ya no tiene libre albedrío: está ahí fijo e inmóvil como la naturaleza. Toda acción ha cesado; se ha roto todo vínculo que une a los hombres en la tierra; patria, familia, riquezas, dignidad, costumbres. No existe sucesión ni desenvolvimiento, ni principio, ni fin; falta la narración, el drama. El individuo desaparece en el género. El carácter, la personalidad no tiene modo de manifestarse. Eterno dolor, gozo eterno, sin eco, sin variación, sin contraste ni grado. No hay epopeya porque falta la acción; no hay drama porque falta la libertad; la lírica es la inmutable y monótona expresión de una sola aria; queda la existencia en su inmóvil manera de ser, la descripción de la naturaleza y del hombre.

¿Qué cosa es, pues, el otro mundo—con relación al arte? Visión, contemplación, descripción: una historia natural.

Más en esta visión penetra la leyenda o el misterio porque dentro está representada la comedia o redención del alma en su peregrinaje desde lo humano a lo divino, *da Fiorenza in popol giusto e sano.* Tiene pues la apariencia de un drama que se desarrolla en el otro mundo, y sus actores son Dante, Virgilio, Catón, Estacio, el demonio, Matilde, Beatriz, San Pedro, San Bernardo, la Virgen, Dios; drama alegórico como lo es la comedia del alma, *Commedia dell'anima.* Digo *apariencia de un drama*, porque la santificación no nace del obrar sino del contemplar, y Dante contempla, no obra, y los otros adoctrinan, enseñan. El drama, en consecuencia, se desvanece en la contemplación.

Así concebido, este mundo era el de los misterios y las leyendas y se convertía en mundo teológico-escolástico en manos de los doctos. Dante lo ha realizado, lo ha hecho existir en el arte; ha creado esa naturaleza y ese hombre. Y si su mundo no es perfectamente artístico, la falta no es de él sino que aquel mundo en donde el hombre es naturaleza y la naturaleza, ciencia, y del cual se ha desterrado a lo accidental y a la libertad, los dos grandes factores de la vida real y del arte.

Si Dante hubiera sido fraile o filósofo, apartado de la vida real, se habría encerrado en esas formas y en esa alegoría sin salir de ellas. Mas Dante, al entrar en el reino de los muertos lleva consigo todas las pasiones de los vivos, y las preocupaciones terrenas. Descuida ser un símbolo o una figura alegórica, y es Dante, la más potente individualidad de aquel tiempo, en la cual está compendiada toda la vida de la época, con sus abstracciones, sus éxtasis, sus pasiones impetuosas, su refinamiento y su barbarie. A la vista de un ser viviente y al oír sus palabras, las almas renacen por un instante, sienten de nuevo la antigua vida, se tornan hombres; en lo eterno vuelve a aparecer el tiempo; en el seno de lo porvenir, vive y se mueve Italia, y más bien aún, la Europa de aquel siglo. Así la poesía abarca toda la vida, cielo y tierra, tiempo y eternidad, lo humano y lo divino; y el poema sobrenatural conviértese en humano y terreno, con la marca del hombre y del tiempo. Reaparece la naturaleza terrenal como oposición o parangón o remembranza. Reaparece el accidente y el tiempo, la historia y la sociedad en su vida exterior e interna; apunta la tradición virgiliana con Roma por capital del mundo y con la monarquía preestablecida; y dentro de este marco magnífico, pasa ante nuestros ojos la historia de la época: Bonifacio VIII, Roberto, Felipe el hermoso, Carlos de Valois, los Cerchi y los Donati, la nueva Florencia y la antigua, la historia de Italia, y la historia de Dante, sus iras, sus odios, sus venganzas, sus amores, sus predilecciones.

Así se integra la vida; el otro mundo sale de su abstracción doctrinal y mística; cielo y tierra se confunden; síntesis viviente de esta inmensa comprensión, Dante es espectador, actor y juez. La vida, contemplada desde el otro mundo adquiere nuevas actitudes, sensaciones e impresiones. El otro mundo visto desde la tierra, se reviste de sus pasiones e intereses. Y resulta de todo una concepción originalísima, una naturaleza nueva y un hombre nuevo. Son dos mundos omnipresentes, en reciprocidad de acción, que se suceden, se alternan, se cruzan, se compenetran, se explican y se iluminan mutuamente, en perpetua vuelta. Su unidad no reside en un protagonista, ni en una acción, ni en un fin abstracto y extraño a la materia; está en la misma materia; unidad interior e impersonal, viviente, indivisible; unidad orgánica cuyos instantes se suceden en el espíritu del poeta, no como agregación mecánica de partes separables, sino compenetrados e identificados como en la vida. Esta unidad enérgica y armoniosa se halla en la naturaleza misma de los dos mundos, materialmente diversos, pero que no constituyen sino una misma cosa en la unidad de la conciencia. Cielo y tierra son términos correlativos; no es posible el uno sin el otro. Lo puramente real y lo puramente ideal son dos abstracciones; cada cosa real lleva consigo su ideal; todo hombre porta su infierno y su paraíso; todo hombre encierra en su pecho a los dioses del Olimpo: el escéptico puede negar el infierno, pero no suprimir la conciencia. Puesto que estos dos mundos son la vida misma en sus dos aspectos, en el seno de esta unidad se desenvuelve el dualismo más vivaz, mejor dicho, antagonismo: el otro mundo hace de los cuerpos sombras; sombras son los afectos, las grandezas y las pompas; mas en esas sombras aún se estremece la carne, se agita el deseo, resuenan las imprecaciones terrenales que llegan hasta la tranquila bóveda del cielo. Los hombres con sus pasiones, vicios y virtudes quedan eternizados como estatuas, en la misma actitud y expresión de odio, de desdén y de amor en que han sido sorprendidos por el artista; pero mientras el otro mundo hace de la tierra algo eterno, transportándola a su centro y poniéndole delante la imagen de lo infinito, descubre lo vano y la nada; los hombres son los mismos en un escenario distinto, que es su ironía. Esta unidad y dualidad que salen del fondo mismo de la situación brilla a la luz del día en las más variadas formas; a veces en un apóstrofe, en un discurso, en un gesto, en una acción; ya en la naturaleza, ya en el hombre; en esta unidad queda comprendida la mayor variedad, y no es fácil encontrar una obra artística cuyos límites sean tan precisos y tan vastos. Nada hay en el argumento que constriña al poeta a preferir a tal personaje, a cierta época o acción; él escoge toda la historia, todos los aspectos bajo los cuales aparece la humanidad; y puede abandonarse libremente a sus iras y opiniones e intercalar en el plan general fines particulares sin que la unidad se dañe. Todo esto da a su universo una acabada realidad poética, y es patente en la permanente unidad, todo lo que surge del ser humano, del libre albedrío y de lo casual y el moverse con vario juego todos los contrastes y lo necesario unido con el libre albedrío y el destino con la casualidad.

En resumen, ¿qué clase de poesía es ésta? contiene materia épica y no es epopeya; hay una situación lírica y no es lírica; posee una trama dramática y no es drama. Trátase de una de aquellas construcciones gigantescas y primitivas, verdaderas enciclopedias, biblias nacionales; no de un género más bien que de otro, sino de un todo que contiene en embrión toda la materia y todas las formas poéticas, el germen de todo desarrollo ulterior. Por lo tanto ningún género de poesía sobresale y es explicado; el uno entra en el otro y se perfecciona en él de la misma manera que los dos mundos se identifican y no se puede decir: aquí está uno de ellos y allá el otro; así los diversos géneros están unidos de manera que nadie puede señalar los confines que los dividen y aún menos decir: esto es absolutamente épico y esto, dramático.

Es el contenido universal del cual todas las poesías no son más que fragmentos; el *poema sacro*; la eterna geometría y la eterna lógica de la creación encarnada en los tres mundos cristianos; la ciudad de Dios, en la que se refleja la ciudad del hombre con toda su realidad de determinado lugar y época; la esfera inmóvil del mundo teológico, en la cual alientan tempestuosamente todas las pasiones humanas.

La idea que anima esta vasta construcción y le infunde vida y la desarrolla, es el concepto de la salvación, el camino que lleva al alma del mal al bien, del error a la verdad, de la anarquía a la ley, de lo múltiple a lo uno. Es el concepto cristiano y moderno de la unidad de Dios sustituída a la pluralidad pagana. Si este concepto fuera solamente algo exterior, explicado en su abstracción doctrinal, como pensamiento, o presentado en forma alegórica, la imagen no bastaría para engendrar una obra de arte. Pero el concepto no es sólo externo sino interno; no es únicamente del significado y la ciencia de aquel mundo, obra de filósofo y de crítico, sino principio activo, como en el hombre y en la naturaleza, que construye y forma ese mundo y le da una historia y un desarrollo. Este principio activo puede llamarse en su abstracción lo verdadero o el bien, o la virtud, o la ley; como realidad viva y activa es el espíritu, que tiene por contrario a la materia o la carne, donde se halla como en prisión o como en un *vasello* de donde se esfuerza por salir.

Así, pues, la vida es un antagonismo, una batalla entre el espíritu y la carne, entre Dios y el demonio. Su historia es la victoria progresiva del espíritu, su conciencia y albedrío, bajo las formas en que vive sutilizándose, descorporificándose, idealizándose hasta Dios, espíritu absoluto, la Verdad, la Bondad, la Unidad, el último Ideal. La concepción dantesca, el espíritu que anima su mundo es, pues, la progresiva disolución de las formas, un constante ascender desde la carne al espíritu, la emancipación de la materia y del sentido mediante la expiación y el dolor, el choque entre lo satánico y lo divino, el infierno y el paraíso. Homero transporta a los dioses a la tierra y los materializa; Dante transporta a los hombres al otro mundo y los espiritualiza. La materia no es más que apariencia; lo que sólo existe es el espíritu; los hombres son sombras; las acciones humanas se reproducen como fantasmas en el dominio de la memoria; la tierra misma es un recuerdo que fluctúa como una visión; lo real, lo presente es el espíritu infinito; todo lo demás es *vanita che par persona.* Todo se va acrisolando progresivamente; el velo se torna cada vez más transparente; el *Infierno* es la sede de la materia, el dominio de la carne y del pecado; lo terrenal no solamente es remembranza sino presente; el castigo no logra modificar los caracteres y las pasiones; el pecado y lo terreno se perpetúan en el otro mundo y se inmovilizan en esas almas incapaces de arrepentimiento; pecado eterno, pena eterna. En el *Purgatorio* cesan las tinieblas y brilla el sol, la luz de la inteligencia, el espíritu; lo mundano es un penoso recuerdo que el penitente procura olvidar; y el espíritu, separándose de lo corpóreo, tiende a la completa posesión de sí, a la salvación. En el *Paraíso* la persona humana desaparece y todas las formas se desvanecen y se elevan en la luz; a medida que se asciende, y mientras más se idealiza esta gloriosa transfiguración hasta llegar a la presencia de Dios, el espíritu absoluto, la forma se desvanece y no persiste más que el sentimiento:

....Tutta cessa

Mia visione, ed ancor mi distilla

Nel cuor lo dolce che nacque da essa.

Cosi la neve al sol si disigilla;

Cosi al vento nelle foglie lievi

Si perdea la sentenzia di Sibilla.

Este concepto comprende todo lo que se puede saber y toda la historia; no sólo construye y desarrolla el mundo dantesco sino que lo halláis siempre vivo en el camino intelectual e histórico de la vida, bajo todas las formas, en todos los problemas que se presentan al poeta, en religión, en filosofía, en política, en moral; y así se concreta y cumple en todas las direcciones de la vida. En religión, es el camino de la letra al espíritu, del símbolo a la idea, del Viejo al Nuevo Testamento; en la ciencia, el tránsito de la ignorancia y del error a la religión y de la razón a la revelación; en moral, el paso del mal al bien, del odio al amor mediante la expiación; en política, la senda que conduce de la anarquía a la unidad. Sometido a las condiciones de espacio y de tiempo, vuélvese historia; tal hombre, tal pueblo, tal siglo. En religión, está ante la Iglesia Romana, ante el papado, que el poeta quiere emancipar de los intereses y pasiones terrenales y retornar a su fin espiritual; en filosofía, encuentra la ciencia vulgar y la ciencia de la verdad en el paraíso; en moral, os halláis delante de las pasiones, las discordias, las culpas y los vicios de la edad bárbara de la cual os sentís poco a poco alejados en vuestro camino hacia el sumo bien; en política, es la Italia anárquica y ensangrentada que el poeta aspira a traer a la paz y concordia en la unidad del imperio. De este modo un mismo concepto anima el todo, en la forma, en el pensamiento y en la historia. Pero comprensión más vasta y concorde no había salido jamás de mente humana. Algunos encuentran en la *Comedia* el otro mundo, considerando lo demás como una intrusión, casi como una profanación; Edgard Quinet se siente *choqué* de ver como las pasiones del poeta le siguen hasta el paraíso; otros descubren en él un mundo político que no es más que una representación figurada. Llaman a este poema *religioso* o *político*, *didascálico* o *moral*; lo reducen a querellas de católicos y protestantes, a disputas de güelfos y gibelinos. No miran desde la cumbre del monte sino desde la llanura y toman por el todo lo que encuentran en la línea recta del camino. Cada uno se forja un pequeño mundo y dice: este es el mundo de Dante. Y el mundo de Dante contiene en sí todos esos mundos. Es el mundo universal de la edad media realizado en el arte.

FRANCESCO DE SANCTIS.

INFIERNO

CANTO PRIMERO

Ala mitad del viaje de nuestra vida me encontré en una selva obscura, por haberme apartado del camino recto. ¡Ah! Cuán penoso me sería decir lo salvaje, áspera y espesa que era esta selva, cuyo recuerdo renueva mi pavor, pavor tan amargo, que la muerte no lo es tanto. Pero antes de hablar del bien que allí encontré, revelaré las demás cosas que he visto. No sé decir fijamente cómo entré allí; tan adormecido estaba cuando abandoné el verdadero camino. Pero al llegar al pie de una cuesta, donde terminaba el valle que me había llenado de miedo el corazón, miré hacia arriba, y vi su cima revestida ya de los rayos del planeta que nos guía con seguridad por todos los senderos. Entonces se calmó algún tanto el miedo que había permanecido en el lago de mi corazón durante la noche que pasé con tanta angustia; y del mismo modo que aquel que, saliendo anhelante fuera del piélago, al llegar a la playa, se vuelve hacia las ondas peligrosas y las contempla, así mi espíritu, fugitivo aún, se volvió hacia atrás para mirar el lugar de que no salió nunca nadie vivo. Después de haber dado algún reposo a mi fatigado cuerpo, continué subiendo por la solitaria playa, procurando afirmar siempre aquel de mis pies que estuviera más bajo. Al principio de la cuesta, aparecióseme una pantera ágil, de rápidos movimientos y cubierta de manchada piel. No se separaba de mi vista, sino que interceptaba de tal modo mi camino, que me volví muchas veces para retroceder. Era a tiempo que apuntaba el día, y el sol subía rodeado de aquellas estrellas que estaban con él cuando el amor divino imprimió el primer movimiento a todas las cosas bellas. Hora y estación tan dulces me daban motivo para augurar bien de aquella fiera de pintada piel. Pero no tanto que no me infundiera terror el aspecto de un león que a su vez se me apareció: figuróseme que venía contra mí, con la cabeza alta y con un hambre tan rabiosa, que hasta el aire parecía temerle.

Siguió a éste una loba que, en medio de su demacración, parecía cargada de deseos; loba que ha obligado a vivir miserable a mucha gente. El fuego que despedían sus ojos me causó tal turbación, que perdí la esperanza de llegar a la cima. Y así como el que gustoso atesora y se entristece y llora con todos sus pensamientos cuando llega el momento en que sufre una pérdida, así me hizo padecer aquella inquieta fiera, que, viniendo a mi encuentro, poco a poco me repelía hacia donde el sol se calla. Mientras yo retrocedía hacia el valle, se presentó a mi vista uno, que por su prolongado silencio parecía mudo. Cuando le vi en aquel gran desierto:

—Piedad de mí—le grité—quienquiera que seas, sombra u hombre verdadero.

Respondióme:

No soy ya hombre, pero lo he sido; mis padres fueron lombardos y ambos tuvieron a Mantua por patria. Nací "sub Julio," aunque algo tarde, y vi a Roma bajo el mando del buen Augusto en tiempo de los dioses falsos y engañosos. Poeta fuí, y canté a aquel justo hijo de Anquises, que volvió de Troya después del incendio de la soberbia Ilión. Pero, ¿por qué te entregas de nuevo a tu aflicción? ¿Por qué no asciendes al delicioso monte, que es causa y principio de todo goce?

—¡Oh! ¿Eres tú aquel Virgilio, aquella fuente que derrama tan ancho raudal de elocuencia?—le respondí ruboroso. ¡Ah!, ¡honor y antorcha de los demás poetas! Válganme para contigo el prolongado estudio y el grande amor con que he leído y meditado tu obra. Tú eres mi maestro y mi autor predilecto; tú solo eres aquél de quien he imitado el bello estilo que me ha dado tanto honor. Mira esa fiera debido a la cual retrocedía; líbrame de ella, famoso sabio, porque a su aspecto se estremecen mis venas y late con precipitación mi pulso.

—Te conviene seguir otra ruta—respondió al verme llorar—, si quieres huír de este sitio salvaje; porque esa fiera que te hace prorrumpir en tales lamentaciones no deja pasar a nadie por su camino, sino que se opone a ello matando al que a tanto se atreve. Su instinto es tan malvado y cruel, que nunca ve satisfechos sus ambiciosos deseos, y después de comer tiene más hambre que antes. Muchos son los animales a quienes se une, y serán aun muchos más hasta que venga el Lebrel[11] y la haga morir entre dolores. Este no se alimentará de tierra ni de peltre, sino de sabiduría, de amor y de virtud, y su patria estará entre Feltro y Feltro.

Será la salvación de esta humilde Italia, por quien murieron de sus heridas la virgen Camila, Euríalo y Turno y Niso. Perseguirá a la loba de ciudad en ciudad hasta que la haya arrojado en el infierno, de donde en otro tiempo la hizo salir la envidia. Ahora, por tu bien, pienso y veo claramente que debes seguirme: yo seré tu guía, y te sacaré de aquí para llevarte a un lugar eterno, donde oirás aullidos desesperados; verás los espíritus dolientes de los antiguos condenados, que llaman a gritos a la segunda muerte; verás también a los que están contentos entre las llamas, porque esperan, cuando llegue la ocasión, tener un puesto entre los bienaventurados. Si quieres, en seguida, subir hasta ellos, te acompañará en este viaje un alma más digna que yo, te dejaré con ella cuando yo parta; pues el Emperador que reina en las alturas no quiere que por mediación mía se entre en su ciudad, porque fuí rebelde a su ley. El impera en todas partes y reina arriba; arriba está su ciudad y su alto solio: ¡Oh! ¡Feliz el elegido para su reino!

Y yo le contesté:

—Poeta, te requiero por ese Dios a quien no has conocido, que me hagas huír de este mal y de otro peor; condúceme adonde has dicho, para que yo vea la puerta de San Pedro y a los que, según dices, están tan desolados.

Entonces se puso en marcha, y yo seguí tras él.

CANTO SEGUNDO

EL día terminaba; la atmósfera obscura de la noche invitaba a descansar de sus fatigas a los seres animados que existen sobre la tierra, y yo solo me preparaba a sostener los combates del camino y de las cosas dignas de compasión, que mi memoria trazará sin equivocarse. ¡Oh Musas!, ¡oh alto ingenio!, venid en mi ayuda: ¡oh mente, que escribiste lo que ví!, ahora aparecerá tu nobleza.

Yo comencé:

—Poeta, que me guías, mira si mi virtud es bastante fuerte antes de aventurarme en tan profundo viaje. Tú dices que el padre de Silvio, aun corruptible, pasó al siglo inmortal y pasó sensiblemente. Si el adversario de todo mal le fué favorable, debióse a los grandes efectos que de él debían sobrevenir; y el por qué no parece injusto a un hombre de talento; pues en el Empíreo fué elegido para ser el padre de la fecunda Roma y de su imperio: el uno y la otra, a decir verdad, fueron establecidos en favor del sitio santo en donde reside el sucesor del gran Pedro. Durante este viaje, por el que le elogias, oyó cosas que presagiaron su victoria y el manto papal. Después el Vaso de elección fué transportado hasta el cielo para dar más firmeza a la fe, que es el principio del camino de la salvación. Pero yo ¿por qué he de ir?, ¿quién me lo permite? Yo no soy Eneas, ni San Pablo: ante nadie, ni ante mí mismo, me creo digno de tal honor. Porque si me lanzo a tal empresa, temo por mi loco empeño. Puesto que eres sabio, comprenderás las razones que me callo.

Y como aquel que no quiere ya lo que quería, y asaltado de una nueva idea, cambia de parecer, de suerte que abandona todo lo que había comenzado, así me sucedía en aquella obscura cuesta; porque, a fuerza de pensar, abandoné la empresa que había empezado con tanto ardor.

—Si he comprendido bien tus palabras—respondió aquella sombra magnánima—, tu alma está traspasada de espanto, el cual se apodera frecuentemente del hombre, y tanto, que le retrae de una empresa honrosa, como una vana sombra hace a veces retroceder a una fiera, cuando se introduce en la obscuridad. Para librarte de ese temor, te diré por qué he venido, y lo que vi en el primer momento en que me moviste a compasión. Yo estaba entre los que se hallan en suspenso, y me llamó una dama tan bienaventurada y tan bella, que le rogué me diera sus órdenes. Brillaban sus ojos más que la estrella, y empezó a decirme con voz angelical, en su lengua: "¡Oh alma cortés Mantuana, cuya fama dura aún en el mundo y durará mientras su movimiento se prolongue! Mi amigo, que no lo es de la ventura, se ve tan embarazado en la playa desierta, que en medio del camino el miedo le ha hecho retroceder; y temo (por lo que he oído de él en el Cielo) que se haya extraviado ya, y que yo haya acudido tarde en su socorro. Vé, pues, y con tus elocuentes palabras, y con lo que se necesita para sacarle de su apuro, auxíliale tan bien, que yo quede consolada. Yo soy Beatriz, la que te hace marchar; vengo de un sitio adonde deseo volver: amor me impele, y es el que me hace hablar. Cuando vuelva a estar delante de mi Señor, le hablaré de ti bien y con frecuencia." Calló entonces, y yo repuse: "¡Oh mujer de virtud única, por quien la especie humana excede en dignidad a todos los seres contenidos bajo aquel Cielo que tiene los círculos más pequeños! Tanto me place tu orden, que si ya te hubiera obedecido, creería haber tardado: no tienes necesidad de expresarme más tus deseos. Mas dime: ¿por qué causa no temes descender al fondo de este centro desde lo alto de esos inmensos lugares, adonde ardes en deseos de volver?" "Puesto que tanto quieres saber, te diré brevemente, respondióme, por qué no temo venir a este abismo. Sólo deben temerse las cosas que pueden redundar en perjuicio de otros; pero no aquellas que no inspiran este temor. Por la merced de Dios, estoy hecha de tal suerte, que no me alcanzan vuestras miserias, ni puede prender en mí la llama de este incendio. Hay en el Cielo una dama gentil,[2] que se conduele del obstáculo opuesto al que te envío, y que mitiga el duro juicio de la justicia divina. Ella se ha dirigido a Lucía[3] con sus ruegos, y le ha dicho: "Tu fiel amigo tiene necesidad de ti, y te lo recomiendo." Lucía, enemiga de todo corazón cruel, se ha conmovido e ido al lugar donde yo me encontraba, sentada al lado de la antigua Raquel. Y me ha dicho: "Beatriz, verdadera alabanza de Dios, ¿no socorres a aquél que te amó tanto, y que por ti salió de la vulgar esfera? ¿No oyes su queja conmovedora? ¿No ves la muerte contra quien combate sobre ese río, más formidable que el mismo mar?" En el mundo no ha habido jamás una persona más pronta en correr hacia un beneficio ni en huír de un peligro, que yo, en cuanto oí tales palabras. Descendí desde mi dichoso puesto, fiándome en esa elocuente palabra que te honra, y que honra a cuantos la han oído." Después de haberme hablado de este modo, volvió llorando hacia mí sus ojos brillantes, con lo que me hizo partir más presuroso. Y me he dirigido a ti tal como ha sido su voluntad, y te he preservado de aquella fiera que te cerraba el camino más corto de la hermosa montaña. Pero ¿qué tienes?, ¿por qué te suspendes?, ¿por qué abrigas tanta cobardía en tu corazón?, ¿por qué no tienes atrevimiento ni valor, cuando tres mujeres benditas cuidan de ti en la corte celestial, y mis palabras te prometen tanto bien?

Y así como las florecillas, inclinadas y cerradas por la escarcha, se abren erguidas en cuanto el Sol las ilumina, así creció mi abatido ánimo, e inundó tal aliento mi corazón, que exclamé como un hombre decidido:

—¡Oh! ¡Cuán piadosa es la que me ha socorrido! ¡Y tú, alma bienhechora, que has obedecido con tal prontitud las palabras de verdad que ella te ha dicho! Con las tuyas has preparado mi corazón de tal suerte, y le has comunicado tanto deseo de emprender el gran viaje, que vuelvo a abrigar mi primer propósito. Vé, pues; que una sola voluntad nos dirija: tú eres mi guía, mi señor, mi maestro.

Así le dije, y en cuanto echó a andar, entré por el camino profundo y salvaje.

CANTO TERCERO

POR mí se va a la ciudad del llanto; por mí se va al eterno dolor; por mi se va hacia la raza condenada: la justicia animó a mi sublime arquitecto; me hizo la divina potestad, la suprema sabiduría y el primer amor. Antes que yo no hubo nada creado, a excepción de lo eterno, y yo duro eternamente. ¡Oh vosotros los que entráis, abandonad toda esperanza!"

Vi escritas estas palabras con caracteres negros en el dintel de una puerta, por lo cual exclamé:

—Maestro, el sentido de estas palabras me causa pena.

Y él, como hombre lleno de prudencia, me contestó:

—Conviene abandonar aquí todo temor; conviene que aquí termine toda cobardía. Hemos llegado al lugar donde te he dicho que verías a la dolorida gente, que ha perdido el bien de la inteligencia.

Y después de haber puesto su mano en la mía con rostro alegre, que me reanimó, me introdujo en medio de las cosas secretas. Allí, bajo un cielo sin estrellas, resonaban suspiros, quejas y profundos gemidos, de suerte que al escucharlos comencé a llorar. Diversas lenguas, horribles blasfemias, palabras de dolor, acentos de ira, voces altas y roncas, acompañadas de palmadas, producían un tumulto que va rodando siempre por aquel espacio eternamente obscuro, como la arena impelida por un torbellino. Yo, que estaba horrorizado, dije:

—Maestro, ¿qué es lo que oigo, y qué gente es ésa, que parece doblegada por el dolor?

Me respondió:

—Esta miserable suerte está reservada a las tristes almas de aquellos que vivieron sin merecer alabanzas ni vituperio: están confundidas entre el perverso coro de los ángeles que no fueron rebeldes ni fieles a Dios, sino que sólo vivieron para sí. El Cielo los lanzó de su seno por no ser menos hermoso; pero el profundo Infierno no quiere recibirlos por la gloria que con ello podrían reportar los demás culpables.

Y yo repuse:

—Maestro, ¿qué cruel dolor les hace lamentarse tanto?

A lo que me contestó:

—Te lo diré brevemente. Estos no esperan morir; y su ceguedad es tanta, que se muestran envidiosos de cualquier otra suerte. El mundo no conserva ningún recuerdo suyo; la misericordia y la justicia los desdeñan: no hablemos más de ellos, míralos y pasa adelante.

Y yo, fijándome más, vi una bandera que iba ondeando tan de prisa, que parecía desdeñosa del menor reposo: tras ella venía tanta muchedumbre, que no hubiera creído que la muerte destruyera tan gran número. Después de haber reconocido a algunos, miré más fijamente, y vi la sombra de aquel que por cobardía hizo la gran renuncia[4]. Comprendí inmediatamente y adquirí la certeza de que aquella turba era la de los ruines que se hicieron desagradables a los ojos de Dios y a los de sus enemigos. Aquellos desgraciados, que no vivieron nunca, estaban desnudos, y eran molestados sin tregua por las picaduras de las moscas y de las avispas que allí había; las cuales hacían correr por su rostro la sangre, que mezclada con sus lágrimas, era recogida a sus pies por asquerosos gusanos.

Habiendo dirigido mis miradas a otra parte, vi nuevas almas a la orilla de un gran río, por lo cual, dije:

—Maestro, dígnate manifestarme quiénes son y por qué ley parecen ésos tan prontos a atravesar el río, según puedo ver a favor de esta débil claridad.

Y él me respondió:

—Te lo diré cuando pongamos nuestros pies sobre la triste orilla del Aqueronte.

Entonces, avergonzado y con los ojos bajos, temiendo que le disgustasen mis preguntas, me abstuve de hablar hasta que llegamos al río. En aquel momento vimos un anciano cubierto de canas, que se dirigía hacia nosotros en una barquichuela, gritando: "¡Ay de vosotras, almas perversas! No esperéis ver nunca el Cielo. Vengo para conduciros a la otra orilla, donde reinan eternas tinieblas, en medio del calor y del frío. Y tú, alma viva, que estás aquí, aléjate de entre esas que están muertas." Pero cuando vió que yo no me movía, dijo: "Llegarás a la playa por otra orilla, por otro puerto, mas no por aquí: para llevarte se necesita una barca más ligera."

Y mi guía le dijo:

—Carón, no te irrites. Así se ha dispuesto allí donde se puede todo lo que se quiere; y no preguntes más.

Entonces se aquietaron las velludas mejillas del barquero de las lívidas lagunas, que tenía círculos de llamas alrededor de sus ojos. Pero aquellas almas, que estaban desnudas y fatigadas, no bien oyeron tan terribles palabras, cambiaron de color, rechinando los dientes, blasfemando de Dios, de sus padres, de la especie humana, del sitio y del día de su nacimiento, de la prole de su prole y de su descendencia: después se retiraron todas juntas, llorando fuertemente, hacia la orilla maldita en donde se espera a todo aquel que no teme a Dios. El demonio Carón, con ojos de ascuas, haciendo una señal, las fué reuniendo, golpeando con su remo a las que se rezagaban; y así como en otoño van cayendo las hojas una tras otra, hasta que las ramas han devuelto a la tierra todos sus despojos, del mismo modo los malvados hijos de Adán se lanzaban uno a uno desde la orilla, a aquella señal, como pájaros que acuden al reclamo. De esta suerte se fueron alejando por las negras ondas; pero antes de que hubieran saltado en la orilla opuesta, se reunió otra nueva muchedumbre en la que aquéllas habían dejado.

—Hijo mío—me dijo el cortés Maestro—, los que mueren en la cólera de Dios acuden aquí de todos los países, y se apresuran a atravesar el río, espoleados de tal suerte por la justicia divina, que su temor se convierte en deseo. Por aquí no pasa nunca un alma pura; por lo cual, si Carón se irrita contra ti, ya conoces ahora el motivo de sus desdeñosas palabras.

Apenas hubo terminado, tembló tan fuertemente la sombría campiña, que el recuerdo del espanto que sentí aún me inunda la frente de sudor. De aquella tierra de lágrimas salió un viento que produjo rojizos relámpagos, haciéndome perder el sentido y caer como un hombre sorprendido por el sueño.

CANTO CUARTO

INTERRUMPIO mi profundo sueño un trueno tan fuerte, que me estremecí como hombre a quien se despierta a la fuerza: me levanté, y dirigiendo una mirada en derredor mío, fijé la vista para reconocer el lugar donde me hallaba. Vime junto al borde del triste valle, abismo de dolor, en que resuenan infinitos ayes, semejantes a truenos. El abismo era tan profundo, obscuro y nebuloso, que en vano fijaba mis ojos en su fondo, pues no distinguía cosa alguna.

—Ahora descendamos allá abajo, al tenebroso mundo—me dijo el poeta muy pálido—: yo iré el primero; tú el segundo.

Yo, que había advertido su palidez, le respondí:

—¿Cómo he de ir yo, si tú, que sueles desvanecer mis incertidumbres, te atemorizas?

Y él repuso:

—La angustia de los desgraciados que están ahí bajo, refleja en mi rostro una piedad que tú tomas por terror. Vamos, pues; que la longitud del camino exige que nos apresuremos.

Y sin decir más, penetró y me hizo entrar en el primer círculo que rodea el abismo. Allí, según pude advertir, no se oían quejas, sino sólo suspiros, que hacían temblar la eterna bóveda, y que procedían de la pena sin tormento de una inmensa multitud de hombres, mujeres y niños. El buen Maestro me dijo:

—¿No me preguntas qué espíritus son los que estamos viendo? Quiero, pues, que sepas, antes de seguir adelante, que éstos no pecaron; y si contrajeron en su vida algunos méritos, no es bastante, pues no recibieron el agua del bautismo, que es la puerta de la Fe que forma tu creencia. Y si vivieron antes del cristianismo, no adoraron a Dios como debían: yo también soy uno de ellos. Por tal falta, y no por otra culpa, estamos condenados, consistiendo nuestra pena en vivir con el deseo sin esperanza.

Un gran dolor afligió mi corazón cuando oí esto, porque conocí personas de mucho valor que estaban suspensas en el Limbo.

—Dime, Maestro y señor mío—le pregunté para afirmarme más en esta Fe que triunfa de todo error;—¿alguna de esas almas ha podido, bien por sus méritos o por los de otros, salir del Limbo y alcanzar la bienaventuranza?

Y él, que comprendió mis palabras encubiertas y obscuras, repuso:

—Yo era recién llegado a este sitio, cuando vi venir a un Sér poderoso, coronado con la señal de la victoria. Hizo salir de aquí el alma del primer padre, y la de Abel su hijo, y la de Noé; la del legislador Moisés, tan obediente; la del patriarca Abraham, y la del rey David; a Israel, con su padre y con sus hijos, y a Raquel por quien aquél hizo tanto,[5] y a otros muchos, a quienes otorgó la bienaventuranza; pues debes saber que, antes de ellos, no se salvaban las almas humanas.

Mientras así hablaba, no dejábamos de andar; pero seguíamos atravesando siempre la selva, esto es, la selva que formaban los espíritus apiñados. Aun no estábamos muy lejos de la entrada del abismo, cuando vi un resplandor que triunfaba del hemisferio de las tinieblas: nos encontrábamos todavía a bastante distancia, pero no a tanta que no pudiera yo distinguir que aquel sitio estaba ocupado por personas dignas.

—Oh tú, que honras toda ciencia y todo arte, ¿quiénes son ésos, cuyo valimiento debe ser tanto, que así están separados de los demás?

Y él a mí:

—La hermosa fama que aún se conserva de ellos en el mundo que habitas, les hace acreedores a esta gracia del cielo, que de tal suerte los distingue.

Entonces oí una voz que decía: "¡Honrad al sublime poeta; regresa su sombra, que se había separado de nosotros!" Cuando calló la voz, vi venir a nuestro encuentro cuatro grandes sombras, cuyo rostro no manifestaba tristeza ni alegría. El buen maestro empezó a decirme:

—Mira aquel que tiene una espada en la mano, y viene a la cabeza de los tres como su señor. Ese es Homero, poeta soberano: el otro es el satírico Horacio, Ovidio es el tercero y el último Lucano. Cada cual merece, como yo, el nombre que antes pronunciaron unánimes; me honran y hacen bien.

De este modo vi reunida la hermosa escuela de aquel príncipe del sublime cántico, que vuela como el águila sobre todos los demás.

Después de haber estado conversando entre sí un rato, se volvieron hacia mí dirigiéndome un amistoso saludo, que hizo sonreír a mi Maestro; y me honraron aún más, puesto que me admitieron en su compañía, de suerte que fuí el sexto entre aquellos grandes genios. Así seguimos hasta donde estaba la luz, hablando de cosas que es bueno callar, como bueno era hablar de ellas en el sitio en que nos encontrábamos. Llegamos al pie de un noble castillo, rodeado siete veces de altas murallas, y defendido alrededor por un bello riachuelo. Pasamos sobre éste como sobre tierra firme; y atravesando siete puertas con aquellos sabios, llegamos a un prado de fresca verdura. Allí había personajes de mirada tranquila y grave, cuyo semblante revelaba una grande autoridad: hablaban poco y con voz suave. Nos retiramos luego hacia un extremo de la pradera; a un sitio despejado, alto y luminoso, desde donde podían verse todas aquellas almas. Allí, en pie sobre el verde esmalte, me fueron señalados los grandes espíritus, cuya contemplación me hizo estremecer de alegría. Allí vi a Electra con muchos de sus compañeros, entre los que conocí a Héctor y a Eneas; después a César, armado, con sus ojos de ave de rapiña. Vi en otra parte a Camila y a Pentesilea, y vi al Rey Latino, que estaba sentado al lado de su hija Lavinia; vi a aquel Bruto, que arrojó a Tarquino de Roma; a Lucrecia también, a Julia, a Marcia y a Cornelia, y a Saladino, que estaba solo y separado de los demás. Habiendo levantado después la vista, vi al maestro de los que saben,[6] sentado entre su filosófica familia. Todos le admiran, todos le honran: vi además a Sócrates y Platón, que estaban más próximos a aquél que los demás; a Demócrito, que pretende que el mundo ha tenido por origen la casualidad; a Diógenes, a Anaxágoras y a Tales, a Empédocles, a Heráclito y a Zenón: vi al buen observador de la cualidad, es decir, a Dioscórides, y vi a Orfeo, a Tulio y a Lino, y al moralista Séneca; al geómetra Euclides, a Tolomeo, Hipócrates, Avicena y Galeno, y a Averroes, que hizo el gran comentario. No me es posible mencionarlos a todos, porque me arrastra el largo tema que he de seguir y muchas veces las palabras son breves para el asunto. Bien pronto la compañía de seis queda reducida a dos: mi sabio guía me conduce por otro camino fuera de aquella inmovilidad hacia una aura temblorosa, y llego a un punto privado totalmente de luz.

CANTO QUINTO

ASI descendí del primer círculo al segundo, que contiene menos espacio, pero mucho más dolor, y dolor punzante, que origina desgarradores gritos. Allí estaba el horrible Minos que, rechinando los dientes, examina las culpas de los que entran; juzga y da a comprender sus órdenes por medio de las vueltas de su cola. Es decir, que cuando se presenta ante él un alma pecadora, y le confiesa todas sus culpas, aquel gran conocedor de los pecados ve qué lugar del infierno debe ocupar y se lo designa, ciñéndose al cuerpo la cola tantas veces cuantas sea el número del círculo a que debe ser enviada. Ante él están siempre muchas almas, acudiendo por turno para ser juzgadas; hablan y escuchan, y después son arrojadas al abismo.

—¡Oh, tú, que vienes a la mansión del dolor!—me gritó Minos cuando me vió, suspendiendo sus terribles funciones—; mira cómo entras y de quién te fías: no te alucine lo anchuroso de la entrada.

Entonces mi guía le preguntó:

—¿Por qué gritas? No te opongas a su viaje ordenado por el destino: así lo han dispuesto allí donde se puede lo que se quiere; y no preguntes más.

Empezaron a dejarse oír voces plañideras: y llegué a un sitio donde hirieron mis oídos grandes lamentos. Entrábamos en un lugar que carecía de luz, y que rugía como el mar tempestuoso cuando está combatido por vientos contrarios. La tromba infernal, que no se detiene nunca, envuelve en su torbellino a los espíritus; les hace dar vueltas continuamente, y les agita y les molesta: cuando se encuentran ante la ruinosa valla que los encierra, allí son los gritos, los llantos y los lamentos, y las blasfemias contra la virtud divina. Supe que estaban condenados a semejante tormento los pecadores carnales que sometieron la razón a sus lascivos apetitos; y así como los estorninos vuelan en grandes y compactas bandadas en la estación de los fríos, así aquel torbellino arrastra a los espíritus malvados llevándolos de acá para allá, de arriba abajo, sin que abriguen nunca la esperanza de tener un momento de reposo, ni de que su pena se aminore. Y del mismo modo que las grullas van lanzando sus tristes acentos, formando todas una prolongada hilera en el aire, así también vi venir, exhalando gemidos, a las sombras arrastradas por aquella tromba. Por lo cual pregunté:

—Maestro, ¿qué almas son ésas a quienes de tal suerte castiga ese aire negro?

—La primera de ésas, de quienes deseas noticias—me dijo entonces—, fué emperatriz de una multitud de pueblos donde se hablaban diferentes lenguas, y tan dada al vicio de la lujuria, que permitió en sus leyes todo lo que excitaba el placer, para ocultar de este modo la abyección en que vivía. Es Semíramis, de quien se lee que sucedió a Nino y fué su esposa y reinó en la tierra en donde impera el Sultán. La otra es la que se mató por amor y quebrantó la fe prometida a las cenizas de Siqueo. Después sigue la lasciva Cleopatra. Ve también a Helena, que dió lugar a tan funestos tiempos; y ve al gran Aquiles, que al fin tuvo que combatir por el amor. Ve a París y a Tristán....

Y a más de mil sombras me fué enseñando y designando con el dedo, a quienes Amor había hecho salir de esta vida. Cuando oí a mi sabio nombrar las antiguas damas y los caballeros, me sentí dominado por la piedad y quedé como aturdido. Empecé a decir:

—Poeta, quisiera hablar a aquellas dos almas que van juntas y parecen más ligeras que las otras impelidas por el viento.

Y él me contestó:

—Espera que estén más cerca de nosotros: y entonces ruégales, por el amor que las conduce, que se dirijan hacia ti.

Tan pronto como el viento las impulsó hacia nosotros, alcé la voz diciendo:

—¡Oh almas atormentadas!, venid a hablarnos, si otro no se opone a ello.

Así como dos palomas, excitadas por sus deseos, se dirigen con las alas abiertas y firmes hacia el dulce nido, llevadas en el aire por una misma voluntad, así salieron aquellas dos almas de entre la multitud donde estaba Dido, dirigiéndose hacia nosotros a través del aire malsano, atraídas por mi eficaz y afectuoso llamamiento.

—¡Oh sér gracioso y benigno, que vienes a visitar enmedio de este aire negruzco a los que hemos teñido el mundo de sangre! Si fuéramos amados por el Rey del universo, le rogaríamos por tu tranquilidad, ya que te compadeces de nuestro acerbo dolor. Todo lo que te agrade oír y decir, te lo diremos y escucharemos con gusto mientras que siga el viento tan tranquilo como ahora. La tierra donde nací está situada en la costa donde desemboca el Po con todos sus afluentes para descansar en el mar. Amor, que se apodera pronto de un corazón gentil, hizo que éste se prendara de aquel hermoso cuerpo que me fué arrebatado de un modo que aún me atormenta. Amor, que no dispensa de amar al que es amado, hizo que me entregara vivamente al placer de que se embriagaba éste, que, como ves, no me abandona nunca. Amor nos condujo a la misma muerte. Caína[7] espera al que nos arrancó la vida.

Tales fueron las palabras de las dos sombras. Al oír a aquellas almas atormentadas, bajé la cabeza y la tuve inclinada tanto tiempo, que el poeta me dijo:

—¿En qué piensas?

—¡Ah!—exclamé al contestarle—; ¡cuán dulces pensamientos, cuántos deseos les han conducido a doloroso tránsito!

Después me dirigí hacia ellos, diciéndoles:

—Francisca, tus desgracias me hacen derramar tristes y compasivas lágrimas. Pero dime: en tiempo de los dulces suspiros ¿cómo os permitió Amor conocer vuestros secretos deseos?

Ella me contestó:

—No hay mayor dolor que acordarse del tiempo feliz en la miseria; y eso lo sabe bien tu Maestro. Pero si tienes tanto deseo de conocer cuál fué el principal origen de nuestro amor, haré como el que habla y llora a la vez. Leíamos un día por pasatiempo las aventuras de Lancelote, y de qué modo cayó en las redes del Amor: estábamos solos y sin abrigar sospecha alguna. Aquella lectura hizo que nuestros ojos se buscaran muchas veces y que palideciera nuestro semblante; mas un solo pasaje fué el que decidió de nosotros. Cuando leímos que la deseada sonrisa de la amada fué interrumpida por el beso del amante, éste, que jamás se ha de separar de mí, me besó tembloroso en la boca: el libro y quien lo escribió fué para nosotros otro Galeoto; aquel día ya no leímos más.

Mientras que un alma decía esto, la otra lloraba de tal modo, que, movido de compasión, desfallecí como si me muriera, y caí como cae un cuerpo inanimado.

CANTO SEXTO

AL recobrar los sentidos, que perdí por la tristeza y la compasión que me causó la suerte de los dos cuñados, vi en derredor mío nuevos tormentos y nuevas almas atormentadas doquier iba y doquier me volvía o miraba. Me encuentro en el tercer círculo; en el de la lluvia eterna, maldita, fría y densa, que cae siempre igualmente copiosa y con la misma fuerza. Espesos granizos, agua negruzca y nieve descienden en turbión a través de las tinieblas; la tierra, al recibirlos, exhala un olor pestífero. Cerbero, fiera cruel y monstruosa, ladra con sus tres fauces de perro contra los condenados que están allí sumergidos. Tiene los ojos rojos, los pelos negros y cerdosos, el vientre ancho y las patas guarnecidas de uñas que clava en los espíritus, les desgarra la piel y les descuartiza. La lluvia les hace aullar como perros; los miserables condenados forman entre sí una muralla con sus costados y se revuelven sin cesar. Cuando nos descubrió Cerbero, el gran gusano abrió las bocas enseñándonos sus colmillos; todos sus miembros estaban agitados. Entonces mi guía extendió las manos, cogió tierra, y la arrojó a puñados en las fauces ávidas de la fiera. Y del mismo modo que un perro se deshace ladrando al tener hambre, y se apacigua cuando muerde su presa, ocupado tan sólo en devorarla, así también el demonio Cerbero cerró sus impuras bocas, cuyos ladridos causaban tal aturdimiento a las almas que quisieran quedarse sordas. Pasamos por encima de las sombras derribadas por la incesante lluvia, poniendo nuestros pies sobre sus fantasmas, que parecían cuerpos humanos. Todas yacían por el suelo, excepto una que se levantó con presteza para sentarse, cuando nos vió pasar ante ella.

—¡Oh, tú, que has venido a este Infierno!—me dijo—; reconóceme si puedes. Tú fuiste hecho, antes que yo deshecho.

Yo le contesté:

—La angustia que te atormenta es quizá causa de que no me acuerde de ti; me parece que no te he visto nunca. Pero dime, ¿quién eres tú, que a tan triste lugar has sido conducido, y condenado a un suplicio, que si hay otro mayor, no será por cierto tan desagradable?

Contestóme:

—Tu ciudad, tan llena hoy de envidia, que ya colma la medida, me vió en su seno en vida más serena. Vosotros, los habitantes de esa ciudad, me llamasteis Ciacco. Por el reprensible pecado de la gula, me veo, como ves, sufriendo esta lluvia. Yo no soy aquí la única alma triste; todas las demás están condenadas a igual pena por la misma causa.

Y no pronunció una palabra más. Yo le respondí:

—Ciacco, tu martirio me conmueve tanto, que me hace verter lágrimas; pero dime, si es que lo sabes: ¿en qué pararán los habitantes de esa ciudad tan dividida en facciones? ¿Hay algún justo entre ellos? Dime por qué razón se ha introducido en ella la discordia.

Me contestó:

—Después de grandes debates, llegarán a verter su sangre, y el partido salvaje arrojará al otro partido causándole grandes pérdidas. Luego será preciso que el partido vencedor sucumba al cabo de tres años, y que el vencido se eleve, merced a la ayuda de aquel que ahora es neutral. Esta facción llevará la frente erguida por mucho tiempo, teniendo bajo su férreo yugo a la otra, por más que ésta se lamente y avergüence. Aun hay dos justos, pero nadie les escucha: la soberbia, la envidia y la avaricia son las tres chispas que han inflamado los corazones.

Aquí dió Ciacco fin a su lamentable discurso, y yo le dije:

—Todavía quiero que me informes, y me concedas algunas palabras. Dime dónde están, y dame a conocer a Farinata y al Tegghiaio, que fueron tan dignos, a Jacobo Rusticucci, Arigo y Mosca, y a otros que a hacer bien consagraron su ingenio, pues siento un gran deseo de saber si están entre las dulzuras del Cielo o entre las amarguras del Infierno.

A lo que me contestó:

—Están entre almas más perversas; otros pecados los han arrojado a un círculo más profundo: si bajas hasta allí, podrás verlos. Pero cuando vuelvas al dulce mundo, te ruego que hagas porque en él se renueve mi recuerdo: y no te digo ni te respondo más.

Entonces torció los ojos que había tenido fijos; miróme un momento, y luego inclinó la cabeza, y volvió a caer entre los demás ciegos. Mi guía me dijo:

—Ya no volverá a levantarse hasta que se oiga el sonido de la angélica trompeta; cuando venga la potestad enemiga del pecado. Cada cual encontrará entonces su triste tumba; recobrará sus carnes y su figura; y oirá el juicio que debe resonar por toda una eternidad.

Así fuimos atravesando aquella impura mezcla de sombras y de lluvia, con paso lento, razonando un poco sobre la vida futura. Por lo cual dije:

—Maestro, ¿estos tormentos serán mayores después de la gran sentencia, o bien menores, o seguirán siendo tan dolorosos?

Y él a mí:

—Acuérdate de tu ciencia, que pretende que cuanto más perfecta es una cosa, tanto mayor bien o dolor experimenta. Aunque esta raza maldita no debe jamás llegar a la verdadera perfección, espera ser después del juicio más perfecta que ahora.

Caminando por la vía que gira alrededor del círculo, continuamos hablando de otras cosas que no refiero, y llegamos al sitio donde se desciende: allí encontramos a Plutón, el gran enemigo.

CANTO SEPTIMO

PAPE satán, pape satán aleppe"[8] comenzó a gritar Plutón con ronca voz. Y aquel sabio gentil, que lo supo todo, para animarme, dijo:

—No te inquiete el temor; pues a pesar de su poder, no te impedirá que desciendas a este círculo.

Después, volviéndose hacia aquel rostro hinchado de ira, le dijo:

—Calla, lobo maldito: consúmete interiormente con tu propia rabia. No sin razón venimos al profundo infierno; pues así lo han dispuesto allá arriba, donde Miguel castigó la soberbia rebelión.

Como las velas, hinchadas por el viento, caen derribadas cuando el mástil se rompe, del mismo modo cayó al suelo aquella fiera cruel. Así bajamos a la cuarta cavidad, aproximándonos más a la dolorosa orilla que encierra en sí todo el mal del universo. ¡Ah, justicia de Dios!, ¿quién, si no tú, puede amontonar tantas penas y trabajos como allí vi? ¿Por qué nos desgarran así nuestras propias faltas? Como una ola se estrella contra otra ola en el escollo de Caribdis, así chocan uno contra otro los condenados. Allí vi más condenados que en ninguna otra parte, los cuales formados en dos filas, se lanzaban de la una a la otra enormes pesos con todo el esfuerzo de su pecho, gritando fuertemente: dábanse grandes golpes, y después se volvían cada cual hacia atrás, exclamando: "¿Por qué guardas? ¿Por qué derrochas?" De esta suerte iban girando por aquel tétrico círculo, yendo desde un extremo a su opuesto, y repitiendo a gritos su injurioso estribillo. Después, cuando cada cual había llegado al centro de su círculo, se volvían todos a la vez para empezar de nuevo otra pelea.

Yo, que tenía el corazón conmovido de lástima, dije:

—Maestro mío, indícame qué gente es ésta. Todos esos tonsurados que vemos a nuestra izquierda ¿han sido clérigos?

Y él me respondió:

—Erró la mente de todos en la primera vida, y no supieron gastar razonablemente: así lo manifiestan claramente sus aullidos cuando llegan a los dos puntos del círculo que los separa de los que siguieron camino opuesto. Esos que no tienen cabellos que cubran su cabeza, fueron clérigos, papas y cardenales, a quienes subyugó la avaricia.

Y yo:

—Maestro, entre todos ésos, bien deberá haber algunos a quienes yo conozca y a quienes tan inmundos hizo este vicio.

Y él a mí:

—En vano esforzarás tu imaginación: la vida sórdida que los hizo deformes, hace que hoy sean obscuros y desconocidos. Continuarán chocando entre sí eternamente; y saldrán éstos del sepulcro con los puños cerrados, y aquéllos con el cabello rapado. Por haber gastado mal y guardado mal, han perdido el Paraíso, y se ven condenados a ese eterno combate, que no necesito pintarte con palabras escogidas. Ahí podrás ver, hijo mío, cuán rápidamente pasa el soplo de los bienes de la Fortuna, por los que la raza humana se enorgullece y querella. Todo el oro que existe bajo la Luna, y todo lo que ha existido, no puede dar un momento de reposo a una sola de esas almas fatigadas.

—Maestro—le dije entonces—, enséñame cuál es esa Fortuna de que me hablas, y que así tiene entre sus manos los bienes del mundo.

Y él a mí:

—¡Oh necias criaturas! ¡Cuán grande es la ignorancia que os extravía! Quiero que te alimentes con mis lecciones. Aquél, cuya sabiduría es superior a todo, hizo los cielos y les dió un guía, de modo que toda parte brilla para toda parte, distribuyendo la luz por igual; con el esplendor del mundo hizo lo mismo, y le dió una guía, que administrándolo todo, hiciera pasar de tiempo en tiempo las vanas riquezas de una a otra familia, de una a otra nación, a pesar de los obstáculos que crean la prudencia y previsión humanas. He aquí por qué, mientras una nación impera, otra languidece, según el juicio de Aquél que está oculto, como la serpiente en la hierba. Vuestro saber no puedo contrastarla; porque provee, juzga y prosigue su reinado, como el suyo cada una de las otras deidades. Sus transformaciones no tienen tregua; la necesidad la obliga a ser rápida; por eso se cambia todo en el mundo con tanta frecuencia. Tal es esa a quien tan a menudo vituperan los mismos que deberían ensalzarla, y de quien blasfeman y maldicen sin razón. Pero ella es feliz, y no oye esas maldiciones: contenta entre las primeras criaturas, prosigue su obra y goza en su beatitud. Bajemos ahora donde existen mayores y más lamentables males: ya descienden todas las estrellas que salían cuando me puse en marcha, y nos está prohibido retrasarnos mucho.

Atravesamos el círculo hasta la otra orilla, sobre un hirviente manantial, que vierte sus aguas en un arroyo que le debe su origen y cuyas aguas son más bien obscuras que azuladas; y bajamos por un camino distinto, siguiendo el curso de tan tenebrosas ondas. Cuando aquel arroyo ha llegado al pie de la playa gris e infecta, forma una laguna llamada Estigia; y yo, que miraba atentamente, vi algunas almas encenagadas en aquel pantano, completamente desnudas y de irritado semblante. Se golpeaban no sólo con las manos, sino con la cabeza, con el pecho, con los pies, arrancándose la carne a pedazos con los dientes. Díjome el buen Maestro:

—Hijo, contempla las almas de los que han sido dominados por la ira: quiero además que sepas que bajo esta agua hay una raza condenada que suspira, y la hace hervir en la superficie, como te lo indican tus miradas en cuantos sitios se fijan. Metidos en el lodo, dicen: "Estuvimos siempre tristes bajo aquel aire dulce que alegra el Sol, llevando en nuestro interior una tétrica humareda: ahora nos entristecemos también en medio de este negro cieno." Estas palabras salen del fondo de su garganta, como si formaran gárgaras, no pudiendo pronunciar una sola íntegra.

Así fuimos describiendo un gran arco alrededor del fétido pantano, entre la playa seca y el agua, vueltos los ojos hacia los que se atragantaban con el fango, hasta que al fin llegamos al pie de una torre.

CANTO OCTAVO

Digo, continuando, que mucho antes de llegar al pie de la elevada torre, nuestros ojos se fijaron en su parte más alta, a causa de dos lucecitas que allí vimos, y otra que correspondía a estas dos, pero desde tan lejos, que apenas podía distinguirse. Entonces, dirigiéndome hacia el mar de toda ciencia, dije:

—¿Qué significan esas llamas? ¿Qué responde aquella otra, y quiénes son los que hacen esas señales?

Respondióme:

—Sobre esas aguas fangosas puedes ver lo que ha de venir, si es que no te lo ocultan los vapores del pantano.

Jamás cuerda alguna despidió una flecha que corriese por el aire con tanta velocidad, como una navecilla que vi surcando las aguas en nuestra dirección, gobernada por un solo remero que gritaba: "¿Has llegado ya, alma vil?"

—Flegias, Flegias, gritas en vano esta vez—dijo mi Señor—; no nos tendrás en tu poder más tiempo que el necesario para pasar la laguna.

Flegias, conteniendo su cólera, hizo lo que un hombre a quien descubren que ha sido víctima de un engaño, ocasionándole esto un dolor profundo. Mi guía saltó a la barca y me hizo entrar en ella tras él; pero aquélla no pareció ir cargada hasta que recibió mi peso. En cuanto ambos estuvimos dentro, la antigua proa partió trazando en el agua una estela más profunda de lo que solía cuando llevaba otros pasajeros. Mientras recorríamos aquel canal de agua estancada, se me presentó una sombra llena de lodo, y me preguntó:

—¿Quién eres tú, que vienes antes de tiempo?

A lo que contesté:

—Si he venido, no es para permanecer aquí; mas dime ¿quién eres tú, que tan sucio estás?

Respondióme:

—Ya ves que soy uno de los que lloran.

Y yo a él:

—¡Permanece, pues, entre el llanto y la desolación, espíritu maldito! Te conozco aunque estés tan enlodado.

Entonces extendió sus manos hacia la barca, pero mi prudente Maestro le rechazó diciendo:

—Véte de aquí con los otros perros.

En seguida rodeó mi cuello con sus brazos, me besó en el rostro y me dijo:

—Alma desdeñosa, ¡bendita aquella que te llevó en su seno! Ese que ves fué en el mundo una persona soberbia; ninguna virtud ha honrado su memoria, por lo que su sombra está siempre furiosa. ¡Cuántos se tienen allá arriba por grandes reyes, que se verán sumidos como cerdos en este pantano, sin dejar en pos de sí más que horribles desprecios!

Y yo:

—Maestro, antes de salir de este lago, desearía en gran manera ver a ese pecador sumergido en el fango.

Y él a mí:

—Antes de que veas la orilla, quedarás satisfecho: convendrá que goces de ese deseo.

Poco después, le vi acometido de tal modo por las demás sombras cenagosas, que aún alabo a Dios y le doy gracias por ello. Todas gritaban: "¡A Felipe Argenti!" Este florentino, espíritu orgulloso, se revolvía contra sí mismo, destrozándose con sus dientes. Dejémosle allí, pues no pienso ocuparme más de él. Después vino a herir mis oídos un lamento doloroso, por lo cual miré con más atención en torno mío. El buen Maestro me dijo:

—Hijo mío, ya estamos cerca de la ciudad que se llama Dite; sus habitantes pecaron gravemente y son muy numerosos.

Y yo le respondí:

—Ya distingo en el fondo del valle sus torres bermejas, como si salieran de entre llamas.

A lo cual me contestó:

—El fuego eterno que interiormente las abrasa, les comunica el rojo color que ves en ese bajo infierno.

Al fin entramos en los profundos fosos que ciñen aquella desolada tierra: las murallas me parecían de hierro. Llegamos, no sin haber dado antes un gran rodeo, a un sitio en que el barquero nos dijo en alta voz: "Salid, he aquí la entrada." Vi sobre las puertas más de mil espíritus, caídos del cielo como una lluvia, que decían con ira: "¿Quién es ése que sin haber muerto anda por el reino de los muertos?" Mi sabio Maestro hizo un ademán expresando que quería hablarles en secreto. Entonces contuvieron un poco su cólera y respondieron: "Ven tú solo, y que se vaya aquel que tan audazmente entró en este reino. Que se vuelva solo por el camino que ha emprendido locamente: que lo intente, si sabe; porque tú, que le has guiado por esta obscura comarca, te has de quedar aquí."

Juzga, lector, si estaría yo tranquilo al oír aquellas palabras malditas: no creí volver nunca a la tierra.

—¡Oh, mi guía querido!, tú que más de siete veces me has devuelto la tranquilidad y librado de los grandes peligros con que he tropezado, no me dejes, le dije, tan abatido: si nos está prohibido avanzar más, volvamos inmediatamente sobre nuestros pasos.

Y aquel señor que allí me había llevado me dijo:

—No temas, pues nadie puede cerrarnos el paso que Dios nos ha abierto. Aguárdame aquí: reanima tu abatido espíritu y alimenta una grata esperanza, que yo no te dejaré en este bajo mundo.

En seguida se fué el dulce Padre, y me dejó solo. Permanecí en una gran incertidumbre, agitándose el sí y el no en mi cabeza.

No pude oír lo que les propuso; pero habló poco tiempo con ellos, y todos a una corrieron hacia la ciudad. Nuestros enemigos dieron con las puertas en el rostro a mi Señor, que se quedó fuera, y se dirigió lentamente hacia donde yo estaba. Tenía los ojos inclinados, sin dar señales de atrevimiento, y decía entre suspiros: "¿Quién me ha impedido la entrada en la mansión de los dolores?" Y dirigiéndose a mí:

—Si estoy irritado—me dijo—, no te inquietes; yo saldré victorioso de esta prueba, cualesquiera que sean los que se opongan a nuestra entrada. Su temeridad no es nueva: ya la demostraron ante una puerta menos secreta, que se encuentra todavía sin cerradura. Ya has visto sobre ella la inscripción de muerte. Pero más acá de esa puerta, descendiendo la montaña y pasando por los círculos sin necesidad de guía, viene uno que nos abrirá la ciudad.

CANTO NONO

AQUEL color que el miedo pintó en mi rostro cuando vi a mi guía retroceder, hizo que en el suyo se desvaneciera más pronto la palidez insólita, púsose atento, como un hombre que escucha, porque las miradas no podían penetrar a través del denso aire y de la espesa niebla.

—Sin embargo, debemos vencer en esta lucha—empezó a decir—; ¡si no!... pero se nos ha prometido... ¡Oh!, ¡cuánto tarda el otro en llegar![9]

Yo vi bien que ocultaba lo que había comenzado a decir bajo otra idea que le asaltó después, y que estas últimas palabras eran diferentes de las primeras: sin embargo, su discurso me causó espanto, porque me parecía descubrir en sus entrecortadas frases un sentido peor del que en realidad tenían.

—¿Ha bajado alguna vez al fondo de este triste abismo algún espíritu del primer círculo, cuya sola pena es la de perder la esperanza?—le pregunté.

A lo que me respondió:

—Rara vez sucede que alguno recorra el camino por donde yo voy. Es cierto que tuve que bajar aquí otra vez a causa de los conjuros de la cruel Erictón, que llamaba las almas a sus cuerpos, hacía poco tiempo que mi carne estaba despojada de su alma, cuando me hizo traspasar esas murallas para sacar un espíritu del círculo de Judas. Este círculo es el más profundo, el más obscuro y el más lejano del Cielo que lo mueve todo. Conozco bien el camino; por lo cual debes estar tranquilo. Esta laguna, que exhala tan gran fetidez, ciñe en torno la ciudad del dolor, donde ya no podremos entrar sin justa indignación.

Dijo además otras cosas, que no he podido retener en mi memoria, porque me hallaba absorto, mirando la alta torre de ardiente cúspide, donde vi de improviso aparecer rápidamente tres furias infernales, tintas en sangre, las cuales tenían movimientos y miembros femeniles. Estaban ceñidas de hidras verdosas, y tenían por cabellos pequeñas serpientes y cerastas, que ceñían sus horribles sienes. Y aquél que conocía muy bien a las siervas de la Reina del dolor eterno:

—Mira—me dijo—, las feroces Erinnias. La de la izquierda es Megera; la que llora a la derecha es Alecton, y la del centro es Tisifona.

Después calló. Las furias se desgarraban el pecho con sus uñas; se golpeaban con las manos, y daban tan fuertes gritos, que por temor me acerqué más al poeta. "Venga Medusa, y le convertiremos en piedra, decían todas mirando hacia abajo: mal hemos vengado la entrada del audaz Teseo."

—Vuélvete y cúbrete los ojos con las manos, porque si apareciese la Gorgona, y la vieses, no podrías jamás volver arriba.

Así me dijo el Maestro, volviéndome él mismo; y no fiándose de mis manos, me tapó los ojos con las suyas. ¡Oh vosotros, que gozáis de sano entendimiento; descubrid la doctrina que se oculta bajo el velo de tan extraños versos!

Oíase a través de las turbias ondas un gran ruido, lleno de horror, que hacía retemblar las dos orillas, asemejándose a un viento impetuoso, impelido por contrarios ardores, que se ensaña en las selvas, y sin tregua las ramas rompe y desgaja, y las arroja fuera; y marchando polvoroso y soberbio, hace huír a las fieras y a los pastores. Me descubrió los ojos, y me dijo:

—Ahora dirige el nervio de tu vista sobre esa antigua espuma, hacia el sitio en que el humo es más maligno.

Como las ranas, que, al ver la culebra enemiga, desaparecen a través del agua, hasta que se han reunido todas en el cieno, del mismo modo vi más de mil almas condenadas, huyendo de uno que atravesaba la Estigia a pie enjuto. Alejaba de su rostro el aire denso, extendiendo con frecuencia la siniestra mano hacia delante, y sólo este trabajo parecía cansarle. Bien comprendí que era un mensajero del Cielo, y volvíme hacia el Maestro; pero éste me indicó que permaneciese quieto y me inclinara. ¡Ah!, ¡cuán desdeñoso me pareció aquel enviado celeste! Llegó a la puerta, y la abrió con una varita sin encontrar obstáculo.

—¡Oh demonios arrojados del Cielo, raza despreciable!—empezó a decir en el horrible umbral—; ¿cómo habéis podido conservar vuestra arrogancia? ¿Por qué os resistís contra esa voluntad, que no deja nunca de conseguir su intento, y que ha aumentado tantas veces vuestros dolores? ¿De qué os sirve luchar contra el destino? Vuestro Cerbero, si bien lo recordáis, tiene aún el cuello y el hocico pelados.

Entonces se volvió hacia el cenagoso camino sin dirigirnos la palabra, semejante a un hombre a quien preocupan y apremian otros cuidados, que no se relacionan con la gente que tiene delante. Y nosotros, confiados en las palabras santas, dirigimos nuestros pasos hacia la ciudad de Dite. Entramos en ella sin ninguna resistencia; y como yo deseaba conocer la suerte de los que estaban encerrados en aquella fortaleza, luego que estuve dentro, empecé a dirigir escudriñadoras miradas en torno mío, y vi por todos lados un gran campo lleno de dolor y de crueles tormentos. Como en los alrededores de Arlés, donde se estanca el Ródano, o como en Pola, cerca del Quarnero, que encierra a Italia y baña sus fronteras, vense antiguos sepulcros, que hacen montuoso el terreno, así también aquí se elevaban sepulcros por todas partes; con la diferencia de que su aspecto era más terrible, por estar envueltos entre un mar de llamas, que los encendían enteramente, más que lo fué nunca el hierro en ningún arte. Todas sus losas estaban levantadas, y del interior de aquéllos salían tristes lamentos, parecidos a los de los míseros ajusticiados. Entonces le pregunté a mi Maestro:

—¿Qué clase de gente es ésa, que sepultada en aquellas arcas, se da a conocer por sus dolientes suspiros?

A lo que me respondió:

—Son los heresiarcas, con sus secuaces de todas sectas: esas tumbas están mucho más llenas de lo que puedes figurarte. Ahí está sepultado cada cual con su semejante, y las tumbas arden más o menos.

Después, dirigiéndose hacia la derecha, pasamos por entre los sepulcros y las altas murallas.

CANTO DECIMO

MI maestro avanzó por un estrecho sendero, entre los muros de la ciudad y las tumbas de los condenados, y yo seguí tras él.

—¡Oh suma virtud—exclamé—que me conduces a tu placer por los círculos impíos! Háblame y satisface mis deseos. ¿Podré ver la gente que yace en esos sepulcros? Todas las losas están levantadas, y no hay nadie que vigile.

Respondióme:

—Todos quedarán cerrados, cuando hayan vuelto de Josafat las almas con los cuerpos que han dejado allá arriba. Epicuro y todos sus sectarios, que pretenden que el alma muere con el cuerpo, tienen su cementerio hacia esta parte. Así, que pronto contestarán aquí dentro a la pregunta que me haces, y al deseo que me ocultas.

Yo le repliqué:

—Buen Guía, si acaso te oculto mi corazón, es por hablar poco, a lo cual no es la primera vez que me has predispuesto con tus advertencias.

—¡Oh Toscano, que vas por la ciudad del fuego hablando modestamente!, dígnate detenerte en este sitio. Tu modo de hablar revela claramente el noble país al que quizá fuí yo funesto.

Tales palabras salieron súbitamente de una de aquellas arcas, haciendo que me aproximara con temor a mi Guía. Este me dijo:

—Vuélvete: ¿qué haces? Mira a Farinata, que se ha levantado en su tumba, y a quien puedes contemplar desde la cintura a la cabeza.

Yo tenía ya mis miradas fijas en las suyas: él erguía su pecho y su cabeza en ademán de despreciar al Infierno. Entonces mi Guía, con mano animosa y pronta, me impelió hacia él a través de los sepulcros, diciéndome: "Háblale con claridad."

En cuanto estuve al pie de su tumba, examinóme un momento; y después, con acento un tanto desdeñoso, me preguntó:

—¿Quiénes fueron tus antepasados?

Yo, que deseaba obedecer, no le oculté nada, sino que se lo descubrí todo; por lo cual arqueó un poco las cejas, y dijo:

—Fueron terribles contrarios míos, de mis parientes y de mi partido; por eso los desterré dos veces.

—Si estuvieron desterrados—le contesté—, volvieron de todas partes una y otra vez, arte que los vuestros no han aprendido.

Entonces, al lado de aquél, apareció a mi vista una sombra, que sólo descubría hasta la barba, lo que me hace creer que estaba de rodillas. Miró en torno mío, como deseando ver si estaba alguien conmigo; y apenas se desvanecieron sus sospechas, me dijo llorando:

—Si la fuerza de tu genio es la que te ha abierto esta obscura prisión, ¿dónde está mi hijo y por qué no se encuentra a tu lado?

Respondíle:

—No he venido por mí mismo: el que me espera allí me guía por estos lugares: quizá vuestro Guido "tuvo" hacia él demasiado desdén.

Sus palabras y la clase de su suplicio me habían revelado ya el nombre de aquella sombra: así es que mi respuesta fué precisa. Irguiéndose repentinamente exclamó:

—¿Cómo dijiste "tuvo"? Pues qué, ¿no vive aún? ¿No hiere ya sus ojos la dulce luz del día?

Cuando observó que yo tardaba en responderle, cayó de espaldas en su tumba, y no volvió a aparecer fuera de ella. Pero aquel otro magnánimo, por quien yo estaba allí, no cambió de color, ni movió el cuello, ni inclinó el cuerpo.

—El que no hayan aprendido bien ese arte—me dijo continuando la conversación empezada—, me atormenta más que este lecho. Mas la deidad que reina aquí no mostrará cincuenta veces su faz iluminada, sin que tú conozcas lo difícil que es ese arte. Pero dime, así puedas volver al dulce mundo, ¿por qué causa es ese pueblo tan desapiadado con los míos en todas sus leyes?

A lo cual le contesté:

—El destrozo y la gran matanza que enrojeció el Arbia excita tales discursos en nuestro templo.

Entonces movió la cabeza suspirando, y después dijo:

—No estaba yo allí solo; y en verdad, no sin razón me encontré en aquel sitio con los demás; pero sí fuí el único que, cuando se trató de destruir a Florencia, la defendí resueltamente.

—¡Ah!—le contesté—; ¡ojalá vuestra descendencia tenga paz y reposo! Pero os ruego que deshagáis el nudo que ha enmarañado mi pensamiento. Me parece, por lo que he oído, que prevéis lo que el tiempo ha de traer, a pesar de que os suceda lo contrario con respecto a lo presente.

—Nosotros—dijo—somos como los que tienen la vista cansada, que vemos las cosas distantes, gracias a una luz con que nos ilumina el Guía soberano. Cuando las cosas están próximas o existen, nuestra inteligencia es vana, y si otro no nos lo cuenta, nada sabemos de los sucesos humanos; por lo cual puedes comprender que toda nuestra inteligencia morirá el día en que se cierre la puerta del porvenir.

—Decid a ese que acaba de caer, que su hijo está aún entre los vivos. Si antes no le respondí, hacedle saber que lo hice porque estaba distraído con la duda que habéis aclarado.

Mi Maestro me llamaba ya, por cuya razón rogué más solícitamente al espíritu que me dijera quién estaba con él.

—Estoy tendido entre más de mil—me respondió—; ahí dentro están el segundo Federico y el Cardenal.[10] En cuanto a los demás, me callo.

Se ocultó después de decir esto, y yo dirigí mis pasos hacia el antiguo poeta, pensando en aquellas palabras que me parecían amenazadoras. Se puso en marcha, y mientras caminábamos, me dijo:

—¿Por qué estás tan turbado?

Y cuando satisfice su pregunta:

—Conserva en tu memoria lo que has oído contra ti—me ordenó aquel sabio—; y ahora estáme atento.

Y levantando el dedo, prosiguió:

—Cuando estés ante la dulce mirada de aquella cuyos bellos ojos lo ven todo, conocerás el porvenir que te espera.

En seguida se dirigió hacia la izquierda. Dejamos las murallas y fuimos hacia el centro de la ciudad, por un sendero que conduce a un valle, el cual exhalaba un hedor insoportable.

CANTO UNDECIMO

Ala extremidad de un alto promontorio, formado por grandes piedras rotas y acumuladas en círculo, llegamos hasta un montón de espíritus más cruelmente atormentados. Allí, para preservarnos de las horribles emanaciones y de la fetidez que despedía el profundo abismo, nos pusimos al abrigo de la losa de un gran sepulcro, donde vi una inscripción que decía: "Encierro al papa Anastasio, a quien Fotino arrastró lejos del camino recto."

—Es preciso que descendamos por aquí lentamente, a fin de acostumbrar de antemano nuestros sentidos a este triste hedor, y después no tendremos necesidad de precavernos de él.

Así habló mi Maestro, y yo le dije:

—Busca algún recurso para que no perdamos el tiempo inútilmente.

A lo que me respondió:

—Ya ves que en ello pienso. Hijo mío—continuó—, en medio de estas rocas hay tres círculos, que se estrechan gradualmente como los que has dejado: todos están llenos de espíritus malditos; mas para que después te baste con sólo verlos, oye cómo y por qué están aquí encerrados. La injuria es el fin de toda maldad que se atrae el odio del cielo, y se llega a este fin, que redunda en perjuicio de otros, bien por medio de la violencia, o bien por medio del fraude. Pero como el fraude es una maldad propia del hombre, por eso es más desagradable a los ojos de Dios, y por esta razón los fraudulentos están debajo, entregados a un dolor más vivo. Todo el primer círculo lo ocupan los violentos, círculo que está además construído y dividido en tres recintos; porque puede cometerse violencia contra tres clases de seres: contra Dios, contra sí mismo y contra el prójimo; y no sólo contra sus personas, sino también contra sus bienes, como lo comprenderás por estas claras razones. Se comete violencia contra el prójimo dándole la muerte o causándole heridas dolorosas; y contra sus bienes, por medio de la ruina, del incendio o de los latrocinios. De aquí resulta que los homicidas, los que causan heridas, los incendiarios y los ladrones están atormentados sucesivamente en el primer recinto. Un hombre puede haber dirigido su mano violenta contra sí mismo o contra sus bienes: justo es, pues, que purgue su culpa en el segundo recinto, sin esperar tampoco mejor suerte aquel que por su propia voluntad se priva de vuestro mundo, juega, disipa sus bienes o llora donde debía haber estado alegre y gozoso. Puede cometer violencia contra la Divinidad el que reniega de ella y blasfema con el corazón, y el que desprecia la Naturaleza y sus bondades. He aquí por qué el recinto más pequeño marca con su fuego a Sodoma y a Cahors, y a todo el que, despreciando a Dios, le injuria sin hablar, desde el fondo de su corazón. El hombre puede emplear el fraude que produce remordimientos en todas las conciencias, ya con el que de él se fía, ya también con el que desconfía de él. Este último modo de usar del fraude parece que sólo quebranta los vínculos de amor, que forma la Naturaleza; por esta causa están encadenados en el segundo recinto los hipócritas, los aduladores, los hechiceros, los falsarios, los ladrones, los simoníacos, los rufianes, los barateros y todos los que se han manchado con semejantes e inmundos vicios. Por el primer fraude no sólo se olvida el amor que establece la Naturaleza, sino también el sentimiento que le sigue, y de donde nace la confianza: he aquí por qué, en el círculo menor, donde está el centro de la Tierra y donde se halla el asiento de Dite, yace eternamente atormentado todo aquel que ha cometido traición.

Le dije entonces:

—Maestro, tus razones son muy claras, y bien me dan a conocer, por medio de tales divisiones, ese abismo y la muchedumbre que le habita; pero dime: los que están arrojados en aquella laguna cenagosa, los que agita el viento sin cesar, los que azota la lluvia, y los que chocan entre sí lanzando tan estridentes gritos, ¿por qué no son castigados en la ciudad del fuego, si se han atraído la cólera de Dios? Y si no se la han atraído, ¿por qué se ven atormentados de tal suerte?

Me contestó:

—¿Por qué tu ingenio, contra su costumbre, delira tanto ahora?, ¿o es que tienes el pensamiento en otra parte? ¿No te acuerdas de aquellas palabras de la Etica, que has estudiado, en las que se trata de las tres inclinaciones que el Cielo reprueba: la incontinencia, la malicia y la loca bestialidad, y de qué modo la incontinencia ofende menos a Dios y produce menor censura? Si examinas bien esta sentencia, acordándote de los que sufren su castigo fuera de aquí, conocerás por qué están separados de esos felones, y por qué los atormenta la justicia divina, a pesar de demostrarse con ellos menos ofendida.

—¡Oh Sol, que sanas toda vista conturbada!—exclamé—: tal contento me das cuando desarrollas tus ideas, que sólo por eso me es tan grato dudar como saber. Vuelve atrás un momento, y explícame de qué modo ofende la usura a la bondad divina: desvanece esta duda.

—La filosofía—me contestó—enseña en más de un punto al que la estudia, que la Naturaleza tiene su origen en la Inteligencia divina y en su arte; y si consultas bien tu Física, encontrarás, sin necesidad de hojear muchas páginas, que el arte humano sigue cuanto puede a la Naturaleza, como el discípulo a su maestro; de modo que aquél es casi nieto de Dios. Partiendo, pues, de estos principios, sabrás si recuerdas bien el Génesis, que es conveniente sacar de la vida la mayor utilidad, y multiplicar el género humano. El usurero sigue otra vía; desprecia a la naturaleza y a su secuaz, y coloca su esperanza en otra parte. Ahora sígueme; que me place avanzar. Los peces suben ya por el horizonte; el carro se ve hacia aquel punto donde expira Coro, y lejos de aquí el alto promontorio parece que desciende.

CANTO DUODECIMO

EL sitio por donde empezamos a bajar era un paraje alpestre y, a causa del que allí se hallaba, todas las miradas se apartarían de él con horror. Como aquellas ruinas, cuyo flanco azota el río Adigio, más acá de Trento, producidas por un terremoto o por falta de base, que desde la cima del monte de donde cayeron hasta la llanura, presentan la roca tan hendida, que ningún paso hallaría el que estuviese sobre ellas, así era la bajada de aquel precipicio; y en el borde de la entreabierta sima estaba tendido el monstruo, oprobio de Creta, que fué concebido por una falsa vaca. Cuando nos vió, se mordió a sí mismo, como aquel a quien abrasa la ira. Gritóle entonces mi Sabio:

—¿Por ventura crees que esté aquí el rey de Atenas, que allá arriba, en el mundo, te dió la muerte? Aléjate, monstruo; que éste no viene amaestrado por tu hermana, sino con el objeto de contemplar vuestras penas.

Como el toro que rompe las ligaduras en el momento de recibir el golpe mortal, que huír no puede, pero salta de un lado a otro, lo mismo hizo el Minotauro; y mi prudente Maestro me gritó:

—Corre hacia el borde; mientras esté furioso, bueno es que desciendas.

Nos encaminamos por aquel derrumbamiento de piedras, que oscilaban por primera vez bajo el peso de mi cuerpo. Iba yo pensativo; por lo cual me dijo:

—Acaso piensas en estas ruinas, defendidas por aquella ira bestial, que he disipado. Quiero, pues, que sepas que la otra vez que bajé al profundo Infierno aun no se habían desprendido estas piedras; pero un poco antes (si no estoy equivocado) de que viniese aquél que arrebató a Dite la gran presa del primer círculo, retembló el impuro valle tan profundamente por todos sus ámbitos, que creí ver al universo sintiendo aquel amor, por el cual otros creyeron que el mundo ha vuelto más de una vez a sumirse en el caos; y entonces fué cuando esa antigua roca se destrozó por tan diversas partes. Pero fija tus miradas en el valle; pues ya estamos cerca del río de sangre, en el cual hierve todo el que por medio de la violencia ha hecho daño a los demás.

¡Oh ciegos deseos! ¡Oh ira desatentada, que nos aguijonea de tal modo en nuestra corta vida, y así nos sumerge en sangre hirviente por toda una eternidad! Vi un ancho foso en forma circular, como la montaña que rodea toda la llanura, según me había dicho mi Guía, y entre el pie de la roca y este foso corrían en fila muchos centauros armados de saetas, del mismo modo que solían ir a cazar por el mundo. Al vernos descender, se detuvieron, y tres de ellos se separaron de la banda, preparando sus arcos y escogiendo antes sus flechas. Uno de ellos gritó desde lejos:

—¿Qué tormento os está reservado a vosotros los que bajáis por esa cuesta? Decidlo desde donde estáis, porque si no, disparo mi arco.

Mi Maestro respondió:

—Contestaremos a Quirón, cuando estemos cerca. Tus deseos fueron siempre por desgracia muy impetuosos.

Después me tocó y me dijo:

—Ese es Neso, el que murió por la hermosa Deyanira, y vengó por sí mismo su muerte; el de enmedio, que inclina la cabeza sobre el pecho, es el gran Quirón, que educó a Aquiles; el otro es el irascible Foló. Alrededor del foso van a millares, atravesando con sus flechas a toda alma que sale de la sangre más de lo que le permiten sus culpas.

Nos fuimos aproximando a aquellos ágiles monstruos: Quirón cogió una flecha, y con el regatón apartó las barbas hacia detrás de sus quijadas. Cuando se descubrió la enorme boca, dijo a sus compañeros:

—¿Habéis observado que el de detrás mueve cuanto toca? Los pies de los muertos no suelen hacer eso.

Y mi buen Maestro, que estaba ya junto a él, y le llegaba al pecho, donde las dos naturalezas se unen, repuso:

—Está en efecto vivo, y yo sólo debo enseñarle el sombrío valle: viene a él por necesidad, y no por distracción. La que me ha encomendado este nuevo oficio, ha cesado por un momento de cantar "aleluya." No es él un ladrón, ni yo un alma criminal. Pero por aquella virtud que dirige mis pasos en un camino tan salvaje, cédeme uno de los tuyos para que nos acompañe, que nos indique un punto vadeable y lleve a éste sobre sus ancas, pues no es espíritu que vaya por el aire.

Quirón se volvió hacia la derecha, y dijo a Neso:

—Vé, guíales; y si tropiezan con algún grupo de los nuestros, haz que les abran paso.

Nos pusimos en marcha, tan fielmente escoltados, hacia lo largo de las orillas de aquella roja espuma, donde lanzaban horribles gritos los ahogados. Los vi sumergidos hasta las cejas, por lo que el gran Centauro dijo:

—Esos son los tiranos, que vivieron de sangre y de rapiña. Aquí se lloran las desapiadadas culpas: aquí está Alejandro, y el feroz Dionisio, que tantos años de dolor hizo sufrir a la Sicilia. Aquella frente que tiene el cabello tan negro es la de Azzolino, y la otra que lo tiene rubio es la de Obezzo de Este, que verdaderamente fué asesinado en el mundo por su hijastro.

Entonces me volví hacia el Poeta, el cual me dijo:

—Sea éste ahora tu primer guía; yo seré el segundo.

Algo más lejos se detuvo el Centauro sobre unos condenados, que parecían sacar fuera de aquel hervidero su cabeza hasta la garganta, y nos mostró una sombra que estaba separada de las demás, diciendo:

Aquél hirió, en recinto sagrado, a un corazón, que aún se ve honrado en las orillas del Támesis.[11]

Después vi otras sombras que sacaban la cabeza fuera del río, y algunas todo el pecho, y reconocí a muchos de ellos. Como la sangre iba disminuyendo poco a poco, hasta no cubrir más que el pie, vadeamos el foso.

—Quiero que creas—me dijo el Centauro—que así como ves disminuir la corriente por esta parte, por la otra es su fondo cada vez mayor, hasta que llega a reunirse en aquel punto donde la tiranía está condenada a gemir. Allí es donde la justicia divina ha arrojado a Atila, que fué su azote en la tierra; a Pirro, a Sexto, y eternamente arranca lágrimas, con el hervor de esa sangre, a Renato de Corneto y a Renato Pazzo, que tanto daño causaron en los caminos.

Dicho esto, se volvió y repasó el vado.

CANTO DECIMOTERCIO

NO había llegado aún Neso a la otra parte, cuando penetramos en un bosque, que no estaba surcado por ningún sendero. El follaje no era verde, sino de un color obscuro; las ramas no eran rectas, sino nudosas y entrelazadas; no había frutas, sino espinas venenosas. No son tan ásperas y espesas las selvas donde moran las fieras, que aborrecen los sitios cultivados entre el Cecina y Corneto. Allí anidan las brutales Arpías, que arrojaron a los Troyanos de las Estrofades con el triste presagio de un mal futuro. Tienen alas anchas, cuellos y rostros humanos, pies con garras, y el vientre cubierto de plumas: subidas en los árboles, lanzan extraños lamentos.

Mi buen Maestro empezó a decirme:

—Antes de avanzar más, debes saber que te encuentras en el segundo recinto, por el cual continuarás hasta que llegues a los terribles arenales. Por tanto, mira con atención; y de este modo verás cosas, que darán testimonio de mis palabras.

Por todas partes oía yo gemidos, sin ver a nadie que los exhalara; por eso me detuve todo atemorizado. Creo que él creyó que yo creía que aquellas voces eran de gente que se ocultaba de nosotros entre la espesura; y así me dijo mi Maestro:

—Si rompes cualquier ramita de una de esas plantas, verás trocarse tus pensamientos.

Entonces extendí la mano hacia delante, cogí una ramita de un gran endrino, y su tronco exclamó:

—¿Por qué me tronchas?

Inmediatamente se tiñó de sangre, y volvió a exclamar:

—¿Por qué me desgarras? ¿No tienes ningún sentimiento de piedad? Hombres fuimos, y ahora estamos convertidos en troncos: tu mano debería haber sido más piadosa, aunque fuéramos almas de serpientes.

Cual de verde tizón que, encendido por uno de sus extremos, gotea y chilla por el otro, a causa del aire que le atraviesa, así salían de aquel tronco palabras y sangre juntamente; lo que me hizo dejar caer la rama, y detenerme como hombre acobardado.

—Alma herida—respondió mi Sabio—; si él hubiera podido creer, desde luego, que era verdad lo que ha leído en mis versos, no habría extendido su mano hacia ti: el ser una cosa tan increíble me ha obligado a aconsejarle que hiciese lo que ahora me está pesando. Pero dile quién fuiste, a fin de que, en compensación, renueve tu fama en el mundo, donde le es lícito volver.

El tronco respondió:

—Me halagas tanto con tus dulces palabras, que no puedo callar: no llevéis a mal que me entretenga un poco hablando con vosotros. Yo soy aquél[12] que tuvo las dos llaves del corazón de Federico, manejándolas tan suavemente para cerrar y abrir, que a casi todos aparté de su confianza, habiéndome dedicado con tanta fe a aquel glorioso cargo, que perdí el sueño y la vida. La cortesana que no ha separado nunca del palacio de César sus impúdicos ojos, peste común y vicio de las cortes, inflamó contra mí todos los ánimos, y los inflamados inflamaron a su vez y de tal modo a Augusto, que mis dichosos honores se trocaron en triste duelo. Mi alma, en un arranque de indignación, creyendo librarse del oprobio por medio de la muerte, me hizo injusto contra mí mismo, siendo justo. Os juro, por las tiernas raíces de este leño, que jamás fuí desleal a mi señor, tan digno de ser honrado. Y si uno de vosotros vuelve al mundo, restaure en él mi memoria, que yace aún bajo el golpe que le asestó la envidia.

El poeta esperó un momento, y después me dijo:

—Pues que calla, no pierdas el tiempo: habla y pregúntale, si quieres saber más.

Yo le contesté:

—Interrógale tú mismo lo que creas que me interese, pues yo no podría: tanto es lo que me aflige la compasión.

Por lo cual volvió él a empezar de este modo:

—A fin de que este hombre haga generosamente lo que tu súplica reclama, espíritu encarcelado, dígnate aún decirnos cómo se encierra el alma en esos nudosos troncos, y dime además, si puedes, si hay alguna que se desprenda de tales miembros.

Entonces el tronco suspiró, y aquel resoplido se convirtió en esta voz:

—Os contestaré brevemente: cuando el alma feroz sale del cuerpo de donde se ha arrancado ella misma, Minos la envía al séptimo círculo. Cae en la selva, sin que tenga designado sitio fijo, y allí donde la lanza la fortuna, germina cual grano de espelta. Brota primero como un retoño, y luego se convierte en planta silvestre: las Arpías, al devorar sus hojas, le causan dolor, y abren paso por donde ese dolor se exhale. Como las demás almas, iremos a recoger nuestros despojos; pero sin que ninguna de nosotras pueda revestirse con ellos, porque no sería justo volver a tener lo que uno se ha quitado voluntariamente. Los arrastraremos hasta aquí; y en este lúgubre bosque estará cada uno de nuestros cuerpos suspendido en el mismo endrino donde sufre tal tormento su alma.

Prestábamos aún atención a aquel tronco, creyendo que añadiría algo más, cuando fuimos sorprendidos por un rumor, a la manera del que siente venir el jabalí y los perros hacia el sitio donde está apostado, que juntamente oye el ruido de las fieras y el fragor del ramaje. Y he aquí que aparecen a nuestra izquierda dos infelices, desnudos y lacerados, huyendo tan precipitadamente, que rompían todas las ramas de la selva. El de delante: "¡Acude, acude, muerte!," decía; y el otro, que no corría tanto: "Lano, tus piernas no eran tan ágiles en el combate del Toppo." Y sin duda, faltándole el aliento, hizo un grupo de sí y de un arbusto.

Detrás de ellos estaba la selva llena de perras negras, ávidas y corriendo cual lebreles a quienes quitan su cadena. Empezaron a dar terribles dentelladas a aquél que se ocultó, y después de despedazarle, se llevaron sus miembros palpitantes. Mi Guía me tomó entonces de la mano, y llevóme hacia el arbusto, que en vano se quejaba por sus sangrientas heridas:

—¡Oh, Jacobo de San Andrés!—decía—. ¿De qué te ha servido tomarme por refugio? ¿Tengo yo la culpa de tu vida criminal?

Cuando mi Maestro se detuvo delante de aquel arbusto, dijo:

—¿Quién fuiste tú que por tantas ramas rotas exhalas con tu sangre tan quejumbrosas palabras?

A lo que contestó:

—¡Oh, almas, que habéis venido a contemplar el lamentable estrago que me ha separado así de mis hojas!, recogedlas al pie del triste arbusto. Yo fuí de la ciudad que cambió su primer patrón por San Juan

Bautista;[13] por cuya razón aquél la contristará siempre con su terrible arte: y a no ser porque en el puente del Arno se conserva todavía alguna imagen suya, fuera en vano todo el trabajo de aquellos ciudadanos que la reedificaron sobre las cenizas que de ella dejó Atila. Yo de mi casa hice mi propia horca.

CANTO DECIMOCUARTO

ENTERNECIDO por el amor patrio, reuní las hojas dispersas, y las devolví a aquel que ya se había callado. Desde allí nos dirigimos al punto en que se divide el segundo recinto del tercero, y donde se ve el terrible poder de la justicia divina. Para explicar mejor las cosas nuevas que allí vi, diré que llegamos a un arenal, que rechaza toda planta de su superficie. La dolorosa selva lo rodeaba cual guirnalda, así como el sangriento foso circundaba a aquélla. Nuestros pies quedaron fijos en el mismo lindero de la selva y la llanura. El espacio estaba cubierto de una arena tan árida y espesa, como la que oprimieron los pies de Catón en otro tiempo. ¡Oh venganza de Dios! ¡Cuánto debe temerte todo aquél que lea lo que se presentó a mis ojos! Vi numerosos grupos de almas desnudas, que lloraban miserablemente, y parecían cumplir sentencias diversas. Unas yacían de espaldas sobre el suelo; otras estaban sentadas en confuso montón; otras andaban continuamente. Las que daban la vuelta al círculo eran más numerosas, y en menor número las que yacían para sufrir algún tormento; pero éstas tenían la lengua más suelta para quejarse. Llovían lentamente en el arenal grandes copos de fuego, semejantes a los de nieve que en los Alpes caen cuando no sopla el viento. Así como Alejandro vió en las ardientes comarcas de la India caer sobre sus soldados llamas, que quedaban en el suelo sin extinguirse, lo que le obligó a ordenar a las tropas que las pisaran, porque el incendio se apagaba mejor cuanto más aislado estaba, así descendía el fuego eterno, abrasando la arena, como abrasa a la yesca el pedernal, para redoblar el dolor de las almas. Sus míseras manos se agitaban sin reposo, apartando a uno y otro lado las brasas continuamente renovadas. Yo empecé a decir:

—Maestro, tú que has vencido todos los obstáculos, a excepción del que nos opusieron los demonios inflexibles a la puerta de la ciudad, dime, ¿quién es aquella gran sombra, que no parece cuidarse del incendio, y yace tan feroz y altanera, como si no la martirizara esa lluvia?

Y la sombra, observando que yo hablaba de ella a mi Guía, gritó:

—Tal cual fuí en vida, soy después de muerto. Aun cuando Júpiter cansara a su herrero, de quien tomó en su cólera el agudo rayo que me hirió el último día de mi vida; aun cuando fatigara uno tras otro a todos los negros obreros del Mongibelo, gritando: "Ayúdame, ayúdame, buen Vulcano," según hizo en el combate de Flegra, y me asaeteara con todas sus fuerzas, no lograría vengarse de mí cumplidamente.

Entonces mi Guía habló con tanta vehemencia, que nunca yo lo había oído expresarse de aquel modo:

—¡Oh! Capaneo, si no se modera tu orgullo, él será tu mayor castigo. No hay martirio comparable al dolor que te hace sufrir tu rabia.

Después se dirigió a mí, diciendo con acento más apacible:

—Ese fué uno de los siete reyes que sitiaron a Tebas; despreció a Dios, y aun parece seguir despreciándole, sin que se note que le ruegue; pero, como le he dicho, su mismo despecho es el más digno premio debido a su corazón. Ahora, sígueme, y cuida de no poner tus pies sobre la abrasada arena; camina siempre arrimado al bosque.

Llegamos en silencio al sitio donde desemboca fuera de la selva un riachuelo, cuyo rojo color aún me horripila. Cual sale del Bulicame[14] el arroyo, cuyas aguas se reparten las pecadoras, así corría aquel riachuelo por la arena. Las orillas y el fondo estaban petrificados, por lo que pensé que por ellas debía andar.

—Entre todas las cosas que te he enseñado, desde que entramos por la puerta en cuyo umbral puede detenerse cualquiera, tus ojos no han visto otra tan notable como esa corriente, que amortigua todas las llamas.

Tales fueron las palabras de mi Guía; por lo que le supliqué se explicase más claramente, ya que había excitado mi curiosidad.

—En medio del mar existe un país arruinado—me dijo entonces—, que se llama Creta, y tuvo un rey, bajo cuyo imperio el mundo fué virtuoso: en él hay un monte, llamado Ida, que en otro tiempo fué delicioso por sus aguas y su frondosidad, y hoy está desierto, como todas las cosas antiguas. Rea lo escogió por cuna segura de su hijo; y para ocultarlo mejor, cuando lloraba, hacía que se produjesen grandes ruidos. En el interior del monte se mantiene en pie un gran anciano, que está de espaldas hacia Damieta, con la mirada fija en Roma como en un espejo. Su cabeza es formada de oro fino, y de plata pura son los brazos y el pecho; después es de bronce hasta la entrepierna, y de allí para abajo, es todo de hierro escogido, excepto el pie derecho, que es de barro cocido, y se afirma sobre éste más que sobre el otro. Cada parte, menos la formada de oro, está surcada por una hendedura que mana lágrimas, las cuales, reunidas, agujeran aquel monte. Su curso se dirige hacia este valle, de roca en roca, formando el Aqueronte, la Estigia y el Flegetón; después descienden por este estrecho conducto, hasta el punto donde no se puede bajar más, y allí forman el Cocito: ya verás lo que es este lago; por eso no te lo describo ahora.

Yo le contesté:

—Si ese riachuelo se deriva así de nuestro mundo, ¿por qué se deja ver únicamente al margen de este bosque?

Y él a mí:

—Tú sabes que este lugar es redondo, y aunque hayas andado mucho, descendiendo siempre al fondo por la izquierda, no has dado aún la vuelta a todo el círculo; por lo cual, si se te aparece alguna cosa nueva, no debe pintarse la admiración en tu rostro.

Le repliqué:

—Maestro, ¿dónde están el Flegetón y el Leteo? Del uno no dices nada, y del otro sólo me dices que lo origina esa lluvia de lágrimas.

—Me agradan todas tus preguntas—contestó—: pero el hervor de esa agua roja debiera haberte servido de contestación a una de ellas. Verás el Leteo; pero fuera de este abismo, allá donde van las almas a lavarse, cuando, arrepentidas de sus culpas, les son perdonadas.

Después añadió:

—Ya es tiempo de que nos apartemos de este bosque; procura venir detrás de mí: sus márgenes nos ofrecen un camino; pues no son ardientes, y sobre ellas se extinguen todas las brasas.

CANTO DECIMOQUINTO

NOS pusimos en marcha siguiendo una de aquellas orillas petrificadas: el vapor del arroyuelo formaba sobre él una niebla, que preservaba del fuego las ondas y los ribazos. Así como los flamencos que habitan entre Gante y Brujas, temiendo al mar que avanza hacia ellos, levantan diques para contenerle; o como los Paduanos lo hacen a lo largo del Brenta para defender sus ciudades y castillos, antes que el Chiarentana sienta el calor, de un modo semejante eran formados aquellos ribazos; pero su constructor, quienquiera que fuese, no los había hecho tan altos ni tan gruesos.

Nos hallábamos ya tan lejos de la selva, que no me habría sido posible descubrirla, por más que volviese atrás la vista, cuando encontramos una legión de almas, que venía a lo largo del ribazo: cada cual de ellas me miraba, como de noche suelen mirarse unos a otros los humanos a la escasa luz de la luna nueva, y aguzaban hacia nosotros las pestañas, como hace un sastre viejo para enfilar la aguja.

Examinado de este modo por aquellas almas, fuí conocido por una de ellas, que me cogió el vestido, exclamando:

—¡Qué maravilla!

Y yo, mientras me tendía los brazos, miré atentamente su abrasado rostro, de tal modo que, a pesar de estar desfigurado, no me fué imposible conocerle a mi vez; e inclinando hacia su faz la mía contesté:

—¿Vos aquí, "ser" Brunetto?

Y él repuso:

—¡Oh hijo mío!, no te enojes si Brunetto Latini vuelve un poco atrás contigo, y deja que se adelanten las demás almas.

Yo le dije:

—Os lo ruego cuanto me es posible; y si queréis que nos sentemos, lo haré, si así le place a éste con quien voy.

—¡Oh hijo mío!—replicó—; cualquiera de nosotros que se detenga un momento, queda después cien años sufriendo esta lluvia, sin poder esquivar el fuego que le abrasa. Así, pues, sigue adelante; yo caminaré a tu lado, y luego me reuniré a mi mesnada, que va llorando sus eternos tormentos.

No me atreví a bajar del ribazo por donde iba para nivelarme con él; pero tenía la cabeza inclinada, en actitud respetuosa. Empezó de este modo:

—¿Cuál es la suerte o el destino que te trae aquí abajo antes de tu última hora? ¿Y quién es ése que te enseña el camino?

—Allá arriba, en la vida serena—le respondí—, me extravié en un valle antes de haberse llenado mi edad. Pero ayer de mañana le volví la espalda; y cuando retrocedía otra vez hacia él, se me apareció ése, y me volvió al verdadero camino por esta vía.

A lo que me contestó:

—Si sigues tu estrella, no puedes menos de llegar a glorioso puerto, dado que yo en el mundo predijera bien tu destino. Y a no haber muerto tan pronto, viendo que el cielo te era tan favorable, te habría dado alientos para proseguir tu obra. Pero aquel pueblo ingrato y malo, que en otro tiempo descendió de Fiésole, y que aun conserva algo de la aspereza de sus montañas y de sus rocas, será tu enemigo, por lo mismo que prodigarás el bien; lo cual es natural, pues no conviene que madure el dulce higo entre ásperos serbales. Una antigua fama les da en el mundo el nombre de ciegos; raza avara, envidiosa y soberbia: ¡que sus malas costumbres no te manchen nunca! La fortuna te reserva tanto honor, que los dos partidos anhelarán poseerte; pero la hierba estará lejos del pico. Hagan las bestias fiesolanas forraje de sus mismos cuerpos, y no puedan tocar a la planta, si es que todavía sale alguna de entre su estiércol, en la que reviva la santa semilla de aquellos romanos que quedaron después de construído aquel nido de perversidad.

—Si todos mis deseos se hubiesen realizado—le respondí—, no estaríais vos fuera de la humana naturaleza; porque tengo siempre fija en mi mente, y ahora me contrista verla así, vuestra querida, buena y paternal imagen, cuando me enseñabais en el mundo cómo el hombre se inmortaliza: me creo, pues, en el deber, mientras viva, de patentizar con mis palabras el agradecimiento que os profeso. Conservo grabado en la memoria cuanto me referís acerca de mi destino, para hacerlo explicar con otro texto por una Dama que lo sabrá hacer, si consigo llegar hasta ella. Solamente deseo manifestaros que estoy dispuesto a correr todos los azares de la Fortuna con tal que mi conciencia no me remuerda nada. No es la vez primera que he oído semejante predicción; y así, mueva su rueda la Fortuna como le plazca, y el campesino su azada.

Entonces mi Maestro se volvió hacia la derecha, me miró, y después me dijo:

—Bien escucha quien bien retiene.

No por eso dejé de seguir hablando con "ser" Brunetto; y preguntándole quiénes eran sus más notables y eminentes compañeros, me contestó:

—Bueno es que conozcan los nombres de algunos de ellos: con respecto a los otros, vale más callar; que para tanta conversación el tiempo es corto. Sabe, pues, que todos ellos fueron clérigos y literatos de gran fama, y el mismo pecado los contaminó a todos en el mundo. Con aquella turba desolada va Prisciano, como también Francisco de Accorso; y si desearas conocer a tan inmunda caterva, podrías ver a aquel que por el Siervo de los siervos de Dios fué trasladado del Arno al Bacchiglione,[15] donde dejó sus mal extendidos miembros. Más te diría; pero no puedo avanzar ni hablar más, porque ya veo salir nuevo humo de la arena. Vienen almas con las cuales no debo estar. Te recomiendo mi "Tesoro,"[16] en el que aún vive mi memoria, y no pido nada más.

Después se volvió con los otros, del mismo modo que los que, en la campiña de Verona, disputan a la carrera el palio verde, pareciéndose en el correr a los que vencen y no a los vencidos.

CANTO DECIMOSEXTO

ENCONTRABAME ya en un sitio donde se oía el rimbombar del agua que caía en el otro recinto, rumor semejante al zumbido que producen las abejas en sus colmenas, cuando a un tiempo y corriendo se separaron tres sombras de entre una multitud que pasaba sobre la lluvia del áspero martirio. Vinieron hacia nosotros, gritando cada cual: "Detente, tú, que, a juzgar por tus vestidos, eres hijo de nuestra depravada tierra." ¡Ah!, ¡qué de llagas antiguas y recientes vi en sus miembros, producidas por las llamas! Su recuerdo me contrista todavía. A sus gritos se detuvo mi Maestro; volvió el rostro hacia mí, y me dijo:

—Espera aquí si quieres ser cortés con esos; aunque si no fuese por el fuego que lanza sus rayos sobre este lugar, te diría que, mejor que a ellos la prisa de venir, te estaría a ti la de correr a su encuentro.

Las sombras volvieron de nuevo a sus exclamaciones luego que nos detuvimos, y cuando llegaron adonde estábamos, empezaron las tres a dar vueltas formando un círculo. Y como solían hacer los gladiadores desnudos y untados de aceite, que antes de venir a las manos buscaba cada cual la oportunidad de lanzarse con ventaja sobre su contrario, del mismo modo cada una de aquellas sombras dirigía su rostro hacia mí, girando sin cesar, de suerte que tenían vuelto el cuello en distinta dirección de la que seguían sus pies.

—Aunque la miseria de este suelo movedizo y nuestro llagado y sucio aspecto haga que nosotros y nuestros ruegos seamos despreciables, comenzó a decir una de ellas, nuestra fama debe incitar a tu corazón a decirnos quién eres tú, que sientas con tal seguridad los pies vivos en el Infierno. Este que ves tan desnudo y destrozado, y cuyas huellas voy siguiendo, fué de un rango mucho más elevado de lo que te figuras. Nieto fué de la púdica Gualdrata,[17] se llamó Guido Guerra, y durante su vida hizo tanto con su talento, como con su espada: el otro, que tras de mí oprime la arena, es Tegghiaio Aldobrandi, cuya voz debería ser agradecida en el mundo; y yo, que sufro el mismo tormento que ellos, fuí Jacobo Rusticucci, y por cierto que nadie me causó más daño que mi fiera mujer.

Si hubiese podido estar al abrigo del fuego, me habría lanzado hacia los de abajo, y creo que mi Maestro lo hubiera tolerado; pero como estaba expuesto a abrasarme y cocerme, el miedo venció la buena intención que me impelía a abrazarlos. Así les dije:

—Vuestra situación no me ha inspirado desprecio, sino un dolor que tardará en desaparecer; esto es lo que he sentido desde el momento que mi Señor me dijo algunas palabras, por las cuales comprendí que era gente de vuestra calidad la que hacia nosotros venía. De vuestra tierra soy; y siempre he retenido y escuchado con gusto vuestros actos y vuestros honrados nombres. Dejo las amarguras, y voy en busca de los sabrosos frutos que me ha prometido mi sincero Guía; pero antes me es preciso bajar hasta el centro.

—Así tu alma permanezca unida a tus miembros por mucho tiempo— repuso aquél—, y así también resplandezca tu fama después de la muerte, ruégote nos digas si la gentileza y el valor habitan aún en nuestra ciudad, como solían, o si se han desterrado por completo; porque Guillermo Borsiere, que gime hace poco tiempo entre nosotros, y va allí con los demás compañeros, nos atormenta con sus relatos.

—¡Los advenedizos y las rápidas fortunas han engendrado en ti, Florencia, tanto orgullo e inmoderación, que tú misma te lamentas ya por esa causa!

Así exclamé con el rostro levantado; y las tres sombras, oyendo esta respuesta, se miraron mutuamente, como cuando se oyen cosas que se tienen por verdaderas.

—¡Si tan poco te cuesta en otras ocasiones satisfacer las preguntas de cualquiera—respondieron todos—, dichoso tú que dices lo que sientes! Mas, si sales de estos lugares, obscuros, y vuelves a ver las hermosas estrellas, cuando te plazca decir: "Estuve allí," haz que los hombres hablen de nosotros.

En seguida rompieron el círculo, y huyeron tan de prisa, que sus piernas parecían alas. No podría decirse "amén" tan pronto como ellos desaparecieron: por lo cual mi Maestro determinó que nos fuésemos. Yo le seguía, y a los pocos pasos advertí que el ruido del agua estaba tan próximo, que aun hablando alto apenas nos hubieran oído. Como aquel río que sigue su propio curso desde el monte Veso hacia levante por la izquierda del Apenino, el cual se llama Acquacheta antes de precipitarse en un lecho más bajo, y perdiendo este nombre en Forli, y formando después una cascada, ruge sobre San Benedetto en los Alpes, donde un millar de hombres debiera hallar su retiro, así en la parte inferior de una roca escarpada, oímos resonar tan fuertemente aquella agua teñida de sangre, que me habría hecho ensordecer en poco tiempo. Tenía yo una cuerda ceñida al cuerpo, con la cual había esperado apoderarme de la pantera de pintada piel: cuando me la desaté, según me lo había ordenado mi Guía, se la presenté arrollada y replegada: entonces se volvió hacia la derecha, y desde una distancia considerable de la orilla, la arrojó en aquel abismo profundo. "Preciso es, decía yo entre mí, que alguna novedad responda a esa nueva señal, cuyo efecto espera con tanta atención mi Maestro." ¡Oh!; ¡qué circunspectos deberían ser los hombres ante los que, no solamente ven sus actos, sino que, con la inteligencia, leen en el fondo de su pensamiento! Mi Guía me dijo:

—Pronto vendrá de arriba lo que espero, y pronto también es preciso que descubran tus ojos lo que tu pensamiento no ve con claridad.

El hombre debe, siempre que pueda, cerrar sus labios antes de decir una verdad, que tenga visos de mentira; porque se expone a avergonzarse sin tener culpa. Pero ahora no puedo callarme, y te juro, ¡oh lector!, por los versos de esta comedia, a la que deseo la mayor aceptación, que vi venir nadando por el aire denso y obscuro una figura, que causaría espanto al corazón más entero; la cual se asemejaba al buzo que vuelve del fondo adonde bajó acaso a desprender el ancla que está afianzada a un escollo, u otro cualquier objeto escondido en el mar, y que extiende hacia arriba los brazos, al mismo tiempo que encoge sus piernas.

CANTO DECIMOSEPTIMO

HE ahí la fiera de aguzada cola, que traspasa las montañas, y rompe los muros y las armas: he ahí la que corrompe al mundo entero.

Así empezó a hablarme mi Maestro, e hizo a aquélla una seña, indicándole que se dirigiera hacia la margen de piedra donde nos encontrábamos. Y aquella inmunda imagen del fraude, llegó a nosotros, y adelantó la cabeza y el cuerpo, pero no puso la cola sobre la orilla. Su rostro era el de un varón justo, tan bondadosa era su apariencia exterior, y el resto del cuerpo el de una serpiente. Tenía dos garras llenas de vello hasta los sobacos, y la espalda, el pecho y los costados salpicados de tal modo de lazos y escudos, que no ha habido tela turca ni tártara tan rica en colores, no pudiendo compararse tampoco a aquéllos los de las telas de Aracnea. Como se ven muchas veces las barcas en la orilla, mitad en el agua y mitad en tierra, o como en el país de los glotones tudescos el castor se prepara a hacer la guerra a los peces, así la detestable fiera se mantenía sobre el cerco de piedra que circunda la arenosa llanura, agitando su cola en el vacío, y levantando el venenoso dardo de que tenía armada su extremidad, como la de un escorpión. Mi Guía me dijo:

–Ahora conviene que dirijamos nuestros pasos hacia la perversa fiera que allí está tendida.

Por lo cual descendimos por la derecha, y dimos diez pasos sobre la extremidad del margen, procurando evitar la arena abrasada y las llamas: cuando llegamos donde la fiera se encontraba, vi a corta distancia sobre la arena mucha gente sentada al borde del abismo. Allí me dijo mi Maestro:

–A fin de que adquieras una completa experiencia de lo que es este recinto, anda y examina la condición de aquellas almas, pero que sea corta tu conferencia. Mientras vuelves, hablaré con esta fiera, para que nos preste sus fuertes espaldas.

Continué, pues, andando solo hasta el extremo del séptimo círculo, donde gemían aquellos desgraciados. El dolor brotaba de sus ojos, mientras acá y allá se defendían con las manos, ya de las pavesas, ya de la candente arena, como los perros, en el estío, rechazan con las patas o con el hocico las pulgas, moscas o tábanos, que les molestan. Mirando atentamente el rostro de muchos de aquellos a quienes azota el doloroso fuego, no conocí a ninguno; pero observé que del cuello de cada cual pendía una bolsa de cierto color, marcada con un signo, en cuya contemplación parecían deleitarse sus miradas. Aproximándome más para examinar mejor, vi en una bolsa amarilla una figura azul, que tenía toda la apariencia de un león. Después, prosiguiendo el curso de mis observaciones, vi otra, roja como la sangre, que ostentaba una oca más blanca que la leche. Uno de ellos, en cuya bolsa blanca figuraba una puerca preñada, de color azul, me dijo:

—¿Qué haces en esta fosa? Véte; y puesto que aún vives, sabe que mi vecino Vitaliano debe sentarse aquí a mi izquierda. Yo soy paduano, en medio de estos florentinos, que muchas veces me atruenan los oídos gritando: "Venga el caballero soberano, que llevará la bolsa con los tres picos."

Después torció la boca, y sacó la lengua como el buey que se lame las narices. Y yo, temiendo que mi tardanza incomodase a aquél que me había encargado que estuviera allí poco tiempo, volví la espalda a tan miserables almas. Encontré a mi Guía, que había saltado ya sobre la grupa del feroz animal, y me dijo:

—Ahora sé fuerte y atrevido. Por aquí no se baja sino por escaleras de esta clase: monta delante; quiero quedarme entre ti y la cola, a fin de que ésta no pueda hacerte daño alguno.

Al oír estas palabras, me quedé como aquel que, presintiendo el frío de la cuartana, tiene ya las uñas pálidas, y tiembla con todo su cuerpo tan sólo al mirar la sombra; pero su sentido amenazador me produjo la vergüenza que da ánimo a un servidor delante de un buen amo. Me coloqué sobre las anchas espaldas de la fiera, y quise decir: "Ten cuidado de sostenerme;" pero, contra lo que esperaba, me faltó la voz; si bien él, que ya anteriormente me había socorrido en todos los peligros, apenas monté, me estrechó y me sostuvo entre sus brazos. Después dijo:

—Gerión, ponte ya en marcha, trazando anchos círculos y descendiendo lentamente: piensa en la nueva carga que llevas.

Aquel animal fué retrocediendo como la barca que se aleja de la orilla, y cuando sintió todos sus movimientos en libertad, revolvió la cola hacia donde antes tenía el pecho, y extendiéndola, la agitó como una anguila, atrayéndose el aire con las garras. No creo que Faetón tuviera tanto miedo, cuando abandonó las riendas, por lo cual se abrasó el cielo, como se puede ver todavía; ni el desgraciado Icaro, cuando, derritiéndose la cera, sintió que las alas se desprendían de su cintura, al mismo tiempo que su padre le gritaba: "Mal camino llevas," como el que yo sentí, al verme en el aire por toda partes, y alejado de mi vista todo, excepto la fiera. Esta empezó a marchar, nadando lentamente, girando y descendiendo; pero yo no podía apercibirme más que del viento que sentía en mi rostro y en la parte inferior de mi cuerpo. Empecé a oír hacia la derecha el horrible estrépito que producían las aguas en el abismo; por lo cual incliné la cabeza y dirigí mis miradas hacia abajo, causándome un gran miedo aquel precipicio; porque vi llamas y percibí lamentos, que me obligaron a encogerme tembloroso. Entonces observé, pues no lo había reparado antes, que descendíamos dando vueltas, como me lo hizo notar la proximidad de los grandes dolores, amontonados por doquier en torno nuestro. Como el halcón, que ha permanecido volando largo tiempo sin ver reclamo ni pájaro alguno, hace exclamar al halconero: "¡Eh! ¿Ya bajas?," y efectivamente desciende cansado de las alturas donde trazaba cien rápidos círculos, posándose lejos del que lo amaestró, desdeñoso e iracundo, así nos dejó Gerión en el fondo del abismo, al pie de una desmoronada roca; y libre de nuestras personas, se alejó como la saeta despedida por la cuerda.

CANTO DECIMOOCTAVO

HAY un lugar en el Infierno, llamado Malebolge,[18] construído todo de piedra y de color ferruginoso, como la cerca que lo rodea. En el centro mismo de aquella funesta planicie se abre un pozo bastante ancho y profundo, de cuya estructura me ocuparé en su lugar. El espacio que queda entre el pozo y el pie de la dura cerca es redondo, y está dividido en diez valles, o recintos cerrados, semejantes a los numerosos fosos que rodean a un castillo para defensa de las murallas; y así como estos fosos tienen puentes que van desde el umbral de la puerta a su otro extremo, del mismo modo aquí avanzaban desde la base de la montaña algunas rocas, que atravesando las márgenes y los fosos, llegaban hasta el pozo central, y allí se reunían quedando truncadas. Tal era el sitio donde nos encontramos cuando descendimos de la grupa de Gerión: el Poeta echó a andar hacia la izquierda, y yo seguí tras él. A mi derecha vi nuevas causas de conmiseración, nuevos tormentos y nuevos burladores, que llenaban la primera fosa. En el fondo estaban desnudos los pecadores; los del centro acá venían de frente a nosotros; y los de esta parte afuera seguían nuestra misma dirección, pero con paso más veloz. Como en el año del Jubileo, a causa de la afluencia de gente que atraviesa el puente de San Angelo, los romanos han determinado que todos los que se dirijan al castillo y vayan hacia San Pedro pasen por un lado, y por el otro los que van hacia el monte, así vi, por uno y otro lado de la negra roca, cornudos demonios con grandes látigos, que azotaban cruelmente las espaldas de los condenados. ¡Oh! ¡Cómo les hacían mover las piernas al primer golpe! Ninguno aguardaba el segundo ni el tercero. Mientras yo andaba, mis ojos se encontraron con los de un pecador, y dije en seguida: "No es la primera vez que veo a ése." Por lo que me detuve a observarlo mejor: mi dulce Guía se detuvo al mismo tiempo, y aun me permitió retroceder un tanto. El azotado creyó ocultarse bajando la cabeza; mas le sirvió de poco, pues le dije:

—Tú, que fijas los ojos en el suelo, si no son falsas las facciones que llevas, eres Venedico Caccianimico. Pero ¿qué es lo que te ha traído a tan picantes salsas?

A lo que me contestó:

—Lo digo con repugnancia; pero cedo a tu claro lenguaje, que me hace recordar el mundo de otro tiempo. Yo fuí aquel que obligó a la bella Ghisola a satisfacer los deseos del Marqués, cuéntese como se quiera la tal historia. Y no soy el único boloñés que llora aquí; antes bien este sitio está tan lleno de ellos, que no hay en el día entre el Savena y el Reno tantas lenguas que digan "sipa,"[19] como en esta fosa; y si quieres una prueba de lo que te digo, recuerda nuestra codicia notoria.

Mientras así hablaba, un demonio le pegó un latigazo, diciéndole: "Anda, rufián; que aquí no hay mujeres que se vendan."

Me reuní a mi Guía; y a los pocos pasos llegamos a un punto de donde salía una roca de la montaña. Subimos por ella ligeramente, y volviendo a la derecha sobre su áspero dorso, salimos de aquel eterno recinto. Luego que llegamos al sitio en que aquel peñasco se ahueca por debajo a modo de puente, para dar paso a los condenados, mi Guía me dijo:

—Detente, y haz que en ti se fijen las miradas de esos otros malnacidos, cuyos rostros no has visto aún, porque han caminado hasta ahora en nuestra misma dirección.

Desde el vetusto puente contemplamos la larga fila que hacia nosotros venía por la otra parte, y que era igualmente castigada por el látigo. El buen Maestro me dijo, sin que yo le preguntara nada:

—Mira esa gran sombra que se acerca, y que, a pesar de su dolor, no parece derramar ninguna lágrima. ¡Qué aspecto tan majestuoso conserva aún! Ese es Jasón, que con su valor y su destreza robó en Cólquide el vellocino de oro. Pasó por la isla de Lemnos, después que las audaces y crueles mujeres de aquella isla dieron muerte a todos los habitantes varones; y allí, con sus artificios y sus halagüeñas palabras, engañó a la joven Hisipila, que antes había engañado a todas sus compañeras, y la dejó encinta y abandonada; por tal culpa está condenado a tal martirio, que es también la venganza de Medea. Con él van todos los que han cometido igual clase de engaños: bástete, pues, saber esto de la primera fosa, y de los que en ella son atormentados.

Nos encontrábamos ya en el punto donde el estrecho sendero se cruza con el segundo margen, que sirve de apoyo para otro arco. Allí vimos a los que se anidan en una nueva fosa, dando resoplidos con sus narices y golpeándose con sus propias manos. Las orillas estaban incrustadas de moho, producido por las emanaciones de abajo, que allí se condensan, ofendiendo a la vista y al olfato. La fosa es tan profunda, que no se puede ver el fondo, sino mirando desde la parte más alta del arco, que lo domina perpendicularmente. Allí nos pusimos, y desde aquel punto vimos en el foso unas gentes sumergidas en un estiércol, que parecía salir de las letrinas humanas; y mientras tenía la vista fija allí dentro, vi uno con la cabeza tan sucia de excremento, que no podía saber si era clérigo o seglar. Aquella cabeza me dijo:

—¿Por qué te muestras tan ávido de mirarme a mí, con preferencia a los otros que están tan sucios como yo?

Le respondí:

—Porque, si mal no recuerdo, te he visto otra vez con los cabellos enjutos, y tú eres Alejo Interminelli de Luca; por eso te miro más que a todos los otros.

Entonces, él, golpeándose la calabaza, exclamó:

—Aquí me han sumergido las lisonjas que no se cansó de prodigar mi lengua.

Después de esto, mi Guía me dijo:

—Procura adelantar un poco la cabeza, a fin de que tus miradas alcancen las facciones de aquella sucia esclava desmelenada, que se desgarra las carnes con sus uñas llenas de inmundicia, y que tan pronto se encoge como se estira. Esa es Thais, la prostituta, que cuando su amante le preguntó: "¿Tengo grandes méritos a tus ojos?," ella le contestó: "Sí, maravillosos." Y con esto queden saciadas nuestras miradas.

CANTO DECIMONONO

OH Simón el mago! ¡Oh miserables sectarios suyos, almas rapaces, que prostituís a cambio de oro y plata las cosas de Dios, que deben ser las esposas de la virtud! Ahora resonará la trompa para vosotros, puesto que os encontráis en la tercera fosa.

Estábamos ya junto a ésta, subidos en aquella parte del escollo que cae justamente sobre su centro. ¡Oh suma Sabiduría! ¡Cuán grande es el arte que demuestras en el cielo, en la tierra y en el mundo maldito, y con cuánta equidad se reparte tu virtud! Vi en los lados y en el fondo la piedra lívida llena de pozuelos, todos redondos y de igual tamaño, los cuales me parecieron ni más ni menos anchos que los que hay en mi hermoso San Juan para servir de pilas bautismales; uno de éstos rompí yo no ha muchos años, por salvar a un niño que dentro de él se ahogaba; y baste lo que digo, para desengañar a todos.[20] Fuera de la boca de cada uno de aquellos pozuelos salían los pies y las piernas de un pecador, hasta el muslo, quedando dentro el resto del cuerpo. Ambos pies estaban encendidos, por cuya razón se agitaban tan fuertemente sus coyunturas, que hubieran roto sogas y cuerdas. Del mismo modo que la llama suele recorrer la superficie de los objetos untados de grasa, así el fuego flameaba desde el talón a la punta en los pies de los condenados.

—¿Quién es aquél, Maestro, que furioso agita los pies más que sus otros compañeros—dije entonces—, y a quien corroe y deseca una llama mucho más roja?

A lo cual me contestó:

—Si quieres que te conduzca por aquella parte de la escarpa que está más cercana al fondo, él mismo te dirá quién es y cuáles son sus crímenes.

Le respondí:

—Me parece bien todo lo que a ti te agrada: tú eres el dueño y sabes que yo no me separo de tu voluntad, así como también conoces lo que me callo.

Subimos entonces al cuarto margen; después volvimos y bajamos por la izquierda hacia la estrecha y perforada fosa, sin que el buen Maestro me hiciera separar de su lado, hasta haberme conducido junto al hoyo de aquel que daba tantas señales de dolor con los movimientos de sus piernas.

—¡Oh! Quienquiera que seas, tú, que tienes enterrada la parte superior de tu cuerpo; alma triste, plantada como una estaca—empecé a decir—, habla, si puedes.

Yo estaba como el fraile que confiesa al pérfido asesino, que, metido en la tierra, le llama para que cese su muerte. Y él gritó:

—¿Estás ya aquí derecho, estás ya aquí derecho, Bonifacio?[21] Me ha engañado en algunos años lo que está escrito. ¿Tan pronto te has saciado de aquellos bienes, por los cuales no temiste apoderarte con embustes de la hermosa Dama,[22] y gobernarla después indignamente?

Quedéme, al oír esto, como aquellos que, casi avergonzados de no haber comprendido lo que se les ha dicho, no saben qué contestar. Entonces Virgilio dijo:

—Respóndele pronto: "yo no soy, yo no soy el que tú crees."

Y yo contesté como se me ordenó. Por lo cual el espíritu retorció sus pies; y luego, suspirando y con llorosa voz, me dijo:

—¿Pues qué es lo que me preguntas? Si te urge conocer quién soy, hasta el punto de haber descendido para ello por todos estos peñascos, sabrás que estuve investido del gran manto, y fuí verdadero hijo de la Osa, tan codicioso, que, por aumentar la riqueza de los oseznos, embolsé arriba todo el dinero que pude, y aquí mi alma. Bajo mi cabeza están sepultados los demás papas, que antes de mí cometieron simonía, y se hallan comprimidos a lo largo de este angosto agujero. Yo me hundiré también luego que venga aquel que creí fueses tú, cuando te dirigí mi súbita pregunta. Pero desde que mis pies se abrasan, y me encuentro colocado al revés, ha transcurrido más tiempo del que él permanecerá en este mismo sitio con los pies quemados; porque en pos de él vendrá de poniente un pastor sin ley, por causa más repugnante, y ése deberá cubrirnos a entrambos. Será un nuevo Jasón, parecido al de que se habla en el libro de los Macabeos; y así como el rey de éste fué débil para con él, así con el otro lo será el que rige la Francia.

No sé si en tal momento fué demasiada audacia la mía; pues le respondí en estos términos:

—¡Eh!, dime: ¿cuánto dinero exigió Nuestro Señor de San Pedro, antes de poner las llaves en su poder? En verdad que no le pidió más sino que le siguiera. Ni Pedro ni los otros pidieron a Matías oro ni plata cuando por suerte fué elegido en reemplazo del que perdió su alma traidora. Permanece, pues, ahí, porque has sido castigado justamente, y guarda bien la mal adquirida riqueza, que tan atrevido te hizo contra Carlos. Y si no fuese porque aun me contiene el respeto a las llaves soberanas, que poseíste en tu alegre vida, emplearía palabras mucho más severas; porque vuestra avaricia contrista al mundo, pisoteando a los buenos, y ensalzando a los malos. Pastores, a vosotros se refería el Evangelista, cuando vió prostituída ante los reyes a la que se sienta sobre las aguas; a la que nació con siete cabezas, y obtuvo autoridad por sus diez cuernos, mientras la virtud agradó a su marido.[23] Os habéis construído dioses de oro y plata: ¿qué diferencia, pues, existe entre vosotros y los idólatras, sino la de que ellos adoran a uno y vosotros adoráis a ciento? ¡Ah, Constantino! ¡A cuántos males dió origen, no tu conversión al cristianismo, sino la donación que de ti recibió el primer papa que fué rico!

Mientras yo le hablaba con esta claridad, él, ya fuese a impulsos de la ira, o porque le remordiese la conciencia, respingaba fuertemente con ambas piernas. Creo que complací a mi Guía; porque escuchó siempre con rostro satisfecho el sonido de mis palabras, expresadas con sinceridad. Entonces me cogió con los dos brazos, y teniéndome en alto bien afianzado sobre su pecho, volvió a subir por el camino por donde habíamos descendido, sin dejar de estrecharme contra sí, hasta llegar a la parte superior del puente que va de la cuarta a la quinta calzada. Allí, depositó suavemente su querido fardo sobre el áspero y pelado escollo, que hasta para las cabras sería un difícil sendero, desde donde descubrí una nueva fosa.

CANTO VIGESIMO

MIS versos deben relatar un nuevo suplicio, el cual servirá de asunto al vigésimo canto del primer cántico, que trata de los sumergidos en el Infierno. Me hallaba ya dispuesto a contemplar el descubierto fondo, que está bañado de lágrimas de angustia, cuando vi venir por la fosa circular gentes que, llorando en silencio, caminaban con aquel paso lento que llevan las letanías en el mundo. Cuando incliné más hacia ellos mi mirada, me pareció que cada uno de aquellos condenados estaba retorcido de un modo extraño desde la barba al principio del pecho; pues tenían el rostro vuelto hacia las espaldas, y les era preciso andar hacia atrás, porque habían perdido la facultad de ver por delante. Quizá, por la fuerza de la perlesía, se encuentre un hombre de tal manera contrahecho; pero yo no lo he visto ni creo que pueda suceder. Ahora bien, lector, ¡así Dios te permita sacar fruto de esta lectura! Considera por ti mismo si mis ojos podrían permanecer secos, cuando vi de cerca nuestra humana figura tan torcida, que las lágrimas le caían por la espina dorsal. Yo llo raba en verdad, apoyado contra una de las rocas de la dura montaña, de suerte que mi Guía me dijo:

—¿Tú también eres de los insensatos? Aquí vive la piedad cuando está bien muerta. ¿Quién es más criminal que el que se apasiona contemplando la justicia divina? Levanta la cabeza, levántala y mira a aquel por quién se abrió la tierra en presencia de los tebanos, que exclamaban: "¿Adónde caes, Anfiarao? ¿Por qué abandonas la guerra?" Y no cesó de caer en el Infierno hasta llegar a Minos, que se apodera de cada culpable. Mira cómo ha convertido sus espaldas en pecho: por haber querido ver demasiado hacia adelante, ahora mira hacia atrás, y sigue un camino retrógrado. Mira a Tiresias, que mudó de aspecto cuando de varón se convirtió en hembra, cambiando también todos su miembros, y hubo de abatir con su vara las dos serpientes unidas, antes que recobrara su pelo viril. El que acerca sus espaldas al vientre de aquél es Aronte, que tuvo por morada una gruta de blancos mármoles en las montañas de Luni, cultivadas por el carrarés que habita en su falda, y desde allí no había nada que limitara su vista, cuando contemplaba el mar o las estrellas. Aquella que, con los destrenzados cabellos, cubre sus pechos, por lo cual se ocultan a tus miradas, y tiene en ese lado de su cuerpo todas las partes velludas, fué Manto, que recorrió muchas comarcas, hasta que se detuvo en el sitio donde yo nací; por lo cual deseo que me prestes un poco de atención. Luego que su padre salió de la vida, y fué esclavizada la ciudad de Baco,[24] Manto anduvo errante por el mundo durante mucho tiempo. Allá arriba, en la bella Italia, existe un lago al pie de los Alpes que ciñen la Alemania por la parte superior del Tirol, el cual se llama Benaco. Mil corrientes, y aun más, según creo, vienen a aumentar, entre Garda, Val-Camonica y el Apenino, el agua que se estanca en dicho lago. En medio de éste hay un sitio, donde el Pastor de Trento, y los de Verona y Brescia, podrían dar su bendición si siguiesen aquel camino. En el punto donde es más baja la orilla que le circunda, está situada Peschiera, bello y fuerte castillo, a propósito para hacer frente a los de Brescia y a los de Bérgamo. Allí afluye necesariamente toda el agua que no puede estar contenida en el lago de Benaco, formando un río que corre entre verdes praderas. En cuanto aquella agua sigue un curso propio, ya no se llama Benaco, sino Mincio, hasta que llega a Governolo, donde desemboca en el Po. No corre mucho sin que encuentre una hondonada, en la cual se extiende y se estanca, y suele ser malsana en el estío. Pasando, pues, por allí la feroz doncella, vió en medio del pantano una tierra inculta y deshabitada. Se detuvo en ella con sus esclavas, para huír de todo consorcio humano, y para ejercer su arte mágica, y allí vivió y dejó sus restos mortales. Entonces los hombres, que estaban dispersos por los alrededores, se reunieron en aquel sitio, que era fuerte a causa del pantano que le circundaba: edificaron una ciudad sobre los huesos de la difunta, y del nombre de la primera que había elegido aquel sitio, la llamaron Mantua, sin consultar para ello al Destino. En otro tiempo fueron sus habitantes más numerosos, antes de que Casalodi se dejara engañar neciamente por Pinamonte. Te lo advierto a fin de que, si oyes atribuir otro origen a mi patria, ninguna mentira pueda obscurecer la verdad.

Le respondí:

—Maestro, tus razonamientos son para mí tan verídicos, y me obligan a prestarles tanta fe, que cualesquiera otros me parecerían carbones apagados. Pero dime si entre la gente que va pasando hay alguno digno de notarse, pues eso solo ocupa mi alma.

Entonces me dijo:

—Aquél, cuya barba se extiende desde el rostro a sus morenas espaldas, fué augur cuando la Grecia se quedó tan exhausta de varones, que apenas los había en las cunas, y junto con Calcas dió la señal en Aulide para cortar el primer cable. Se llamó Euripilo, y así lo nombra en algún punto mi alta tragedia. Aquel otro que ves tan demacrado fué Miguel Scott, que conoció perfectamente las imposturas del arte mágica. Mira a Guido Bonatti, y ve allí a Asdente, que ahora desearía no haber dejado su cuero y su bramante; pero se arrepiente demasiado tarde: contempla las tristes que abandonaron la aguja, la lanzadera y el huso para convertirse en adivinas, y para hacer maleficios con hierbas y con figuras. Pero ven ahora, porque ya el astro en que se ve a Caín con las espinas ocupa el confín de los dos hemisferios, y toca el mar más abajo de Sevilla. La luna era ya redonda en la noche anterior; debes recordar bien que no te molestó a veces por la selva umbría.

Así me hablaba y entre tanto íbamos caminando.

CANTO VIGESIMOPRIMERO

ASI, de un puente a otro, y hablando de cosas que mi comedia no se cuida de referir, fuimos avanzando y llegamos a lo alto del quinto, donde nos detuvimos para ver la otra hondonada de Malebolge y otras vanas lágrimas, y la vi maravillosamente obscura. Así como en el arsenal de los venecianos hierve en el invierno la pez tenaz, destinada a reparar los buques averiados que no pueden navegar, y al mismo tiempo que uno construye su embarcación, otro calafatea los costados de la que ha hecho ya muchos viajes; otro recorre la proa, otro la popa; quién hace remos; quién retuerce las cuerdas; quiénes, por fin, reparan el palo de mesana y el mayor; de igual suerte, y no por medio del fuego, sino por la voluntad divina, hervía allá abajo una resina espesa, que se pegaba a la orilla por todas partes. Yo la veía, pero sin percibir en ella más que las burbujas que producía el hervor, hinchándose toda y volviendo a caer desplomada. Mientras la contemplaba fijamente, mi Guía me atrajo hacia sí desde el sitio en que me encontraba, diciéndome: "Ten cuidado, ten cuidado." Entonces me volví como el hombre que ansía ver aquello de que le conviene huír, y a quien asalta un temor tan grande y repentino, que ni para mirar detiene su fuga; y vi detrás de nosotros un negro diablo, que venía corriendo por el puente. ¡Oh! ¡Cuán feroz era su aspecto, y qué amenazador me parecía con sus alas abiertas y sus ligeros pies! Sobre sus hombros, altos y angulosos, llevaba a cuestas un pecador, a quien tenía agarrado por ambos jarretes. Desde nuestro puente dijo:

—¡Oh! Malebranche, ved aquí uno de los ancianos de Santa Zita: ponedle debajo; que yo me vuelvo otra vez a aquella tierra, que está tan bien provista de ellos. Allí todos son bribones, excepto Bonturo; y por dinero, de un "no" hacen un "ita."[25]

Le arrojó abajo, y se volvió por la dura roca tan de prisa, que jamás ha habido mastín suelto que haya perseguido a un ladrón con tanta ligereza. El pecador se hundió y volvió a subir hecho un arco; pero los demonios, que estaban resguardados por el puente, gritaban:

—Aquí no está el Santo Rostro; aquí se nada de diferente modo que en el Serchio. Si no quieres probar nuestros garfios, no salgas de la pez.

Después le pincharon con más de cien harpones, diciéndole:

—Es forzoso que bailes aquí a cubierto, de modo que, si puedes, prevariques ocultamente.

No de otra suerte hacen los cocineros que sus marmitones sumerjan en la caldera las viandas por medio de grandes tenedores, para que no sobrenaden.

—A fin de que no adviertan que estás aquí—me dijo el buen Maestro—, ocúltate detrás de una roca, que te sirva de abrigo; y aunque se me haga alguna ofensa, no temas nada; pues ya conozco estas cosas por haber estado otra vez entre estas almas venales.

En seguida pasó al otro lado del puente, y cuando llegó a la sexta orilla, tuvo necesidad de mostrar su intrepidez. Con el furor y el ímpetu con que salen los perros tras el pobre que de pronto pide limosna donde se detiene, así salieron los demonios de debajo del puente, volviendo todos contra él sus harpones; pero les gritó:

—Que ninguno de vosotros se atreva. Antes que me punce vuestra orquilla, adelántese uno que me oiga, y después medite si debe perdonarme.

Todos gritaron:

—Vé, Malacoda.

Por lo cual uno de ellos se puso en marcha, mientras los otros permanecían quietos, y se adelantó diciendo:

—¿Qué te podrá salvar de nuestras garras?

—¿Crees tú, Malacoda, que a no ser por la voluntad divina y por tener el destino propicio—dijo mi Maestro—, me hubieras visto llegar aquí, sano y salvo, a pesar de todas vuestras armas? Déjame pasar, porque en el cielo quieren que enseñe a otro este camino salvaje.

Entonces quedó tan abatido el orgullo del demonio, que dejó caer el harpón a sus plantas, y dijo a los otros:

—Que no se le haga daño.

Y mi guía a mí:

—¡Oh tú, que estás agazapado tras de las rocas del puente! Ya puedes llegar a mí con toda seguridad.

Entonces eché a andar, y me acerqué a él con prontitud; pero los diablos avanzaron, de modo que yo temí que no observaran lo pactado: así vi temblar en otro tiempo a los que por capitulación salían de Caprona, viéndose entre tantos enemigos. Me acerqué cuanto pude a mi Guía, y no separaba mis ojos del rostro de aquéllos, que no era nada bueno. Bajaban ellos sus garfios, y: "¿Quiéres que le pinche en la rabadilla?," decía uno de ellos a los otros. Y respondían: "Sí, sí clávale." Pero aquel demonio, que estaba conversando con mi Guía, se volvió de repente, y gritó: "Quieto, quieto, Scarmiglione." Después nos dijo:

—Por este escollo no podréis ir más lejos, pues el sexto arco yace destrozado en el fondo. Si os place ir más adelante, seguid esta costa escarpada: cerca veréis otro escollo por el que podréis pasar. Ayer, cinco horas más tarde que en este momento, se cumplieron mil doscientos sesenta y seis años desde que se rompió aquí el camino.[26] Voy a enviar hacia allá varios de los míos para que observen si algún condenado procura sacar la cabeza al aire: id con ellos, que no os harán daño.

—Adelante, Alichino y Calcabrina—empezó a decir—; y tú también, Cagnazzo; Barbariccia guiará a los diez. Vengan además Libicocco, y Draghignazzo; Ciriatto, el de los grandes colmillos, y Graffiacane, y Farfarello, y el loco de Rubicantondad en torno de la pez hirviente: éstos deben llegar salvos hasta el otro escollo, que atraviesa enteramente sobre la fosa.[27]

—¡Oh Maestro! ¿Qué es lo que veo?—dije—; si conoces el camino, vamos sin escolta; yo, por mí, no la solicito. Si eres tan prudente como de costumbre, ¿no ves que rechinan los dientes, y se hacen guiños que nos amenazan algún mal?

—No quiero que te espantes—me contestó—; deja que rechinen los dientes a su gusto. Si lo hacen, es por los desgraciados que están hirviendo.

Se pusieron en camino por la margen izquierda; pero cada uno de aquéllos de antemano se habían mordido la lengua en señal de inteligencia con su jefe, y éste se sirvió de su ano a guisa de trompeta.

CANTO VEGISIMOSEGUNDO

HE visto alguna vez a la caballería levantar el campo, empezar el combate, pasar revista, y a veces batirse en retirada; he visto ¡oh, aretinos! hacer excursiones por vuestra tierra y saquearla; he visto luchar en los torneos y correr en las justas, ya al sonido de las trompetas, ya al de las campanas, al ruido de los tambores, con las señales de los castillos, y con todo el aparato nacional y extranjero; pero lo que no he visto nunca es que tan extraño instrumento de viento haya indicado la marcha a jinetes ni peones; jamás, ni en la tierra, ni en los cielos, guió semejante faro a ningún buque. Marchábamos juntamente con los diez demonios (¡oh terrible compañía!); pero en la iglesia con los santos, y en la taberna con los borrachos. Sin embargo, mi atención estaba concentrada en la pez para distinguir todo lo que contenía la fosa y los que se abrasaban dentro de ella. Así como saltan los delfines fuera del agua, indicando a los marinos que precavan la nave de la tempestad, así también algunos condenados, para aliviar su tormento, sacaban la espalda y la volvían a esconder más rápidos que el relámpago; y lo mismo que en un charco las ranas sacan la cabeza a flor de agua, aunque teniendo dentro de ella sus patas y el resto del cuerpo, así estaban por todas partes los pecadores; pero en cuanto Barbariccia se aproximaba, volvían a sumergirse en aquel hervidero. Yo vi, y aun se estremece por ello mi corazón, a uno de aquellos que había tardado más tiempo en hundirse, como sucede con las ranas, que una queda fuera del agua, mientras otra se zambulle; y Graffiacane, que estaba más cerca de él, le enganchó por los cabellos enviscados de pez, y lo sacó fuera como si fuese una nutria. Yo sabía el nombre de todos aquellos demonios, por haberme hecho cargo de ellos cuando los eligió Malacoda. "Rubicante, plántale encima tu garfio y desuéllalo," gritaban a un tiempo todos aquellos malditos. Yo dije:

—Maestro mío, si puedes, procura saber quién es ese desgraciado que ha caído en manos de sus adversarios.

Mi Guía se le acercó, y le preguntó de dónde era, a lo que respondió:

—Yo nací en el reino de Navarra. Mi madre me puso al servicio de un señor: ella me había engendrado de un pródigo, que se destruyó a sí mismo y disipó su fortuna. Después fuí favorito del buen rey Tebaldo, y me lancé a comerciar con sus favores; crimen de que doy cuenta en este horno.

Y Ciriatto, a quien salía de cada lado de la boca un colmillo como el de un jabalí, le hizo sentir lo bien que uno de ellos hería. Entre malos gatos había caído aquel ratón; porque Barbariccia lo sujetó entre sus brazos, diciendo: "Quedaos ahí mientras que yo le ensarto." Y volviendo el rostro hacia mi Maestro, añadió: "Pregúntale aún si deseas saber más, antes que otros lo destrocen."

Mi Guía preguntó:

—Dime, pues, si entre los otros culpables que están sumergidos en esa pez, conoces algunos que sean latinos.

A lo que contestó:

—Acabo de separarme de uno que fué de allí cerca. ¡Así estuviera, como él, bajo la pez; no temería ahora ni las garras ni los garfios!

Y Libicocco: "Ya hemos tenido demasiada paciencia," dijo; y le enganchó por el brazo con su harpón, arrancándole de un golpe todo el antebrazo. Draghignazzo quiso también cogerle por las piernas; pero su Decurión se volvió hacia todos ellos lanzando una mirada furiosa. Cuando se hubieron calmado un poco, mi Guía no tardó en preguntar a aquel que estaba contemplando su herida:

—¿Quién es ése de quien dices que te has separado, por tu desgracia, para salir a flote?

Y le respondió:

—Es el hermano Gomita, aquel de Gallura, vaso de iniquidad, que tuvo en su poder a los enemigos de su señor, e hizo de modo que todos le alabasen. Aceptó su oro y los dejó libres, según él mismo dice; y con respecto a los empleos, no fué un pequeño, sino un soberano prevaricador. Con él conversa a menudo don Miguel Zanche de Logodoro, y sus lenguas no se cansan nunca de hablar de las cosas de Cerdeña. ¡Ay de mí! Ved a ese otro cómo aprieta los dientes. Aun hablaría más, pero temo que se prepare a rascarme la tiña.

El gran jefe de los demonios se dirigió a Farfarelo, que movía sus ojos en todas direcciones buscando donde herir, y le dijo: "Quítate de ahí, pájaro malvado."

—Si queréis ver u oír a toscanos y lombardos—empezó a decir en seguida el desgraciado pecador—, haré que vengan. Pero que esas malditas garras se mantengan un poco apartadas, a fin de que ellos no teman sus venganzas: yo, sentándome en este mismo sitio, por uno que soy haré venir siete, silbando como acostumbramos cuando uno de nosotros saca la cabeza fuera de la pez.

Al oír estas palabras, Gagnazzo levantó el hocico meneando la cabeza, y dijo: "¡Oigan el medio malicioso de que se ha valido para volver a sumergirse!" A lo cual contestó aquél, que tenía abundancia de estratagemas: "¡En verdad que soy muy malicioso, cuando expongo a los míos a mayores tormentos!" No pudo contenerse Alichino, y en contra de lo dicho por los otros, respondió: "Si te arrojas en la pez, no correré al galope detrás de ti, sino que emplearé mis alas para ello. Te damos de ventaja la escarpa, y el ribazo por defensa, y veamos si tú solo vales más que todos nosotros."

¡Oh tú, que lees esto, ahora verás un nuevo juego! Todos los demonios se volvieron hacia la pendiente opuesta, y el primero de ellos, el que se había mostrado más renitente. El navarro aprovechó bien el tiempo; fijó sus pies en el suelo, y precipitándose de un solo salto, se puso al abrigo de los malos propósitos de aquéllos. Contristados se quedaron los demonios ante esta treta, pero mucho más el que tuvo la culpa de ella; por lo cual se lanzó tras de él gritando: "Ya te tengo." Pero de poco le valió, porque sus alas no pudieron igualar en velocidad al espanto de Ciampolo: éste se lanzó en la pez, y aquél cambió la dirección de su vuelo, llevando el pecho hacia arriba.

No de otro modo se sumerge instantáneamente el pato cuando el halcón se aproxima, y éste se remonta furioso y fatigado. Calcabrina, irritado contra Lichino por aquel engaño, echó a volar tras él, deseoso de que el pecador se escapara para tener un motivo de querella. Y cuando hubo desaparecido el prevaricador, volvió sus garras contra su compañero, y se aferró con él sobre el mismo estanque. Pero éste, gavilán adiestrado, hizo uso también de las suyas, y los dos cayeron en medio de la pez hirviente. El calor los separó bien pronto; pero todo su esfuerzo para remontarse era en vano, porque sus alas estaban enviscadas. Barbariccia, descontento como los demás, hizo volar a cuatro desde la otra parte con todos sus harpones, y bajando rápidamente hacia el sitio designado, tendieron sus garfios a los dos demonios, que estaban medio cocidos en la superficie de aquella fosa. Nosotros los dejamos allí enredados de aquella manera.

CANTO VIGESIMOTERCERO

SOLOS, en silencio y sin escolta, íbamos uno tras otro, como acostumbran ir los frailes menores. La riña que acabábamos de presenciar me trajo a la memoria la fábula de Esopo, en que habló de la rana y del topo; pues las partículas "mo" e "issa"[28] no son tan semejantes como estos dos hechos, si atentamente se consideran el principio y el fin de entrambos. Y como un pensamiento procede rápidamente de otro, de éste nació uno nuevo, que redobló mi primitivo espanto. Yo pensaba así: "Esos demonios han sido engañados por nuestra causa, y con tanto daño y escarnio, que les creo muy ofendidos. Si a la malevolencia se añade la ira, nos van a perseguir con más crueldad que el perro que sujeta a la liebre por el cuello." Ya sentía que se erizaban mis cabellos a causa del temor, y miraba hacia atrás atentamente, por lo que dije:

—Maestro, si no nos ocultas a los dos prontamente, temo a los demonios que vienen detrás de nosotros; y tan así me lo imagino, que ya me parece que los oigo.

A lo que él contestó:

—Si yo fuera un espejo, no verías en mí tu imagen tan pronto como veo en tu interior. En este momento se cruzaban tus pensamientos con los míos bajo la misma faz y aspecto, de suerte que he deducido de ambos un solo consejo. Si es cierto que la cuesta que hay a nuestra derecha está tan inclinada, que nos permita bajar a la sexta fosa, huiremos de la caza que imaginamos.

Apenas había concluído de decirme su parecer, cuando vi venir a los demonios con las alas extendidas y muy cerca de nosotros, queriendo cogernos. Mi Guía me agarró súbitamente, como una madre que, despertada por el ruido y viendo brillar las llamas cerca de ella, coge a su hijo y huye, y teniendo más cuidado de él que de sí misma, no se detiene ni aun a ponerse una camisa. Desde lo alto de la calzada, se deslizó de espaldas por la pendiente roca, uno de cuyos lados divide la quinta de la sexta fosa. Jamás corrió tan rápida el agua por la canal de un molino, cuando más se acerca a las paletas de la rueda, como descendió por aquel declive mi Maestro, llevándome sobre su pecho, cual si fuese hijo suyo y no su compañero. Apenas tocaron sus pies al suelo del profundo abismo, cuando los demonios aparecieron en la roca sobre nuestras cabezas: pero ya no nos inspiraban temor; porque la alta Providencia que los había designado para ministros de la quinta fosa, les quitó la facultad de separarse de allí. Abajo encontramos unas gentes pintadas, que giraban en torno con bastante lentitud, llorosas y con los semblantes fatigados y abatidos. Llevaban capas con capuchas echadas sobre los ojos, por el estilo de las que llevan los monjes de Colonia.[29] Aquellas capas eran doradas por de fuera, de modo que deslumbraban; pero por dentro eran todas de plomo, y tan pesadas, que las de Federico a su lado parecían de paja.[30] ¡Oh manto fatigoso por toda la eternidad! Nos volvimos aún hacia la izquierda, y anduvimos con aquellas almas, escuchando sus tristes lamentos. Pero las sombras, rendidas por el peso, caminaban tan despacio, que a cada paso que dábamos cambiábamos de compañero. Yo dije a mi Guía:

—Procura encontrar a alguno que sea conocido por su nombre o por sus hechos; y mira al efecto en derredor tuyo mientras andas.

Y uno de ellos, que entendió el idioma toscano, exclamó detrás de nosotros:

Detened vuestros pasos, vosotros que tanto corréis a través del aire sombrío: quizá podrás obtener de mí lo que solicitas.

En seguida mi Guía se volvió y me dijo:

—Espera, y modera tu paso hasta igualar al suyo.

Me detuve, y vi dos de aquéllos, que en sus miradas demostraban gran deseo de estar conmigo; pero su carga y lo estrecho del camino les hacían tardar. Cuando se me hubieron reunido, me miraron con torvos ojos y sin hablarme: después se volvieron uno a otros diciéndose: "Ese parece vivo, a juzgar por el movimiento de su garganta; pero si están muertos, ¿por qué privilegio no llevan nuestra pesada capa?" Después me dijeron:

—¡Oh toscano, que has venido a la mansión de los tristes hipócritas!, dígnate decirnos quién eres.

Les contesté:

—Nací y crecí junto a la orilla del hermoso Arno, en la gran ciudad, y conservo el cuerpo que he tenido siempre. Pero vosotros, a quienes, según veo, cae tan doloroso llanto gota a gota por las mejillas, ¿quiénes sois, y qué pena padecéis que tanto se hace ver?

Uno de ellos me respondió:

—¡Ay de mí! Estas doradas capas son de plomo, y tan gruesas, que su peso nos hace gemir como cargadas balanzas. Fuimos hermanos Gozosos[31] y boloñeses. Yo me llamé Catalano y éste Loderingo. Tu ciudad nos nombró magistrados, como suele elegirse a un hombre neutral para conservar la paz; y la conservamos tan bien como puede verse aún cerca del Gardingo.

Yo repuse: "¡Oh hermanos! Vuestros males..." Pero no pude continuar; porque vi en el suelo a uno crucificado en tres palos. En cuanto me vió, se retorció, haciendo agitar su barba con la fuerza de los suspiros; y el hermano Catalano, que lo advirtió, me dijo:

—Ese que estás mirando crucificado aconsejó a los fariseos que era necesario hacer sufrir a un hombre el martirio por el pueblo. Está atravesado y desnudo sobre el camino, como ves; y es preciso que sienta lo que pesa cada uno de los que pasan. Su suegro está condenado a igual suplicio en esta fosa, así como los demás del Consejo que fué para los judíos origen de tantas desgracias.

Entonces vi a Virgilio que contemplaba con asombro a aquel que estaba tan vilmente crucificado en el eterno destierro. Luego se dirigió al fraile en estos términos:

—¿Queríais decirnos si hacia la derecha hay alguna abertura por donde podamos salir los dos, sin obligar a los ángeles negros a que nos saquen de este abismo?

Aquel respondió:

—Más cerca de aquí de lo que esperas, se levanta una peña que parte del gran círculo y atraviesa todas las terribles fosas; pero está cortada en ésta y no continúa sobre ella. Podréis subir por las ruinas que existen en el declive de su falda y cubren el fondo.

Mi Guía permaneció un momento con la cabeza inclinada, y después dijo:

—¡Cómo nos ha engañado aquel que ensarta con su garfio a los pecadores!

Y el fraile repuso:

—He oído referir en Bolonia los numerosos vicios del demonio, entre los cuales no era el menor el de ser falso y padre de la mentira.

Entonces mi Guía se alejó precipitadamente con el rostro inmutado por la cólera; y en consecuencia, me alejé también de aquellas almas que soportaban tanto peso, y seguí las huellas de los pies queridos.

CANTO VIGESIMOCUARTO

EN la época del año nuevo en que templa el sol su cabellera bajo el Acuario, y en que ya las noches van igualándose con los días; cuando la escarcha imita en la tierra, aunque por poco tiempo, el color de su blanca hermana, el campesino que carece de forraje, se levanta, mira, y al ver blanco el campo se golpea el muslo, vuelve a su casa, y se lamenta continuamente como el desgraciado que no sabe qué hacer; pero torna luego a mirar, y recobra la esperanza, viendo que la tierra ha cambiado de aspecto en pocas horas, y entonces coge su cayado y sale a apacentar sus ovejas: así mi Maestro me llenó de inquietud cuando vi tan turbado su rostro, y así también aplicó pronto remedio a mi mal; porque al llegar al derruído puente, se volvió hacia mí con aquel amable aspecto que tenía cuando le vi al pie del monte. Después de haber pensado la determinación que había de tomar, contemplando antes con cuidado las ruinas, abrió sus brazos, cogióme por detrás, y como aquel que trabaja, pensando siempre en la labor que emprenderá en seguida, del mismo modo, elevándome sobre la cima de una roca, contemplaba otra diciendo:

—Agárrate bien a ésa, pero tantea primero si tal cual es podrá sostenerte.

Aquel no era un camino a propósito para los que iban con capa; pues apenas podíamos, Virgilio tan ágil, y yo sostenido por él, trepar de piedra en piedra. Y a no ser porque en aquel recinto era más corto el camino que en otro alguno, no sé lo que a él le habría sucedido, pero a mí me hubiera vencido el cansancio. Mas como Malebolge va siempre en declive hasta la boca del profundísimo pozo, cada fosa que se recorre presenta un margen que se eleva y otro que desciende. Llegamos por fin al extremo en que se destaca la última piedra. Cuando estuve sobre ella, de tal modo me faltaba el aliento, que no podía más; así es que me senté en cuanto nos detuvimos.

—Ahora es preciso que sacudas tu pereza—me dijo el Maestro—; que no se alcanza la fama reclinado en blanda pluma, ni al abrigo de colchas: y el que sin gloria consume su vida, deja en pos de sí el mismo vestigio que el humo en el aire o la espuma en el agua. Ea, pues, levántate; domina la fatiga con el alma, que vence todos los obstáculos, mientras no se envilece con la pesadez del cuerpo. Tenemos que subir todavía una escala mucho más larga; pues no basta haber atravesado por entre los espíritus infernales. Si me entiendes, deben reanimarte mis palabras.

Levantéme entonces, demostrando más resolución de la que verdaderamente sentía en mi interior, y dije:

—Vamos, ya me siento fuerte y atrevido.

Echamos a andar por el escollo, que era áspero, estrecho y escabroso, y más pendiente que el anterior. Iba hablando para disimular mi flaqueza, cuando oí una voz que salía de la otra fosa, articulando palabras ininteligibles. No sé lo que dijo, a pesar de encontrarme en la cima del arco que por allí pasa; mas el que hablaba parecía conmovido por la ira. Yo me había inclinado; pero los ojos de un vivo no podían distinguir el fondo a través de aquella obscuridad; por lo cual dije:

—Maestro, haz por llegar al otro recinto, y descendamos este muro, porque desde aquí oigo y no comprendo nada; miro hacia abajo y nada veo.

—Te responderé—me dijo—haciendo lo que deseas; que las peticiones justas deben satisfacerse en silencio.

Bajamos por el puente desde lo alto hasta donde se une con el octavo margen; y entonces descubrí la fosa, y vi una espantosa masa de serpientes, de tan diferentes especies, que su recuerdo me hiela todavía la sangre. Deje la Libia de envanecerse con sus arenas; que si produce quelidras, yáculos y faras, cencros y anfisbenas, ni en ella, ni en toda la Etiopía con el país que está sobre el mar Rojo, existieron jamás tantas ni tan nocivas pestilencias como en este lugar. A través de aquella espantosa y cruel multitud de reptiles corrían gentes desnudas y aterrorizadas, sin esperanza de encontrar refugio ni heliotropo.[32] Tenían las manos atadas a la espalda con sierpes, las cuales, formando nudos por encima, les hincaban la cola y la cabeza en los riñones. Y he aquí que uno de aquellos desgraciados, que estaba cerca de nosotros, fué mordido por una serpiente en el punto en que el cuello se une a los hombros; y en el breve tiempo que se necesita para escribir una O y una I, se incendió, ardió y cayó reducido a cenizas. Pero apenas quedó consumido en el suelo, reuniéronse aquéllas por sí mismas, y súbitamente se rehizo aquel espíritu como estaba antes. Así dicen los grandes sabios que muere el Fénix, y renace cuando está cercano a su quinto siglo: no se alimenta de hierba ni de trigo durante su vida, sino de amomo y lágrimas de incienso, y su último nido está formado con nardo y mirra. Y como aquel que cae y no sabe cómo, a impulsos del demonio que lo arroja en el suelo o de algún accidente producido por su temperamento enfermizo, cuando se levanta, se queda asombrado de la cruel angustia que ha sufrido y suspira al mirar en torno suyo, así se levantó el pecador ante nosotros. ¡Oh, cuán severa es la justicia de Dios, que hace estallar su cólera por medio de tales golpes! Mi Guía le preguntó después quién era, y él le contestó:

—Yo caí hace poco tiempo desde Toscana en este horrible abismo. La vida salvaje me agradó más que la humana; fuí lo mismo que un mulo: soy Vanni Fucci, el bestia, y Pistoya fué mi digno cubil.

Entonces dije a mi Guía:

—Dile que no huya, y pregúntale qué delito le ha precipitado aquí; pues yo le conocí ya hombre colérico y sanguinario.

El pecador, que me oyó, no se ocultó, sino que dirigió hacia mí atentamente su mirada, y se cubrió el rostro de triste vergüenza. Después dijo:

—Siento más que me hayas encontrado en la miseria en que me ves, de lo que sentí verme privado de la vida; pero no puedo negarme a satisfacer tus preguntas. Estoy sumido aquí, porque robé en la sacristía los hermosos ornamentos, de cuyo delito fué otro acusado falsamente. Mas para que no te goces en mi desgracia, si acaso llegas a salir de estos lugares sombríos, abre tus oídos a mi anuncio, y escucha: primeramente, Pistoya quedará despoblada de Negros; después Florencia renovará sus habitantes y su forma de gobierno; Marte hará salir del valle de Magra un vapor, que envuelto en sombrías nieblas y en tempestad impetuosa y terrible, se desencadenará sobre el campo Piceno; y allí, desgarrándose de repente la nube, aniquilará todos los Blancos. Te he dicho esto para que te cause dolor.

CANTO VIGESIMOQUINTO

AL terminar estas palabras, el ladrón alzó ambas manos haciendo un gesto indecente y exclamando: "Toma, Dios, esto es para tí." Desde entonces fuí amigo de las serpientes; porque una de ellas se le enroscó en el cuello como diciendo: "No quiero que hables más:" y otra se agarró a sus brazos, sujetándolos de tal modo, que no le era posible al condenado hacer ningún movimiento. ¡Ah, Pistoya, Pistoya! ¿Cómo no decides reducirte tú misma a cenizas, y dejar de existir, pues que tus hijos son peores que sus antepasados? En todos los círculos del obscuro Infierno no he visto espíritu tan soberbio ante Dios, a no ser aquel que cayó desde los muros de Tebas. El ladrón huyó sin decir una palabra más. Entonces vi un Centauro lleno de ira, que acudía gritando: "¿Dónde está, dónde está el soberbio?" No creo que contengan las Marismas tanto reptil como llevaba el Centauro sobre su grupa hasta el sitio en que empezaba la forma humana: sobre sus espaldas, detrás de la nuca, descansaba un dragón con las alas abiertas, el cual abrasaba cuanto salía a su encuentro. Mi Maestro dijo:

—Ese monstruo es Caco, el que al pie de las rocas del monte Aventino formó más de una vez un lago de sangre. No va por el mismo camino que sus hermanos, porque robó fraudulentamente el gran rebaño que pacía en las inmediaciones del sitio que había escogido por vivienda: pero sus inicuos hechos acabaron por fin bajo la clava de Hércules, que si le dió cien golpes con ella, aquél no llegó a sentir el décimo.

Mientras así hablaba Virgilio, Caco desapareció, al mismo tiempo que se acercaban tres espíritus por debajo del margen donde estábamos, lo cual no advertimos ni mi Guía ni yo, hasta que les oímos gritar: "¿Quiénes sois?" Cesó entonces nuestra conversación, y nos fijamos solamente en ellos. Yo no les conocía; pero sucedió, como suele acontecer algunas veces, que el uno tuvo necesidad de llamar al otro, diciéndole: "Cianfa, ¿dónde te has metido?" Y yo, a fin de que estuviese atento mi Guía, me puse el dedo desde la nariz a la barba. Ahora, lector, si se te hace difícil creer lo que te voy a decir, no será extraño, porque yo que lo vi, apenas lo creo. Mientras estaba contemplando a aquellos espíritus, se lanzó una serpiente con seis patas sobre uno de ellos, agarrándosele enteramente. Con las patas de enmedio le oprimió el vientre; con las de delante le sujetó los brazos, y después le mordió en ambas mejillas. Extendiendo en seguida las patas de detrás sobre sus muslos, le pasó la cola por entre los dos, y se la mantuvo apretada contra los riñones. Nunca se agarró tan fuertemente la hiedra al árbol, como la horrible fiera adaptó sus miembros a los del culpable: después una y otro se confundieron, como si fuesen de blanda cera, y mezclaron tan bien sus colores, que ninguno de ambos parecía ya lo que antes había sido. Así con el ardor del fuego se extiende sobre el papel un color obscuro, que no es negro, y sin embargo deja de ser blanco. Los otros dos condenados le miraban, exclamando cada cual: "¡Ay, Angel,[33] cómo cambias! No eres ya uno ni dos." Las dos cabezas se habían convertido en una, y aparecían dos figuras mezcladas en una sola faz, quedando en ella confundidas entrambas. De los cuatro brazos se hicieron dos: los muslos y las piernas, el vientre y el tronco se convirtieron en miembros nunca vistos. Quedó borrado todo su primitivo aspecto: aquella imagen transformada parecía dos y ninguna de las anteriores; y en tal estado se alejaba a pasos lentos.

Como el lagarto, que bajo el ardor de los días caniculares, cuando cambia de maleza, parece un rayo al atravesar el camino, tal parecía, dirigiéndose hacia el vientre de los otros dos espíritus, una pequeña serpiente irritada, lívida y negra como grano de pimienta. Picó a uno de ellos en aquella parte del cuerpo por donde nos alimentamos antes de nacer, y después cayó a sus pies quedando tendida. El herido la miró sin decir nada; y permaneció inmóvil, en pie y bostezando, como si le hubiera sorprendido el sueño o la fiebre. El y la serpiente se miraban, y el uno por la herida y la otra por la boca, lanzaban un denso humo que llegaba a confundirse. Calle Lucano al referir las miserias de Sabello y de Nasidio, y escuche atentamente lo que describo aquí: calle Ovidio al ocuparse de Cadmo y Aretusa; que si, en su poema, convirtió a aquél en serpiente y a éste en fuente, no le envidio. Ovidio no transformó jamás dos naturalezas frente a frente, de tal modo que sus formas cambiaran también de materia. El hombre y la serpiente se correspondieron de tal suerte, que cuando ésta abrió su cola en forma de horquilla, el herido juntó sus dos pies. Las piernas y los muslos de éste se estrecharon tanto, que en poco tiempo no quedaron vestigios de su natural separación. La cola hendida de la serpiente tomaba la figura que desaparecía en el hombre, y su piel se hacía blanda al paso que dura la de aquél. Vi entrar los brazos del condenado en los sobacos; y las dos patas de la fiera, que eran cortas, se alargaban tanto cuanto aquéllos se encogían. Las patas de detrás de aquélla, retorciéndose, formaban el miembro que el hombre oculta, y el del miserable dividióse en dos patas. Mientras que el humo daba el color de la serpiente al hombre y viceversa, y hacía salir en aquélla el pelo que quitaba a éste, el uno, es decir, la fiera transformada en hombre, se levantó, y cayó el otro; pero sin dejar de lanzarse miradas feroces, ante las cuales cada uno de ellos cambiaba de rostro. El que estaba en pie lo encogió hacia las sienes, y de la carne excedente se le formaron las orejas en sus lisos carrillos. La parte del hocico de la serpiente que no se replegó en la cabeza quedó fuera formando la nariz del rostro humano, y abultó al propio tiempo convenientemente los labios. El que estaba en el suelo extendió su boca hacia delante, e hizo entrar sus orejas en la cabeza, como el caracol hace con sus cuernos; y la lengua, que estaba antes unida y dispuesta a hablar, se hendió, al paso que se unía la lengua hendida del reptil, dejando de lanzar humo. El alma que se había convertido en serpiente huyó silbando por la fosa; y el otro, hablando detrás de ella, le escupía. Volvióle después sus recién formadas espaldas, y dijo al otro condenado: "Quiero que Buoso se arrastre por este camino como yo lo he hecho." De tal suerte vi yo, en la séptima fosa, cambiarse y metamorfosearse dos naturalezas; y si mi lenguaje no es florido, sírvame de excusa la novedad del caso.

Aunque mis ojos estuviesen turbados y mi espíritu aturdido, no pudieron huír las otras dos sombras tan ocultamente, que yo no conociese a Puccio Sciancato, el único de los tres espíritus de los llegados anteriormente que no había cambiado de forma: el otro era aquel que tú lloras, ¡oh Gaville![34]

CANTO VIGESIMOSEXTO

ALEGRATE, Florencia, pues eres tan grande, que tu nombre vuela por mar y tierra, y es famoso en todo el infierno. Entre los ladrones he encontrado cinco de tus nobles ciudadanos; lo cual me avergüenza, y a tí no te honra mucho. Pero, si es verdad lo que se sueña cerca del amanecer, dentro de poco tiempo conocerás lo que contra ti desean, no ya otros pueblos, sino Prato: y si este mal se hubiese ya cumplido, no sería prematuro. ¡Así viniese hoy lo que ha de suceder, pues tanto más me contristará, cuanto más viejo me vuelva!

Partimos; y por los mismos escalones de las rocas que nos habían servido para bajar, subió mi Guía, tirando de mí. Prosiguiendo la ruta solitaria a través de los picos y rocas del escollo, no era posible mover un pie sin el auxilio de la mano. Entonces me afligí, como me aflijo ahora, cuando pienso en lo que vi; y refreno mi espíritu más de lo que acostumbro, para que no aventure tanto que deje de guiarlo la virtud; porque, si mi buena estrella u otra influencia mejor me ha dado algún ingenio, no quiero yo mismo envidiármelo. Así como en la estación en que aquel que ilumina al mundo nos oculta menos su faz, el campesino que reposa en la colina a la hora en que el mosquito reemplaza a la mosca, ve por el valle las luciérnagas que corren por el sitio donde vendimia y ara, así también vi resplandecer infinitas llamas en la octava fosa, en cuanto estuve en el punto desde donde se distinguía su fondo. Y como aquel a quien los osos ayudaron en su venganza[35] vió partir el carro de Elías, cuando los caballos subían erguidos al cielo, de tal modo que no pudiendo sus ojos seguirle, sólo distinguían una ligera llama elevándose como débil nubecilla, así también noté que se agitaban aquéllas en la abertura de la fosa, encerrando cada una un pecador, pero sin manifestar lo que ocultaban. Yo estaba sobre el puente, tan absorto en la contemplación de aquel espectáculo, que, a no haberme agarrado a un trozo de roca, hubiera caído sin ser empujado. Mi Guía, que me vió tan atento, me dijo:

—Dentro del fuego están los espíritus, cada uno revestido de la llama que le abrasa.

—¡Oh, Maestro!—respondí;—tus palabras han hecho que me cerciore de lo que veo; pero ya lo había pensado así y quería decírtelo. Mas dime:

¿quién está en aquella llama que se divide en su parte superior, y parece salir de la pira donde fueron puestos Eteocles y su hermano?

Me contestó:

—Allí dentro están torturados Ulises y Diomedes: juntos sufren aquí un mismo castigo, como juntos se entregaron a la ira. En esa llama se llora también el engaño del caballo de madera, que fué la puerta por donde salió la noble estirpe de los romanos. Llórase también el artificio por el que Deidamia, aun después de muerta, se lamenta de Aquiles, y se sufre además el castigo por el robo del Paladión.

—Si es que pueden hablar en medio de las llamas—dije yo—, Maestro, te pido y te suplico, y así mi súplica valga por mil, que me permitas esperar que esa llama dividida llegue hasta aquí: mira cómo, arrastrado por mi deseo, me abalanzo hacia ella.

A lo que me contestó:

Tu súplica es digna de alabanza, y yo la acojo; pero haz que tu lengua se reprima, y déjame a mí hablar; pues comprendo lo que quieres, y quizás ellos, siendo griegos, se desdeñarían de contestarte.

Cuando la llama estuvo cerca de nosotros, y mi Guía juzgó el lugar y el momento favorables, le oí expresarse en estos términos:

—¡Oh vosotros, que sois dos en un mismo fuego! Si he merecido vuestra gracia durante mi vida, si he merecido de vosotros poco o mucho, cuando escribí mi gran poema en el mundo, no os alejéis; antes bien dígame uno de vosotros dónde fué a morir, llevado de su valor.

La punta más elevada de la antigua llama empezó a oscilar murmurando como la que agita el viento; después, dirigiendo a uno y otro lado su extremidad, empezó a lanzar algunos sonidos, como si fuera una lengua que hablara, y dijo:

—Cuando me separé de Circe, que me tuvo oculto más de un año en Gaeta, antes de que Eneas le diera este nombre, ni las dulzuras paternales, ni la piedad debida a un padre anciano, ni el amor mutuo que debía hacer dichosa a Penélope, pudieron vencer el ardiente deseo que yo tuve de conocer el mundo, los vicios y las virtudes de los humanos, sino que me lancé por el abierto mar sólo con un navío, y con los pocos compañeros que nunca me abandonaron. Vi entrambas costas, por un lado hasta España, por otro hasta Marruecos, y la isla de los Sardos y las demás que baña en torno aquel mar. Mis compañeros y yo nos habíamos vuelto viejos y pesados cuando llegamos a la estrecha garganta donde plantó Hércules las dos columnas para que ningún hombre pasase más adelante. Dejé a Sevilla a mi derecha, como había dejado ya a Ceuta a mi izquierda. "¡Oh hermanos, dije, que habéis llegado al Occidente a través de cien mil peligros!, ya que tan poco os resta de vida, no os neguéis a conocer el mundo sin habitantes, que se encuentra siguiendo al Sol. Pensad en vuestro origen; vosotros no habéis nacido para vivir como brutos, sino para alcanzar la virtud y la ciencia." Con esta corta arenga infundí en mis compañeros tal deseo de continuar el viaje, que apenas los hubiera podido detener después. Y volviendo la popa hacia el Oriente, de nuestros remos hicimos alas para seguir tan desatentado viaje, inclinándonos siempre hacia la izquierda. La noche veía ya brillar todas las estrellas del otro polo, y estaba el nuestro tan bajo que apenas parecía salir fuera de la superficie de las aguas. Cinco veces se había encendido y otras tantas apagado la luz de la luna desde que entramos en aquel gran mar, cuando apareció una montaña obscurecida por la distancia, la cual me pareció la más alta de cuantas había visto hasta entonces. Nos causó alegría, pero nuestro gozo se trocó bien pronto en llanto; pues de aquella tierra se levantó un torbellino que chocó contra la proa de nuestro buque: tres veces lo hizo girar juntamente con las encrespadas ondas, y a la cuarta levantó la popa y sumergió la proa como plugo al Otro, hasta que el mar volvió a unirse sobre nosotros.

CANTO VIGESIMOSEPTIMO

HABIASE quedado derecha e inmóvil la llama para no decir nada más, y ya se iba alejando de nosotros, con permiso del dulce poeta, cuando otra que seguía detrás nos hizo volver la vista hacia su punta, a causa del confuso rumor que salía de ella. Como el toro de Sicilia que, lanzando por primer mugido el llanto del que lo había trabajado con su lima (lo cual fué justo), bramaba con las voces de los torturados en él de tal suerte, que a pesar de estar construído de bronce, parecía realmente traspasado de dolor, así también las palabras lastimeras del espíritu contenido en la llama, no encontrando en toda la extensión de ella ninguna abertura por donde salir, se convertían en el lenguaje del fuego; pero cuando consiguieron llegar a su punta, comunicándole a ésta el movimiento que la lengua les había dado al pasar, oímos decir:

—¡Oh tú, a quien me dirijo, y que hace poco hablabas en lombardo, diciendo: "Véte ya, no te detengo más!" Aun cuando yo haya llegado tarde, no te pese permanecer hablando conmigo; pues a mí no me pesa, no obstante que estoy ardiendo.[36] Si acabas de caer en este mundo lóbrego desde la dulce tierra latina, donde he cometido todas mis faltas, dime si los romañolos están en paz o en guerra; pues fuí de las montañas que se elevan entre Urbino y el yugo de que el Tíber se desata.

Yo escuchaba aún atento e inclinado, cuando mi Guía me tocó, diciendo:

—Habla tú, ese es latino.

Y yo, que tenía la respuesta preparada, empecé a hablarle así sin tardanza:

—¡Oh alma, que te escondes ahí debajo! Tu Romanía no está ni estuvo nunca sin guerra en el corazón de sus tiranos; pero al venir no he dejado guerra manifiesta: Ravena está como hace muchos años: el águila de Polenta anida allí, y cubre aún a Cervia con sus alas. La tierra que sostuvo tan larga prueba, y contiene sangrientos montones de cadáveres franceses, se encuentra en poder de las garras verdes; y el mastín viejo y el joven de Verrucchio, que tanto daño hicieron a Montagna, siguen ensangrentando sus dientes donde acostumbran. La ciudad del Lamone y la del Santerno están dirigidas por el leoncillo de blanco cubil, que del verano al invierno cambia de partido; y aquella que está bañada por el Savio, vive entre la tiranía y la libertad, así como se asienta entre la llanura y la montaña. Ahora te ruego que me digas quién eres: no seas más duro de lo que lo han sido otros; así pueda tu nombre durar eternamente en el mundo.

Cuando el fuego hubo producido su acostumbrado rumor, movió de una parte a otra su aguda punta, y después habló así:

Si yo creyera que dirijo mi respuesta a una persona que debe volver al mundo, esta llama dejaría de agitarse; pero como ninguno pudo salir jamás de esta profundidad, si es cierto lo que he oído, te responderé sin temor a la infamia. Yo fuí hombre de guerra y luego franciscano, creyendo que con este hábito expiaría mis faltas; y mi creencia hubiera tenido ciertamente efecto, si el gran Sacerdote, a quien deseo todo mal, no me hubiese hecho incurrir en mis primeras faltas. Quiero que tú sepas cómo y por qué. Mientras conservé la forma de carne y hueso que mi madre me dió, mis acciones no fueron de león, sino de zorra. Yo conocí toda clase de astucias, todas las asechanzas, y las practiqué tan bien, que su fama resonó hasta en el último confín del mundo. Cuando me ví cercano a la edad en que cada cual debería cargar las velas y recoger las cuerdas, lo que antes me agradaba me disgustó entonces; y arrepentido, confesé mis culpas, retirándome al claustro. Entonces ¡ay, infeliz de mí! pude haberme salvado: pero el príncipe de los nuevos fariseos estaba en guerra cerca de Letrán (y no con los sarracenos ni con los judíos, pues todos sus enemigos eran cristianos, y ninguno de ellos había ido a conquistar a Acre, ni a comerciar en la tierra del Sultán): no tuvo en cuenta su dignidad suprema ni las sagradas órdenes de que estaba investido, ni vió en mí aquel cordón que solía enflaquecer a los que lo llevaban; sino que, así como Constantino llamó a Silvestre en el monte Soracto, para que le curase la lepra, así también me llamó aquél para que le curara su orgullosa fiebre: pidióme consejo, y yo me callé, porque sus palabras me parecieron las de un hombre ebrio. Después añadió: "No abrigue tu corazón temor alguno: te absuelvo de antemano; pero me has de decir cómo podré echar por tierra los muros de Preneste. Yo puedo abrir y cerrar el cielo, como sabes; porque son dos las llaves a que no tuvo mucho apego mi antecesor." Estos graves argumentos me impresionaron, y pensando que sería peor callar que hablar, dije: "Padre, puesto que tú me lavas del pecado en que voy a incurrir, para triunfar en tu alto solio, debes prometer mucho y cumplir poco de lo que prometas." Cuando ocurrió mi muerte, fué Francisco a buscarme; pero uno de los negros querubines le dijo: "No puedes llevártelo; no me prives de lo que es mío: éste debe bajar a lo profundo entre mis condenados, por haber aconsejado el fraude, desde cuya falta le tengo cogido por los cabellos. No es posible absolver al que no se arrepiente, como tampoco es posible arrepentirse y querer el pecado al mismo tiempo, pues la contradicción no lo consiente." ¡Ay de mí, desdichado! ¡Cómo me aterré cuando me agarró, diciendo: "¡Acaso no creerías que fuera yo tan lógico!" Me condujo ante Minos, el cual se ciñó ocho veces la cola en derredor de su duro cuerpo, y mordiéndosela con gran rabia, dijo: "Ese debe estar entre los culpables que esconde el fuego." He aquí por qué estoy sepultado donde me ves, y por qué gimo al llevar este vestido.

Cuando hubo acabado de hablar, se alejó la plañidora llama, torciendo y agitando su aguda punta. Mi Guía y yo seguimos adelante, a través del escollo, hasta llegar al otro arco que cubre el foso donde se castiga a los que cargaron su conciencia introduciendo la discordia.

CANTO VIGESIMOCTAVO

QUIEN podría jamás, ni aún con palabras sin medida, por más que lo intentase muchas veces, describir toda la sangre y las heridas que vi entonces? No existe ciertamente lengua alguna que pueda expresar, ni entendimiento que retenga, lo que apenas cabe en la imaginación. Si pudiera reunirse toda la gente que derramó su sangre en la infortunada tierra de la Pulla, cuando combatieron los romanos durante aquella prolongada guerra en que se recogió tan gran botín de anillos, como refiere Tito Livio y no se equivoca, con la que sufrió tan rudos golpes por contrastar a Roberto Guiscardo, y con aquella cuyos huesos se recogen aún, tanto en Ceperano, donde cada habitante fué un traidor, como en Tagliacozzo, donde el viejo Allard venció sin armas, y fuera posible que todos los combatientes mencionados enseñaran sus miembros rotos y traspasados, ni aun así tendría una idea del aspecto horrible que presentaba la novena fosa. Una cuba que haya perdido las duelas del fondo no se vacía tanto como un espíritu que ví hendido desde la barba hasta la parte inferior del vientre; sus intestinos le colgaban por las piernas: se veía el corazón en movimiento y el triste saco donde se convierte en excremento todo cuanto se come. Mientras le estaba contemplando atentamente, me miró, y con las manos se abrió el pecho, diciendo:

—Mira cómo me desgarro: mira cuán estropeado está Mahoma. Allí va delante de mí llorando, con la cabeza abierta desde el cráneo hasta la barba, y todos los que aquí ves, vivieron; mas por haber diseminado el escándalo y el cisma en la tierra, están hendidos del mismo modo. En pos de nosotros viene un diablo que nos hiere cruelmente, dando tajos con su afilada espada a cuantos alcanza entre esta multitud de pecadores, luego que hemos dado una vuelta por esta lamentable fosa; porque nuestras heridas se cierran antes de volvernos a encontrar con aquel demonio. Pero tú, que estás husmeando desde lo alto del escollo, quizá para demorar tu marcha hacia el suplicio que te haya sido impuesto por tus culpas, ¿quién eres?

—Ni la muerte le alcanzó aún, ni le traen aquí sus culpas para que sea atormentado—contestó mi Maestro—, sino que ha venido para conocer todos los suplicios. Yo, que estoy muerto, debo guiarle por cada uno de los círculos del profundo Infierno, y esto es tan cierto como que te estoy hablando.

Al oír estas palabras, más de cien condenados se detuvieron en la fosa para contemplarme, haciéndoles olvidar la sorpresa su martirio.

—Pues bien, tú que tal vez dentro de poco volverás a ver el sol, di a fray Dolcino que, si no quiere reunirse conmigo aquí muy pronto, debe proveerse de víveres y no dejarse rodear por la nieve; pues sin el hambre y la nieve, difícil le será al novarés vencerle.

Mahoma me dijo estas palabras después de haber levantado un pie para alejarse; cuando cesó de hablar, lo fijó en el suelo y partió.

Otro, que tenía la garganta atravesada, la nariz cortada hasta las cejas, y una oreja solamente, se quedó mirándome asombrado con los demás espíritus, y abriendo antes que ellos su boca, exteriormente rodeada de sangre por todas partes, dijo:

—¡Oh, tú a quien no condena culpa alguna, y a quien ya vi allá arriba, en la tierra latina, si es que no me engaña una gran semejanza!, acuérdate de Pedro de Medicina, si logras ver de nuevo la hermosa llanura que declina desde Vercelli a Marcabó; y haz saber a los dos mejores de Fano, a messer Guido y Angiolello, que si la previsión no es aquí vana, serán arrojados fuera de su bajel, y ahogados cerca de la Católica por la traición de un tirano desleal. Desde la isla de Chipre a la de Mallorca no habrá visto jamás Neptuno una felonía tan grande, llevada a cabo por piratas, ni por corsarios griegos. Aquel traidor, que ve solamente con un ojo, y que gobierna el país que no quisiera haber visto uno que está aquí conmigo, les invitará a parlamentar con él, y después hará de modo que no necesiten conjurar con sus votos y oraciones el viento de Focara.

Yo le dije:

—Si quieres que lleve noticias tuyas allá arriba, muéstrame y declara quién es ése que deplora haber visto aquel país.

Entonces puso su mano sobre la mandíbula de uno de sus compañeros, y le abrió la boca exclamando:

—Héle aquí; pero no habla.

Era aquel que, desterrado de Roma, ahogó la duda en el corazón de César, afirmando que el que está preparado, se perjudica en aplazar la realización de una empresa. ¡Oh! ¡Cuán acorbardado me parecía con su lengua cortada en la garganta aquel Curión, que tan audaz fué para hablar!

Otro, que tenía las manos cortadas, levantando sus muñones al aire sombrío, de tal modo que se inundaba la cara de sangre, gritó:

—Acuérdate también de Mosca, que dijo, ¡desventurado!: "Cosa hecha está concluída." Palabras que fueron el origen de las discordias civiles de los toscanos.

—¡Y de la muerte de tu raza!—exclamé yo.

Entonces él, acumulando dolor sobre dolor, se alejó como una persona triste y demente.

Continué examinando la banda infernal, y vi cosas que no me atrevería a referir sin otra prueba, si no fuese por la seguridad de mi conciencia; esa buena compañera, que confiada en su pureza, fortifica tanto el corazón del hombre: vi, en efecto, y aun me parece que lo estoy viendo, un cuerpo sin cabeza, andando como los demás que formaban aquella triste grey: asida por los cabellos, y pendiente a guisa de linterna, llevaba en una mano su cabeza cortada, la cual nos miraba exclamando: "¡Ay de mí!" Servíase de sí mismo como de una lámpara, y eran dos en uno y uno en dos: cómo puede ser esto, sólo lo sabe Aquél que nos gobierna. Cuando llegó al pie del puente, levantó en alto su brazo con la cabeza para acercarnos más sus palabras, que fueron éstas:

—Mira mi tormento cruel, tú que, aunque estás vivo, vas contemplando los muertos: ve si puede haber alguno tan grande como éste. Y para que puedas dar noticias mías, sabe que yo soy Bertrán de Born, aquel que dió tan malos consejos al rey joven. Yo armé al padre y al hijo uno contra otro: no hizo más Aquitofel con sus perversas instigaciones a David y Absalón. Por haber dividido a personas tan unidas, llevo ¡ay de mí! mi cabeza separada de su principio, que queda encerrado en este tronco: así se observa conmigo la pena del talión.

CANTO VIGESIMONONO

EL espectáculo de aquella multitud de precitos y de sus diversas heridas, de tal modo henchía de lágrimas mis ojos, que hubiera deseado detenerme para llorar. Pero Virgilio me dijo:

—¿Qué miras ahora? ¿Por qué tu vista se obstina en contemplar ahí abajo esas sombras tristes y mutiladas? Tú no has hecho eso en las otras fosas: si crees poder contar esas almas, piensa que la fosa tiene veintidós millas de circunferencia. La luna está ya debajo de nosotros: el tiempo que se nos ha concedido es muy corto, y aún nos queda por ver más de lo que has visto.

—Si hubieses considerado atentamente—le respondí—la causa que me obligaba a mirar, quizá hubieras permitido que me detuviera aquí un poco.

Mi Guía se alejaba ya, mientras yo iba tras de él contestándole y añadiendo:

—Dentro de aquella cueva donde tenía los ojos tan fijos, creo que había un espíritu de mi familia llorando el delito que se castiga ahí con tan graves penas.

Entonces me contestó el Maestro:

—No se ocupe ya más tu pensamiento en la suerte de ese espíritu; piensa en otra cosa, y quédese él donde está. Le he visto al pie del puente señalarte y amenazarte airadamente con el dedo, y oí que le llamaban Geri del Bello; pero tú estabas tan distraído con el que gobernó a Altaforte, que como no miraste hacia donde él estaba, se marchó.

—¡Oh, mi Guía!—dije yo—Su violenta muerte, que no ha sido aún vengada por ninguno de nosotros, partícipes de la ofensa, le ha indignado: he aquí por qué, según presumo, se ha ido sin hablarme; y esto es causa de que me inspire más compasión.

Así continuamos hablando hasta el primer punto del peñasco, desde donde se distinguiría la otra fosa hasta el fondo, si hubiera en ella más claridad. Cuando estuvimos colocados sobre el último recinto de Malebolge, de manera que los transfigurados que contenía pudieran aparecer a nuestra vista, hirieron mis oídos diversos lamentos que cual agudas flechas me traspasaron el corazón; por lo cual tuve que cubrirme las orejas con ambas manos. Si entre los meses de julio y septiembre los hospitales de la Valdichiana y los enfermos de las Marismas y de Cerdeña estuvieran reunidos en una sola fosa, esta acumulación formaría un espectáculo tan doloroso como el que ví en aquella, de la cual se exhalaba la misma pestilencia que la que despiden los miembros gangrenados. Descendimos hacia la izquierda por la última orilla del largo peñasco, y entonces pude distinguir mejor la profundidad de aquel abismo, donde la infalible Justicia, ministro del Altísimo, castiga a los falsarios que apunta en su registro.

No creo que causara mayor tristeza ver enfermo el pueblo entero de Egina, cuando se inficionó tanto el aire, que perecieron todos los animales hasta el miserable gusano, habiendo salido después los habitantes de aquella isla de la raza de las hormigas, según aseguran los poetas, como causaba el ver a los espíritus languidecer en tristes montones por aquel obscuro valle. Cuál yacía tendido sobre el vientre, cuál sobre las espaldas unos de otros; y alguno andaba a rastras por el triste camino.

Ibamos caminando paso a paso sin decir una palabra, mirando y escuchando a los enfermos, que no podían sostener sus cuerpos. Vi dos de ellos sentados y apoyados el uno contra el otro, como se apoyan las tejas para cocerlas, y llenos de pústulas desde la cabeza hasta los pies. Nunca he visto criado alguno, a quien espera su amo o que vela a pesar suyo, tan diligente en remover la almohaza, como lo era cada uno de aquellos condenados para rascarse con frecuencia y calmar así la terrible rabia de su comezón, que no tenía otro remedio. Se arrancaban con las uñas las pústulas, como el cuchillo arranca las escamas del escaro o de otro pescado que las tenga más grandes.

—¡Oh tú, que con los dedos te desarmas—dijo mi Guía a uno de ellos—, y que los empleas como si fueran tenazas! Dime si hay algún latino entre los que están aquí, y ¡ojalá puedan tus uñas bastarte eternamente para ese trabajo!

—Latinos somos los dos a quienes ves tan deformes—respondió uno de ellos llorando—; pero ¿quién eres tú, que preguntas por nosotros?

Y el Guía repuso:

—Soy un espíritu que he descendido con este sér viviente de grado en grado, y tengo el encargo de enseñarle el Infierno.

Las dos sombras cesaron entonces de prestarse mutuo apoyo, y cada una de ellas se volvió temblando hacia mí, juntamente con otras que lo oyeron, aunque no se dirigía a ellas la contestación. El buen Maestro se me acercó diciendo: "Diles lo que quieras." Y ya que él lo permitía, empecé de este modo:

—Así vuestra memoria no se borre de las mentes humanas en el primer mundo, y antes bien dure por muchos años; decidme quiénes sois y de qué nación: no tengáis reparo en franquearos conmigo, sin que os lo impida vuestro insoportable y vergonzoso suplicio.

—Yo fuí de Arezzo—respondió uno—, y Alberto de Siena me condenó a las llamas; pero la causa de mi muerte no es la que me ha traído al Infierno.[37] Es cierto que le dije chanceándome: "Yo sabría elevarme por el aire volando;" y él, que era curioso y de cortos alcances, quiso que yo le enseñase aquel arte: y tan sólo porque no le convertí en Dédalo, me hizo quemar por mandato de uno que le tenía por hijo; pero Minos, que no puede equivocarse, me condenó a la última de las diez fosas por haberme dedicado a la alquimia en el mundo.

Yo dije al Poeta:

—¿Hubo jamás un pueblo tan vano como el sienés? Seguramente no lo es tanto, ni con mucho, el pueblo francés.

Entonces el otro leproso, que me oyó, contestó a mis palabras:

—Exceptúa a Stricca, que supo hacer tan moderados gastos; y a Niccolo, que fué el primero que descubrió la rica usanza del clavo de especia, en la ciudad donde hoy es tan común su uso. Exceptúa también la sociedad en que malgastó Caccia de Asciano sus viñas y sus bosques, y en la que Abbagliato demostró hasta donde llegaba su juicio. Mas para que sepas quién es el que de este modo te secunda contra los sieneses, fija en mí tus ojos a fin de que mi rostro corresponda al deseo que tienes de conocerme, y podrás ver que soy la sombra de Capocchio, el que falsificó los metales por medio de la alquimia: y debes recordar, si eres efectivamente el que pienso, que fuí por naturaleza un buen imitador.

CANTO TRIGESIMO

EN aquel tiempo en que Juno, por causa de Semele, estaba irritada contra la sangre tebana, como lo demostró más de una vez, Atamas se volvió tan insensato que, al ver acercarse a su mujer, llevando de la mano a sus dos hijos, exclamó: "Tendamos las redes de modo que yo coja a su paso la leona con sus cachorros;" y extendiendo después las desapiadadas manos, agarró a uno de ellos, que se llamaba Learco, le hizo dar vueltas en el aire y lo estrelló contra una roca: la madre se ahogó con el hijo restante. Cuando la fortuna abatió la grandeza de los troyanos, que a todo se atrevían, hasta que el reino fué destruído juntamente con el rey, la triste Hécuba, miserable y cautiva, después de haber visto a Polixena muerta, y el cuerpo de su Polidoro tendido en la orilla del mar quedó con el corazón tan desgarrado, que, fuera de sí, empezó a ladrar como un perro; de tal modo la había trastornado el dolor. Pero ni los tebanos ni los troyanos furiosos demostraron tanta crueldad, no ya en torturar cuerpos humanos, sino ni siquiera animales, como la que vi en dos sombras desnudas y pálidas, que corrían mordiéndose, como el cerdo cuando se escapa de su pocilga. Una de ellas alcanzó a Capocchio, y se le afianzó a la nuca de tal modo, que tirando de él, le hizo arañar con su vientre el duro suelo. El aretino, que quedó temblando, me dijo:

—Ese loco es Gianni Schicchi, que va rabioso maltratando a los demás.

—¡Oh!—le dije yo—: no temas decirme quién es la otra sombra que va con él, antes que desaparezca, y ojalá no venga a hincarte los dientes en el cuerpo.

Me contestó:

—Es el alma antigua de la perversa Mirra, que fué amante de su padre contra las leyes del amor honesto: para cometer tal pecado se disfrazó bajo la forma de otra; como aquel que ya se va tuvo empeño en fingirse Buoso Donati, a fin de ganar la "Donna della Torma," testando en su lugar, y dictando las cláusulas del testamento.[38]

Cuando hubieron pasado aquellas dos almas furiosas, sobre las cuales había tenido fija mi vista, me volví para mirar las sombras de los otros mal nacidos. Vi uno, que pareciera un laúd, si hubiese tenido el cuerpo cortado en el sitio donde el hombre se bifurca. La pesada hidropesía, que, a causa de los humores convertidos en maligna sustancia, hace los miembros tan desproporcionados, que el rostro no corresponde al vientre, le obligaba a tener la boca abierta, pareciéndose al hético que, cuando está sediento, dirige uno de sus labios hacia la barba y otro hacia la nariz.

—¡Oh vosotros, que no sufrís pena alguna (y no sé por qué) en este mundo miserable!—nos dijo—: mirad y estad atentos al infortunio de maese Adam: yo tuve en abundancia, mientras viví, todo cuanto deseé; y ahora, ¡ay de mí!, sólo deseo una gota de agua.

Los arroyuelos que desde las verdes colinas del Casentino descienden hasta el Arno, trazando frescos y apacibles cauces, continuamente están ante mi vista, y no en vano; pues su imagen me reseca más que el mal que descarna mi rostro. La rígida justicia que me castiga se sirve del mismo lugar donde he pecado para hacerme exhalar más suspiros. Allí está Romena, donde falsifiqué la moneda acuñada con el busto del Bautista, por lo cual dejé en la tierra mi cuerpo quemado. Pero si yo viese aquí el alma criminal de Guido, o la de Alejandro, o la de su hermano, no cambiaría el placer de mirarlos a mi lado ni aun por la fuente Branda. Una de ellas está ya aquí dentro, si es cierto lo que dicen las coléricas sombras de los que giran por estos sitios; pero ¿qué me importa, si tengo encadenados mis miembros? Si a lo menos fuese yo tan ágil que en cien años pudiera andar una pulgada, ya me habría internado por el sendero, buscándola entre esa gente deforme, a pesar de que la fosa tiene once millas de circunferencia y no menos de media milla de diámetro. Por su causa me veo entre estos condenados: ellos me indujeron a acuñar los florines, que bien tenían tres quilates de liga.

A mi vez lo dije:

—¿Quiénes son esos dos espíritus infelices, que despiden vaho, como en el invierno una mano mojada, y que tan unidas yacen a tu derecha?

—Aquí los encontré—respondióme—, cuando bajé a este abismo; y desde entonces, ni se han movido, ni creo que eternamente se muevan. El uno es la falsa que acusó a José; el otro es el falso Sinón, griego de Troya: por efecto de su ardiente fiebre, lanzan ese vapor fétido.

Uno de ellos, indignado quizá porque se le daba aquel nombre infame, le golpeó con el puño en su endurecido vientre, haciéndoselo resonar como un tambor. Maese Adam le dió a su vez en el rostro con su puño, que no parecía menos duro, diciéndole:

—Aunque me vea privado de moverme a causa de la pesadez de algunos de mis miembros, tengo el brazo suelto para semejante tarea.

A lo que aquél replicó:

—Cuando marchabas hacia la hoguera no lo tenías tan suelto; pero lo tenías mucho más cuando acuñabas moneda.

El hidrópico repuso:

—Eres verídico en eso; mas no lo fuiste tanto cuando en Troya te incitaron a que dijeses la verdad.

—Si allí dije una falsedad, en cambio tú falsificaste el cuño—dijo Sinón—; y si yo estoy aquí por una falta, tú lo estás por muchas más que ninguno otro demonio.

—Acuérdate, perjuro, del caballo—replicó aquel que tenía el vientre hinchado—; y sírvate de castigo el que el mundo entero conoce tu delito.

—Sírvate a ti también de castigo la sed que tiene agrietada tu lengua—contestó el Griego—, y el agua podrida que eleva tu vientre como una barrera ante tus ojos.

Entonces el monedero replicó:

—También tu boca se rasga por hablar mal, como acostumbra: si yo tengo sed, y si el humor me hincha, tú tienes fiebre y te duele la cabeza; no te harías mucho de rogar para lamer el espejo de Narciso.

Yo estaba escuchándoles atentamente, cuando me dijo mi Maestro:

—Sigue, sigue contemplándolos aún; que poco me falta para reírme de ti.

Cuando le oí hablarme con ira, me volví hacia él tan abochornado, que aún conservo vivo el recuerdo en mi memoria: y como quien sueña en su desgracia, que aun soñando desea soñar, y anhela ardientemente que sea sueño lo que ya lo es, así estaba yo, sin poder proferir una palabra, por más que quisiera excusarme; y a pesar de que con el silencio me excusaba, no creía hacerlo así.

—Con menos vergüenza habría bastante para borrar una falta mayor que la tuya—me dijo el Maestro—: consuélate; y si acaso vuelve a suceder que te reunas con gente entregada a semejantes debates, piensa en que estoy siempre a tu lado; porque querer oír eso es querer una bajeza.

CANTO TRIGESIMOPRIMERO

LA misma lengua que antes me hirió, tiñendo de rubor mis mejillas, me aplicó en seguida el remedio: Así he oído contar que la lanza de Aquiles y de su padre solía ocasionar primero un disfavor, y luego un buen regalo. Volvimos la espalda a aquel desventurado valle, andando, sin decir una palabra, por encima del margen que lo rodea. Allí no era de día ni de noche, de modo que mi vista alcanzaba poco delante de mí: pero oí resonar una gran trompa, tan fuertemente, que habría impuesto silencio a cualquier trueno; por lo cual mis ojos, siguiendo la dirección que aquel ruido traía, se fijaron totalmente en un solo punto. No hizo sonar tan terriblemente su trompa Orlando, después de la dolorosa derrota en que Carlo Magno perdió el fruto de su santa empresa. A poco de haber vuelto hacia aquel lado la cabeza, me pareció ver muchas torres elevadas, por lo que dije:

—Maestro, ¿qué tierra es ésta?

Me respondió:

—Como miras a lo lejos a través de las tinieblas, te equivocas en lo que te imaginas. Ya verás, cuando hayas llegado allí, cuánto engaña a la vista la distancia: así pues, aprieta el paso.

Después me cogió afectuosamente de la mano, y me dijo:

—Antes que pasemos más adelante, y a fin de que el caso no te cause tanta extrañeza, sabe que eso no son torres, sino gigantes; todos los cuales están metidos hasta el ombligo en el pozo alrededor de sus muros.

Así como la vista, cuando se disipa la niebla, reconoce poco a poco las cosas ocultas por el vapor en que estaba envuelto el aire, de igual modo, y a medida que la mía atravesaba aquella atmósfera densa y obscura, conforme nos íbamos acercando hacia el borde del pozo, mi error se disipaba y crecía mi miedo. Lo mismo que Montereggione corona de torres su recinto amurallado, así, por el borde que rodea el pozo, se elevaban como torres y hasta la mitad del cuerpo los horribles gigantes, a quienes amenaza todavía Júpiter desde el cielo, cuando truena. Yo podía distinguir ya el rostro, los hombros y el pecho de uno de ellos, y gran parte de su vientre, y sus dos brazos a lo largo de los costados. En verdad que hizo bien la Naturaleza cuando abandonó el arte de crear semejantes animales, para quitar pronto a Marte tales ejecutores; y si ella no se arrepiente de producir elefantes y ballenas, quien lo repare sutilmente, verá en esto mismo su justicia y su discreción; porque donde la fuerza del ingenio se une a la malevolencia y al vigor, no hay resistencia posible para los hombres.

Su cabeza me parecía tan larga y gruesa como la piña de San Pedro en Roma[39], guardando la misma proporción los demás huesos; de suerte que, aun cuando el ribazo le ocultaba de medio cuerpo abajo, se veía lo bastante para que tres frisones no hubieran podido alabarse de alcanzar a su cabellera; porque yo calculaba que tendría treinta grandes palmos desde el borde del pozo hasta el sitio donde el hombre se abrocha la capa.

"Raphel mai amech isabi almi"[40], empezó a gritar la fiera boca, en la cual no estarían bien otras voces más suaves; y mi Guía le dijo:

—Alma insensata, sigue entreteniéndote con la trompa, y desahógate con ella, cuando te agite la cólera u otra pasión. Busca por tu cuello y encontrarás la soga que la sujeta, ¡oh alma turbada!; míralа cómo ciñe tu enorme pecho.

Después me dijo:

El mismo se acusa: ese es Nemrod, por cuyo audaz pensamiento se ve obligado el mundo a usar más de una lengua. Dejémosle estar, y no lancemos nuestras palabras al viento; pues ni él comprende el lenguaje de los demás, ni nadie conoce el suyo.

Continuamos, pues, nuestro viaje, siguiendo hacia la izquierda; y a un tiro de ballesta de aquel punto encontramos otro gigante mucho más grande y fiero. No podré decir quién fué capaz de sujetarle; pero sí que tenía ligado el brazo izquierdo por delante y el otro por detrás con una cadena, la cual le rodeaba del cuello abajo, dándole cinco vueltas en la parte del cuerpo que salía fuera del pozo.

—Ese soberbio quiso ensayar su poder contra el sumo Júpiter—dijo mi Guía—, por lo cual tiene la pena que ha merecido. Llámase Efialto, y dió muestras de audacia cuando los gigantes causaron miedo a los Dioses: los brazos que tanto movió entonces, no los moverá ya jamás.

Y yo le dije:

—Si fuese posible, quisiera que mis ojos tuviesen una idea de lo que es el desmesurado Briareo.

A lo que contestó:

—Verás cerca de aquí a Anteo, que habla y anda suelto, el cual nos conducirá al fondo del Infierno. El que tú quieres ver está atado mucho más lejos, y es lo mismo que éste, sólo que su rostro parece más feroz.

El más impetuoso terremoto no sacudió nunca una torre con tal violencia como se agitó repentinamente Efialto. Entonces temí la muerte más que nunca, y a no haber visto que el gigante estaba bien atado, bastara para ello el miedo que me poseía. Seguimos avanzando, y llegamos adonde estaba Anteo, que, sin contar la cabeza, salía fuera del abismo lo menos cinco alas.[41]

—¡Oh tú, que en el afortunado valle donde Escipión heredó tanta gloria, cuando Aníbal y los suyos volvieron las espaldas, recogiste mil leones por presa, y que, si hubieras asistido a la gran guerra de tus hermanos, aún hay quien crea que habrías asegurado la victoria a los hijos de la Tierra! Si no lo llevas a mal, condúcenos al fondo en donde el frío endurece al Cocito. No hagas que me dirija a Ticio ni a Tifeo: este que ves puede dar lo que aquí se desea: por tanto, inclínate y no tuerzas la boca. Todavía puede renovar tu fama en el mundo; pues vive, y espera gozar aún de larga vida, si la gracia no lo llama a sí antes de tiempo.

Así le dijo el Maestro; y el gigante, apresurándose a extender aquellas manos que tan rudamente oprimieron a Hércules, cogió a mi Guía. Cuando Virgilio se sintió agarrar, me dijo: "Acércate para que yo te tome." Y en seguida me abrazó de modo, que los dos juntos formábamos un solo fardo.

Como al mirar la Carisenda[42] por el lado a que está inclinada, cuando pasa una nube por encima de ella en sentido contrario, parece próxima a derrumbarse, tal me pareció Anteo cuando le vi inclinarse; y fué para mí tan terrible aquel momento, que habría querido ir por otro camino. Pero él nos condujo suavemente al fondo del abismo que devora a Lucifer y a Judas; y sin demora cesó su inclinación, volviendo a erguirse como el mástil de un navío.

CANTO TRIGESIMOSEGUNDO

SI poseyese un estilo áspero y ronco, cual conviene para describir el sombrío pozo, sobre el que se apoyan todas las otras rocas, expresaría mucho mejor la esencia de mi pensamiento; pero como no lo tengo, me decido a ello con temor; pues no es empresa que pueda tomarse como juego, ni para ser acometida por una lengua balbuciente, la de describir el fondo de todo el universo. Pero vengan en auxilio de mis versos aquellas Mujeres que ayudaron a Anfión a fundar a Tebas, para que el estilo no desdiga de la naturaleza del asunto. ¡Oh gentes malditas sobre todas las demás, que estáis en el sitio del que me es tan duro hablar; más os valiera haber sido aquí convertidas en ovejas o cabras!

Cuando llegamos al fondo del obscuro pozo, mucho más abajo de donde tenía los pies el gigante, como yo estuviese aún mirando el alto muro, oí que me decían: "Cuidado cómo andas: procura no pisar las cabezas de nuestros infelices y torturados hermanos." Volvíme al oír esto, y vi delante de mí y a mis pies un lago, que por estar helado, parecía de vidrio y no de agua. Ni el Danubio en Austria durante el invierno, ni el Tanais allá, bajo el frío cielo, cubren su curso de un velo tan denso como el de aquel lago, en el cual, aunque hubieran caído el Tabernick o el Pietrapana, no habrían causado el menor estallido. Y a la manera de las ranas cuando gritan con la cabeza fuera del agua, en la estación en que la villana sueña que espiga, así estaban aquellas sombras llorosas y lívidas, sumergidas en el hielo hasta el sitio donde aparece la vergüenza, produciendo con sus dientes el mismo sonido que la cigüeña con su pico. Tenían todas el rostro vuelto hacia abajo: su boca daba muestras del frío que sentían, y sus ojos las daban de la tristeza de su corazón. Cuando hube examinado algún tiempo en torno mío, miré a mis pies, y vi dos sombras tan estrechamente unidas, que sus cabellos se mezclaban.

—Decidme quiénes sois, vosotros, que tanto unís vuestros pechos—dije yo.

Levantaron la cabeza, y después de haberme mirado, sus ojos, que estaban preñados de lágrimas, se derramaron en los párpados; pero el frío congeló en ellos aquellas lágrimas, volviéndolos a cerrar. Ninguna grapa unió jamás tan fuertemente dos trozos de madera; por lo cual ambos condenados se entrechocaron como dos carneros: tanta fué la ira que los dominó. Y otro, a quien el frío había hecho perder las orejas, me dijo, sin levantar la cabeza:

—¿Por qué nos miras tanto? Si quieres saber quiénes son estos dos, te diré que el valle por donde corre el Bisenzio fué de su padre Alberto y de ellos. Ambos salieron de un mismo cuerpo; y aunque recorras toda la Caína, no encontrarás una sombra más digna de estar sumergida en el hielo, ni aun la de aquel a quien la mano de Arturo rompió de un golpe el pecho y la sombra, ni la de Focaccia, ni la de éste que me impide con su cabeza ver más lejos, y que se llamó Sassolo Mascheroni: si eres toscano, bien sabrás quién es. Y para que no me hagas hablar más, sabe que yo soy Camiccione de Pazzi, y que espero a Carlino, cuyas culpas harán aparecer menos graves las mías.

Después vi otros mil rostros amoratados por el frío, tanto que desde entonces tengo horror, y lo tendré siempre a los estanques helados. Y mientras nos dirigíamos hacia el centro, donde converge toda la gravedad de la Tierra, yo temblaba en la lobreguez eterna; y no sé si lo dispuso Dios, el Destino o la Fortuna; pero al pasar por entre aquellas cabezas, dí un fuerte golpe con el pie en el rostro de una de ellas, que me dijo llorando:

—¿Por qué me pisas? Si no vienes a aumentar la venganza de Monteaperto, ¿por qué me molestas?

Entonces dije yo:

—Maestro mío, espérame aquí, a fin de que éste me esclarezca una duda: en seguida me daré cuanta prisa quieras.

El Guía se detuvo, y yo dije a aquel que aún estaba blasfemando:

—¿Quien eres tú, que así reprendes a los demás?

Me contestó:

—Y tú, que vas por el recinto de Antenor, golpeando a los demás en el rostro, de modo que, si estuvieras vivo, aún serían tus golpes demasiado fuertes, ¿quién eres?

—Yo estoy vivo—fué mi respuesta—; y puede serte grato, si fama deseas, que ponga tu nombre entre los otros que conservo en la memoria.

A lo que repuso:

—Deseo todo lo contrario: véte de aquí, y no me causes más molestia, pues suenan mal tus lisonjas en esta caverna.

Entonces le cogí por los pelos del cogote, y le dije:

—Es preciso que digas tu nombre, o no te quedará ni un solo cabello.

Pero él me replicó:

—Aunque me repeles, ni te diré quien soy, ni verás mi rostro, por más que me golpees mil veces en la cabeza.

Yo tenía ya sus cabellos enroscados en mi mano, y le había arrancado más de un puñado de ellos, mientras él aullaba con los ojos fijos en el hielo, cuando otro condenado gritó: "¿Qué tienes, Bocca? ¿No te basta castañetear los dientes, sino que también ladras? ¿Qué demonio te atormenta?"

—Ahora—dije—ya no quiero que hables, traidor maldito; que para tu eterna vergüenza, llevaré al mundo noticias ciertas de ti.

—Véte pronto—repuso—, y cuenta lo que quieras; pero si sales de aquí, no dejes de hablar de ese que ha tenido la lengua tan suelta, y que está llorando el dinero que recibió de los franceses: "Yo vi, podrás decir, a Buoso de Duera, allí donde los pecadores están helados." Si te preguntan por los demás que están aquí, a tu lado tienes al de Becchería, cuya garganta segó Florencia. Creo que más allá está Gianni de Soldanieri con Ganelón y Tebaldello, el que entregó a Faenza cuando sus habitantes dormían.

Estábamos ya lejos de aquél, cuando vi a otros dos helados en una misma fosa, colocados de tal modo, que la cabeza del uno parecía ser el sombrero del otro. Y como el hambriento en el pan, así el de encima clavó sus dientes al de debajo en el sitio donde el cerebro se une con la nuca. No mordió con más furor Tideo las sienes de Menalipo, que aquél roía el cráneo de su enemigo y las demás cosas inherentes al mismo.

—¡Oh tú, que demuestras, por medio de tan brutal acción, el odio que tienes al que estás devorando! Dime qué es lo que te induce a ello—le pregunté—bajo el pacto de que, si te quejas con razón de él, sabiendo yo qué crimen es el suyo y quiénes sois, te vengaré en el mundo, si mi lengua no llega antes a secarse.

CANTO TRIGESIMOTERCIO

AQUEL pecador apartó su boca de tan horrible alimento, limpiándosela en los pelos de la cabeza cuya parte posterior acababa de roer; y luego empezó a hablar de esta manera:

—Tú quieres que renueve el desesperado dolor que oprime mi corazón, sólo al pensar en él, y aun antes de hablar. Pero si mis palabras deben ser un germen de infamia para el traidor a quien devoro, me verás llorar y hablar a un mismo tiempo. No sé quién eres, ni de qué medios te has valido para llegar hasta aquí; pero al oírte, me pareces efectivamente florentino. Has de saber que yo fuí el conde Ugolino, y éste el arzobispo Ruggieri: ahora te diré por qué lo trato así. No es necesario manifestarte que por efecto de sus malos pensamientos, y fiándome de él, fuí preso y muerto después. Pero te contaré lo que no puedes haber sabido; esto es, lo cruel que fué mi muerte, y comprenderás cuánto me ha ofendido. Un pequeño agujero abierto en la torre, que por mi mal se llama hoy del Hambre, y en la que todavía serán encerrados otros, me había permitido ver por su hendedura ya muchas lunas, cuando tuve el mal sueño que descorrió para mí el velo del porvenir. Ruggieri se me aparecía como señor y caudillo, cazando el lobo y los lobeznos en el monte que impide a los pisanos ver la ciudad de Luca. Se había hecho preceder de los Gualandi, de los Sismondi y los Lanfranchi, que iban a la cabeza con perros hambrientos, diligentes y amaestrados. El padre y sus hijuelos me parecieron rendidos después de una corta carrera, y creí ver que aquéllos les desgarraban los costados con sus agudas presas. Cuando desperté antes de la aurora, oí llorar entre sueños a mis hijos, que estaban conmigo, y pedían pan. Bien cruel eres, si no te contristas pensando en lo que aquello anunciaba a mi corazón; y si ahora no lloras, no sé lo que puede excitar tus lágrimas. Estábamos ya despiertos, y se acercaba la hora en que solían traernos nuestro alimento; pero todos dudábamos, porque cada cual había tenido un sueño semejante. Oí que clavaban la puerta de la horrible torre, por lo cual miré al rostro de mis hijos sin decir palabra: yo no podía llorar, porque el dolor me tenía como petrificado: lloraban ellos, y mi Anselmito dijo: "¿Qué tienes, padre, que así nos miras?" Sin embargo, no lloré ni respondí una palabra en todo aquel día, ni en la noche siguiente, hasta que el otro Sol alumbró el mundo. Cuando entró en la dolorosa prisión uno de sus débiles rayos, y consideré en aquellos cuatro rostros el aspecto que debía tener el mío, empecé a morderme las manos desesperado; y ellos, creyendo que yo lo hacía obligado por el hambre, se levantaron con presteza y dijeron: "Padre, nuestro dolor será mucho menor, si nos comes a nosotros: tú nos diste estas miserables carnes; despójanos, pues, de ellas." Entonces me calmé para no entristecerlos más; y aquel día y el siguiente permanecimos mudos. ¡Ay, dura tierra! ¿Por qué no te abriste? Cuando llegamos al cuarto día, Gaddo se tendió a mis pies, diciendo: "Padre mío, ¿por qué no me auxilias?" Allí murió; y lo mismo que me estás viendo, vi yo caer los tres, uno a uno, entre el quinto y el sexto día. Ciego ya, fuí a tientas buscando a cada cual, llamándolos durante tres días después de estar muertos; hasta que, al fin, pudo en mí más la inedia que el dolor.

Cuando hubo pronunciado estas palabras, torciendo los ojos, volvió a coger el miserable cráneo con los dientes, que royeron el hueso como los de un perro. ¡Ah, Pisa, vituperio de las gentes del hermoso país donde el "si" suena! Ya que tus vecinos son tan morosos en castigarte, muévanse la Capraja y la Gorgona, y formen un dique a la embocadura del Arno, para que sepulte en sus aguas a todos tus habitantes; pues si el conde Ugolino fué acusado de haber vendido tus castillos, no debiste someter a sus hijos a tal suplicio. Su tierna edad patentizaba, ¡oh nueva Tebas!, la inocencia de Uguccíón y del Brigata, y la de los otros dos que ya he nombrado.

Seguimos luego más allá, donde el hielo oprime duramente a otros condenados, que no están con el rostro hacia abajo, sino vueltos hacia arriba. Su mismo llanto no les deja llorar; pues las lágrimas, que al salir encuentran otras condensadas, se vuelven adentro, aumentando la angustia; porque las primeras lágrimas forman un dique, y como una visera de cristal, llenan debajo de los párpados toda la cavidad del ojo. Y aunque mi rostro, a causa del gran frío, había perdido toda sensibilidad, como si estuviera encallecido, me pareció qué sentía algún viento, por lo cual dije:

—Maestro, ¿qué causa mueve este viento? ¿No está extinguido aquí todo vapor?

A lo cual me contestó:

—Pronto llegarás a un sitio donde tus ojos te darán la respuesta, viendo la causa de ese viento.

Y uno de los desgraciados de la helada charca nos gritó:

—¡Oh almas tan culpables que habéis sido destinadas al último recinto! Arrancadme de los ojos este duro velo, a fin de que pueda desahogar el dolor que me hincha el corazón, antes que mis lágrimas se hielen de nuevo.

Al oír tales palabras, le dije:

—Si quieres que te alivie, dime quién fuiste; y si no te presto ese consuelo, véame sumergido en el fondo de ese hielo.

Entonces me contestó:

—Yo soy fray Alberigo[43]: soy aquel, cuyo huerto ha producido tan mala fruta, que aquí recibo un dátil por un higo.

—¡Oh!—le dije—; ¿también tú has muerto?

—No sé cómo estará mi cuerpo allá arriba—repuso—; esta Ptolomea tiene el privilegio de que las almas caigan con frecuencia en ella antes de que Atropos mueva los dedos; y para que de mejor grado me arranques las congeladas lágrimas del rostro, sabe que en cuanto un alma comete alguna traición como la que yo cometí, se apodera de su cuerpo un demonio, que después dirige todas sus acciones, hasta que llega el término de su vida. En cuanto al alma, cae en esta cisterna; y por eso tal vez aparezca todavía en el mundo el cuerpo de esa sombra que está detrás de mí en este hielo. Debes conocerle, si es que acabas de llegar al Infierno: es "ser" Branca d'Oria, el cual hace ya muchos años que fué encerrado aquí.

—Yo creo—le dije—que me engañas; porque Branca d'Oria no ha muerto aún, y come, y bebe, y duerme, y va vestido.

—Aun no había caído Miguel Zanche—repuso aquél—en la fosa de Malebranche, allí donde hierve continuamente la pez, cuando Branca d'Oria ya dejaba un diablo haciendo sus veces en su cuerpo y en el de uno de sus parientes, que fué cómplice de su traición. Extiende ahora la mano y ábreme los ojos.

Yo no se los abrí, y creo que fué una lealtad el ser con él desleal.

¡Ah, genoveses!, ¡hombres diversos de los demás en costumbres, y llenos de toda iniquidad!, ¿por qué no sois desterrados del mundo? Junto con el peor espíritu de la Romanía he encontrado uno de vosotros, que, por sus acciones, tiene el alma sumergida en el Cocito, mientras que su cuerpo aparece aún vivo en el mundo.

CANTO TRIGESIMOCUARTO

VEXILLA regis prodeunt inferni"[44] hacia nosotros. Mira adelante—dijo mi Maestro,—a ver si lo distingues.

Como aparece a lo lejos un molino, cuyas aspas hace girar el viento, cuando éste arrastra una espesa niebla, o cuando anochece en nuestro hemisferio, así me pareció ver a gran distancia un artificio semejante; y luego, para resguardarme del viento, a falta de otro abrigo, me encogí detrás de mi Guía. Estaba ya (con pavor lo digo en mis versos) en el sitio donde las sombras se hallaban completamente cubiertas de hielo, y se transparentaban como paja en vidrio. Unas estaban tendidas, otras derechas; aquéllas con la cabeza, éstas con los pies hacia abajo, y otras por fin con la cabeza tocando a los pies como un arco. Cuando mi Guía creyó que habíamos avanzado lo suficiente para enseñarme la criatura que tuvo el más hermoso rostro, me dejó libre el paso, e hizo que me detuviera.

—He ahí a Dite—me dijo—, y he aquí el lugar donde es preciso que te armes de fortaleza.

No me preguntes, lector, si me quedaría entonces helado y yerto; no quiero escribirlo, porque cuanto dijera sería poco. No quedé muerto ni vivo: piensa por ti, si tienes alguna imaginación, lo que me sucedería viéndome así privado de la vida sin estar muerto. El emperador del doloroso reino salía fuera del hielo desde la mitad del pecho: mi estatura era más proporcionada a la de un gigante, que la de uno de éstos a la longitud de los brazos de Lucifer: juzga, pues, cuál deba ser el todo que a semejante parte corresponda. Si fué tan bello como deforme es hoy, y osó levantar sus ojos contra su Creador, de él debe proceder sin duda todo mal. ¡Oh! ¡Cuánto asombro me causó, al ver que su cabeza tenía tres rostros! Uno por delante, que era de color bermejo: los otros dos se unían a éste sobre el medio de los hombros, y se juntaban por detrás en lo alto de la coronilla, siendo el de la derecha entre blanco y amarillo, según me pareció; el de la izquierda tenía el aspecto de los oriundos del valle del Nilo.[45] Debajo de cada rostro salían dos grandes alas, proporcionadas a la magnitud de tal pájaro; y no he visto jamás velas de buque comparables a ellas: no tenían plumas, pues eran por el estilo de las del murciélago; y se agitaban de manera que producían tres vientos, con los cuales se helaba todo el Cocito. Con seis ojos lloraba Lucifer, y por las tres barbas corrían sus lágrimas, mezcladas de baba sanguinolenta. Con los dientes de cada boca, a modo de agramadera, trituraba un pecador, de suerte que hacía tres desgraciados a un tiempo. Los mordiscos que sufría el de adelante no eran nada en comparación de los rasguños que le causaban las garras de Lucifer, dejándole a veces las espaldas enteramente desolladas.

—El alma que está sufriendo la mayor pena allá arriba—dijo el Maestro—es la de Judas Iscariote, que tiene la cabeza dentro de la boca de Lucifer y agita fuera de ella las piernas. De las otras dos, que tienen la cabeza hacia abajo, la que pende de la boca negra es Bruto; mira cómo se retuerce sin decir una palabra: el otro, que tan membrudo parece, es Casio. Pero se acerca la noche, y es hora ya de partir, pues todo lo hemos visto.

Según le plugo, me abracé a su cuello; aprovechó el momento y el lugar favorable, y cuando las alas estuvieron bien abiertas, agarróse a las velludas costillas de Lucifer, y de pelo en pelo descendió por entre el hirsuto costado y las heladas costras. Cuando llegamos al sitio en que el muslo se desarrolla justamente sobre el grueso de las caderas, mi Guía, con fatiga y con angustia, volvió su cabeza hacia donde aquél tenía las zancas, y se agarró al pelo como un hombre que sube, de modo que creí que volvíamos al Infierno.

—Sosténte bien—me dijo jadeando como un hombre cansado—; que por esta escalera es preciso partir de la mansión del dolor.

Después salió fuera por la hendedura de una roca, y me sentó sobre el borde de la misma, poniendo junto a mí su pie prudente. Yo levanté mis ojos, creyendo ver a Lucifer como le había dejado; pero vi que tenía las piernas en alto. Si debí quedar asombrado, júzguelo el vulgo, que no sabe qué punto es aquel por donde yo había pasado.

—Levántate—me dijo el Maestro—; la ruta es larga, el camino malo, y ya el Sol se acerca a la mitad de tercia.

El sitio donde nos encontrábamos no era como la galería de un palacio, sino una caverna de mal piso y escasa de luz.

—Antes que yo salga de este abismo, Maestro mío,—le dije al ponerme en pie—, dime algo que me saque de confusiones. ¿Dónde está el hielo, y cómo es que Lucifer está de ese modo invertido? ¿Cómo es que, en tan pocas horas, ha recorrido el Sol su carrera desde la noche a la mañana?

Me contestó:

—¿Te imaginas sin duda que estás aún al otro lado del centro, donde me cogí al pelo de ese miserable gusano que atraviesa el mundo? Allá te encontrabas mientras descendíamos; cuando me volví, pasaste el punto hacia el que converge toda la gravedad de la Tierra; y ahora estás bajo el hemisferio opuesto a aquel que cubre el árido desierto, y bajo cuyo más alto punto fué muerto el Hombre que nació y vivió sin pecado. Tienes los pies sobre una pequeña esfera, que por el otro lado mira a la Judesca. Aquí amanece, cuando allí anochece; y éste de cuyo pelo nos hemos servido como de una escala, permanece aún fijo del mismo modo que antes. Por esta parte cayó del cielo; y la tierra, que antes se mostraba en este lado, aterrorizada al verle, se hizo del mar un velo, y se retiró hacia nuestro hemisferio; y quizá también huyendo de él, dejó aquí este vacío la que aparece por acá formando un elevado monte.

Hay allá abajo una cavidad que se aleja tanto de Lucifer cuanta es la extensión de su tumba; cavidad que no puede reconocerse por la vista, sino por el rumor de un arroyuelo, que desciende por el cauce de un peñasco que ha perforado con su curso sinuoso y poco pendiente. Mi Guía y yo entramos en aquel camino oculto, para volver al mundo luminoso; y sin concedernos el menor descanso, subimos, él delante y yo detrás, hasta que pude ver por una abertura redonda las bellezas que contiene el Cielo, y por allí salimos para volver a ver las estrellas.

PURGATORIO

CANTO PRIMERO

AHORA la navecilla de mi ingenio, que deja en pos de sí un mar tan cruel, desplegará las velas para navegar por mejores aguas; y cantaré aquel segundo reino, donde se purifica el espíritu humano, y se hace digno de subir al Cielo. Resucite aquí, pues, la muerta poseía, ¡oh santas Musas!, pues que soy vuestro; y realce Calíope mi canto, acompañándolo con aquella voz que produjo tal efecto en las desgraciadas Urracas, que desesperaron de alcanzar su perdón.[46]

Un suave color de zafiro oriental, contenido en el sereno aspecto del aire puro hasta el primer cielo, reapareció delicioso a mi vista en cuanto salí de la atmósfera muerta, que me había contristado los ojos y el corazón. El bello planeta que convida a amar hacía sonreír todo el Oriente, desvaneciendo al signo de Piscis, que seguía en pos de él. Me volví a la derecha, y dirigiendo mi espíritu hacia el otro polo, distinguí cuatro estrellas únicamente vistas por los primeros humanos. El cielo parecía gozar con sus resplandores. ¡Oh Septentrión, sitio verdaderamente viudo, pues que te ves privado de admirarlas! Cuando cesé en su contemplación, volvíme un tanto hacia el otro polo, de donde el Carro había desaparecido, y vi cerca de mí un anciano solo, y digno, por su aspecto, de tanta veneración, que un padre no puede inspirarla mayor a su hijo. Llevaba una larga barba, canosa como sus cabellos, que le caía hasta el pecho, dividida en dos mechones. Los rayos de las cuatro luces santas rodeaban de tal resplandor su rostro, que lo veía como si hubiese tenido el Sol ante mis ojos.

—¿Quiénes sois vosotros que, contra el curso del tenebroso río, habéis huído de la prisión eterna?—dijo el anciano, agitando su barba venerable—. ¿Quién os ha guiado, o quién os ha servido de antorcha para salir de la profunda noche, que hace sea continuamente negro el valle infernal? ¿Así se han quebrantado las leyes del abismo? ¿O se ha dado quizás en el Cielo un nuevo decreto, que os permite, a pesar de estar condenados, venir a mis grutas?

Entonces mi Guía me indicó, por medio de sus palabras, de sus gestos y sus miradas, que debía mostrarme respetuoso, doblar la rodilla e inclinar la vista. Después le respondió:

—No vine por mi deliberación, sino porque una mujer, descendida del cielo, me ha rogado que acompañe y ayude a éste. Pero ya que es tu voluntad que te expliquemos más ampliamente cuál sea nuestra verdadera condición, la mía no puede rehusarte nada. Este no ha visto aún su última noche; pero por su locura estuvo tan cerca de ello, que le quedaba poquísimo tiempo de vida. Así es que, según he dicho, fuí enviado a su encuentro para salvarle, y no había otro camino más que este, por el cual me he aventurado. Hele dado a conocer todos los réprobos, y ahora pretendo mostrarle aquellos espíritus que se purifican bajo tu jurisdicción. Sería largo de referir el modo como le he traído hasta aquí: de lo alto baja la virtud que me ayuda a conducirle para verte y oírte. Dígnate, pues, acoger su llegada benignamente: va buscando la libertad, que es tan amada, como lo sabe el que por ella desprecia la vida. Bien lo sabes tú, que por ella no te pareció amarga la muerte en Utica, donde dejaste tu cuerpo, que tanto brillará en el gran día. No han sido revocados por nosotros los eternos decretos; pues éste vive, y Minos no me tiene en su poder, sino que pertenezco al círculo donde están los castos ojos de tu Marcia, que parece rogarte aún, ¡oh santo corazón!, que la tengas por compañera y por tuya. En nombre, pues, de su amor, accede a nuestra súplica, y déjanos ir por tus siete reinos: le manifestaré mi agradecimiento hacia ti si permites que allá abajo se pronuncie tu nombre.

—Marcia fué tan agradable a mis ojos mientras pertenecí a la Tierra— dijo él entonces—, que obtuvo de mí cuantas gracias quiso; ahora que habita a la otra parte del mal río, no puedo ya conmoverme a causa de la ley que se me impuso cuando salí fuera de mi cuerpo. Pero si una mujer del cielo te anima y te dirige, según dices, no tienes necesidad de tan laudatorios ruegos; me basta conque me supliques en su nombre. Vé, pues, y haz que ése se ciña con un junco sin hojas, y lávale el rostro de modo que quede borrada en él toda mancha; porque no conviene que se presente con la vista ofuscada ante el primer ministro, que es de los del Paraíso. Esa pequeña isla que ves allá abajo produce, en torno suyo y por donde la combaten las olas, juncos en su tierra blanda y limosa. Ninguna clase de plantas que eche hojas o que se endurezca puede existir ahí, porque le sería imposible doblegarse a los embates de las olas. Después no volváis por esta parte; el sol naciente os indicará el modo de encontrar la más fácil subida del monte.

Al decir esto desapareció. Me levanté sin hablar, me coloqué junto a mi Guía, y fijé en él los ojos. Entonces empezó a hablarme de este modo:

–Hijo mío, sigue mis pasos: volvamos atrás; porque esta llanura va descendiendo siempre hasta su último límite.

El alba vencía ya al aura matutina, que huía delante de ella, y desde lejos pude distinguir las ondulaciones del mar. Ibamos por la llanura solitaria, como el que busca la senda perdida, y cree caminar en vano hasta que logra encontrarla. Cuando llegamos a un sitio en que el rocío resiste al calor del sol, y protegido por la sombra, se desvanece poco a poco, puso mi Maestro suavemente sus dos manos abiertas sobre la fresca hierba; y yo, comprendiendo su intento, le presenté mis mejillas cubiertas aún de lágrimas, y en las que por su mediación apareció de nuevo el color de que las privó el Infierno.

Llegamos después a la playa desierta, que no vió nunca navegar por sus aguas a hombre alguno capaz de salir de ellas. Allí me hizo un cinturón, según la voluntad del otro; y, ¡oh maravilla!, cuando arrancó la humilde planta, volvió otra a renacer súbitamente en el mismo sitio de donde había arrancado aquélla.

CANTO SEGUNDO

YA estaba el Sol tocando al horizonte, cuyo círculo meridiano cubre a Jerusalén con su punto más elevado; y ya la noche, formando un arco en oposición a él, salía fuera del Ganges con las Balanzas que se le caen de las manos cuando supera en extensión al día; de modo que allí, donde yo me encontraba, las blancas y sonrosadas mejillas de la bella Aurora, según iba creciendo, se tornaban de color de oro. Estábamos aún en la orilla del mar, como quien piensa en el camino que debe seguir, y anda con el deseo, sin que el cuerpo se mueva. Cuando he aquí que, así como, al amanecer, por efecto de los densos vapores, se ve a Marte enrojecido hacia Poniente sobre las aguas marinas, de igual modo me apareció—¡ojalá pudiese verla otra vez!—una luz, la cual venía tan rápidamente por el mar, que ningún vuelo sería comparable a su celeridad. Un solo momento aparté de ella la vista para interrogar a mi Guía, y al punto volví a verla mucho más voluminosa y brillante; distinguiendo luego a cada lado de la misma una cosa blanca, sin saber lo que era, debajo de la cual se descubría poco a poco otro objeto igualmente blanco. Aun no había pronunciado una palabra mi Maestro, cuando se vió que las primeras formas blancas eran alas; y entonces, habiendo conocido bien al gondolero, exclamó:

—Dobla, dobla pronto la rodilla: he aquí el ángel de Dios; une las manos: nunca verás semejantes ministros del Señor. Mira cómo desdeña los medios humanos, pues no necesita remo, ni otras velas que sus alas, entre tan apartadas orillas. Mira cómo las tiene elevadas hacia el cielo, agitando el aire con las eternas plumas, que no se mudan como el cabello de los mortales.

Cuanto más se acercaba a nosotros el ave divina, más brillante aparecía: por lo cual, no pudiendo resistir su resplandor mis ojos, los incliné; y aquél se dirigió hacia la orilla en un esquife airoso y ligero, que apenas se sumergía un poco en el agua. El celestial barquero estaba en la popa, y la bienaventuranza parecía estar escrita en su semblante. Más de cien espíritus, sentados en la barquilla, cantaban a coro: "In exitu Israel de Ægipto" y todo lo demás que sigue de este salmo. El ángel les hizo la señal de la santa cruz, a cuya señal se arrojaron todos a la playa, y él se alejó con la misma velocidad con que había venido. La turba que dejó allí parecía llena de estupor en tal sitio, mirando y remirando en torno suyo, como el que descubre cosas que no ha visto nunca. El Sol, que había arrojado con sus brillante saetas al signo de Capricornio del centro del cielo, irradiaba por todas partes el día, cuando los recién llegados alzaron la frente hacia nosotros, diciéndonos:

—Si lo sabéis, indicadnos el camino que conduce a la montaña.

Virgilio respondió:

—¿Por ventura creéis que conocemos este sitio? Somos aquí tan nuevos como vosotros, y hemos llegado a él poco antes por otro camino tan rudo y áspero, que el subir esta montaña será para nosotros ahora cosa de juego.

Las almas, que advirtieron, por mi respiración, que yo estaba aún vivo, palidecieron de asombro; y así como se agolpa la gente en derredor del mensajero coronado de olivo para oír sus noticias, sin temor de empujarse y pisarse unos a otros, así se agolparon en torno mío todas aquellas almas afortunadas, olvidando casi su deseo de ir a embellecerse. Vi una de ellas, que se adelantó para abrazarme con tales muestras de afecto, que me movió a hacer lo mismo con ella; pero, ¡oh sombras vanas, excepto para la vista! Tres veces quise rodearla con mis brazos, y otras tantas volvieron éstos a caer solos sobre mi pecho. Creo que la admiración debió pintarse en mi rostro; porque la sombra sonrió y se retiró; y yo, siguiéndola, continué avanzando. Me dijo con voz suave que me detuviese; conocí entonces quién era, y habiéndole rogado que se parase un momento para hablarme, respondióme:

—Lo mismo que te amaba con mi cuerpo mortal, te amo también desprendido de él; por eso me detengo; pero tú ¿por qué vienes aquí?

—Casella mío, hago este viaje para volver al mundo de los vivos, donde permanezco aún; pero a ti, ¿cómo es que se te ha negado por tanto tiempo el venir a este sitio?

Me respondió:

—Si aquel que conduce a quien y cómo le place me ha negado muchas veces este pasaje, no se ha cometido conmigo ninguna injusticia; porque es justa la voluntad a quien obedece. En verdad, de tres meses a esta parte ha recogido sin oposición a cuantos han querido entrar en su nave: así es que yo, que me encontraba en la playa donde el Tíber se mezcla con las saladas ondas del mar, fuí acogido benignamente por él. A la embocadura de aquel río dirige ahora su vuelo; pues allí se reúnen siempre los que no descienden hacia el Aqueronte.

Y yo dije:

—Si alguna nueva ley no te quita la memoria o el uso de aquellos cantos amorosos, que solían calmar todos mis deseos, dígnate consolar un poco mi alma, que viniendo aquí con su cuerpo, se ha angustiado tanto.

"Amor, que dentro de mi mente habla,"[47] empezó él a cantar tan dulcemente, que su dulzura aún resuena en mi corazón. Mi Maestro, y yo, y las sombras que allí estaban, parecíamos tan contentos, como si no tuviéramos otra cosa en que pensar. Estábamos absortos y atentos a sus notas, cuando apareció el venerable anciano exclamando:

—¿Qué es esto, espíritus perezosos? ¿Qué negligencia, qué demora es ésta? Corred al monte a purificaros de vuestros pecados, que no permiten que Dios se os manifieste.

Del mismo modo que las palomas, cuando están reunidas en torno a su alimento, cogiendo el grano y quietas, sin hacer oír sus acostumbrados arrullos, si acontece algo que las asuste, abandonan súbitamente la comida, porque las asalta un cuidado mayor, así vi yo aquellas almas recién llegadas abandonar el canto y desbandarse por la costa, como quien corre sin saber adónde va; y no menos rápidamente huimos también nosotros.

CANTO TERCERO

MIENTRAS la repentina fuga dispersaba por la campiña aquellas almas, que se volvían hacia la montaña donde la razón divina las aguija, me acerqué a mi fiel compañero; porque, ¿cómo hubiera podido sin él seguir mi viaje?, ¿quién me habría sostenido al subir por la montaña? Me pareció que mi Guía estaba por sí mismo arrepentido de su flaqueza. ¡Oh conciencia digna y pura!, ¡qué amargo roedor es para ti la más pequeña falta! Cuando sus pies cesaron de caminar con aquella precipitación que se aviene mal con la majestad de la persona, mi mente, desechando el pensamiento que la inquietaba, concentró su atención, como deseosa de recibir las nuevas impresiones; y me puse a contemplar el monte más alto de cuantos hacia el Cielo se elevan sobre las aguas. El Sol, que a mis espaldas despedía su rubicunda luz, quedaba interceptado por mi cuerpo, en el que se apoyaban sus rayos; y cuando vi que sólo delante de mí se obscurecía la tierra, volvíme de lado, temeroso de haber sido abandonado. Mi Protector entonces empezó a decirme, vuelto hacia mí:

—¿Por qué desconfías aún? ¿Crees que no estoy contigo, y que ya no te guío? Ahora es ya por la tarde allá donde está sepultado el cuerpo, dentro del cual hacía yo sombra. Nápoles lo posee, porque lo han quitado de Brindis. Si, pues, ninguna sombra se proyecta delante de mí, no debes admirarte de ello más que de ver cómo los cielos no interceptan unos a otros el paso de sus luces. La Virtud divina hace que semejantes cuerpos sean aptos para sufrir tormentos, calor y frío; mas no ha querido revelarnos cómo opera tal maravilla. Insensato es el que espera que nuestra razón pueda recorrer las infinitas vías de que dispone el que es una substancia en tres personas. Seres humanos, contentaos con el "quia;"[48] pues si os fuera dable verlo todo, no habría sido necesario que pariese María; y habéis visto desearlo en vano a tales hombres, que, a ser posible, hubieran satisfecho ese deseo, el cual forma su eterno suplicio: hablo de Aristóteles, de Platón y otros muchos.

En este punto, inclinó la frente sin decir nada más, y quedó como turbado. Llegamos en tanto al pie del monte, cuyas rocas encontramos tan escarpadas, que las piernas más ágiles nos hubieran sido inútiles. El camino más desierto, el más áspero entre Lerici y Turbía, es, comparado con aquél, una rampa suave y anchurosa.

—¿Quién sabe ahora—dijo mi Maestro deteniendo sus pasos—hacia qué mano es accesible la costa, de modo que pueda subir el que no tiene alas?

Y mientras él tenía los ojos bajos, meditando qué camino seguiríamos, y yo miraba hacia arriba alrededor de las rocas, apareció por la izquierda una multitud de almas, que se dirigían hacia nosotros, aunque no lo parecía; tanta era la lentitud con que caminaban.

—Levanta los ojos—dije a mi Maestro—; he aquí quien nos podrá aconsejar, si es que no puedes aconsejarte a ti mismo.

Miróme entonces, y con rostro franco respondió:

—Vamos allá, pues ellos vienen muy despacio; y tú no pierdas la esperanza, hijo querido.

Habríamos andado mil pasos, y aun distaba de nosotros aquella muchedumbre tanto espacio cuanto podría recorrer una piedra lanzada por un buen hondero, cuando se arrimaron todos a los duros peñascos de la escarpada orilla, y permanecieron firmes y apretados entre sí, como se detiene a mirar aquel que duda.

—¡Oh muertos en la gracia de Dios, espíritus ya elegidos!—empezó a decir Virgilio—; por aquella paz que, según creo, esperáis todos vosotros, decidme por qué parte declina esta montaña, de modo que sea posible ascender a ella; pues al que mejor conoce el valor del tiempo, le es más desagradable perderlo.

Como las ovejas que salen de su redil una a una, dos a dos y tres y tres, mientras las otras se detienen tímidamente, inclinando hacia la tierra sus ojos y su hocico, y lo mismo que hace la primera hacen las demás, deteniéndose a su lado si se detiene, sencillas y tranquilas, y sin darse cuenta de por qué lo hacen, así vi yo moverse para venir hacia nosotros las primeras almas de aquella temerosa y afortunada grey, de rostro púdico y de honesto continente. Cuando vieron que la luz se interrumpía en el suelo a mi mano derecha, de modo que se proyectaba la sombra desde mí a la gruta, se detuvieron y aun retrocedieron algún tanto, y todos los que venían detrás, sin saber por qué, hicieron lo mismo.

—Sin que me lo preguntéis, os confieso que este que aquí veis es un cuerpo humano; por cuya causa la luz del Sol aparece cortada en el suelo. No os asombréis; pero creed que si pretende trepar esta escarpada costa, lo hace inducido por virtud celestial.

Así habló mi Maestro; y aquella noble multitud nos dijo:

—Pues volveos atrás y caminad delante de nosotros.

Y al mismo tiempo nos hacían señas con el dorso de las manos. Uno de ellos exclamó:

—Quienquiera que seas, andando como vas, vuelve el rostro hacia mí, y procura recordar si me has visto en el mundo alguna vez.

Yo me volví hacia él, y le miré fijamente: era rubio, hermoso y de gentil aspecto; pero tenía la ceja partida de un golpe. Cuando le manifesté humildemente que no le había visto nunca, me dijo:

—¡Mira, pues!

Y enseñóme una herida en la parte superior de su pecho. Después añadió sonriendo:

—Yo soy Manfredo, nieto de la emperatriz Constanza: por lo cual te ruego, que cuando vuelvas a la Tierra, vayas a visitar a mi graciosa hija, madre del honor de Sicilia y de Aragón, y le digas la verdad, si es que se ha dicho lo contrario. Después de tener atravesado mi cuerpo por dos heridas mortales, me volví llorando hacia Aquél, que voluntariamente perdona. Mis pecados fueron horribles; pero la bondad infinita tiene tan largos los brazos, que recibe a todo el que se vuelve hacia ella. Si el Pastor de Cosenza, que fué enviado por Clemente para darme caza, hubiese leído bien en aquella página de Dios, mis huesos estarían aún en la cabeza del puente, cerca de Benevento, bajo la salvaguardia de las pesadas piedras. Ahora los moja la lluvia; el viento los impele fuera del reino, casi a la orilla del Verde, donde los hizo transportar con cirios apagados. Pero por su maldición no se pierde el amor de Dios de tal modo, que no vuelva nunca, mientras reverdezca la flor de la esperanza. Es verdad que el que muere contumaz para con la santa Iglesia, por más que al fin se arrepienta, debe estar en la parte exterior de esta montaña un espacio de tiempo treinta veces mayor del que vivió en contumacia, a menos que no se abrevie la duración de este decreto merced a eficaces oraciones. Calcula, pues, lo dichoso que puedes hacerme, revelando a mi buena Constanza cómo me has visto, y la prohibición que pesa sobre mí, que puede alzarse por los ruegos de los que existen allá arriba.

CANTO CUARTO

CUANDO por efecto del placer o del dolor de que se siente afectada alguna de nuestras facultades, el alma entera se concentra en esa facultad, parece que no atienda a ninguna otra; y esto demuestra el error de los que creen que en nosotros arde un alma sobre otra alma. Por eso mismo, cuando se oye o ve alguna cosa que absorbe fuertemente el alma en su contemplación, el tiempo se desliza sin que el hombre se aperciba de ello; porque una es la facultad que escucha, y otra la que cautiva por completo el alma: ésta está como atada; aquella es libre. Yo adquirí una prueba de esta verdad oyendo y admirando a aquel espíritu; pues había el Sol ascendido cincuenta grados sobre el horizonte, sin que yo lo echase de ver, cuando llegamos a un punto en que las almas exclamaron a una voz: "Aquí está el objeto de vuestra demanda."

Cualquier portillo de los que suele tapar el aldeano con un manojo de espinos, cuando maduran las uvas, es mayor que el sendero por donde subimos solos mi Maestro y yo, cuando la multitud de almas se separó de nosotros. Bastan los pies para ir a San Leo, para bajar a Noli, para ascender hasta la elevada cumbre de Bismantua; pero aquí es preciso que el hombre vuele: quiero decir, como volaba yo, conducido por las ligeras alas y por las plumas de un gran deseo, detrás de Aquel que reanimaba mi esperanza y me iluminaba. Ibamos subiendo por el sendero excavado en el peñasco, cuyas quebradas rocas nos estrechaban por ambos lados, y el suelo que pisábamos nos obligaba a ayudarnos con pies y manos. Cuando llegamos a sitio descubierto, sobre el rellano de la alta base del monte, dije:

—Maestro mío, ¿qué camino seguiremos?

Y él me contestó:

—No des ningún paso hacia abajo: prosigue subiendo detrás de mí hacia la cima de este monte, hasta que se nos aparezca algún experto guía.

La cima era tan alta, que no podía alcanzarla la vista, y la subida mucho más empinada que la línea que divide en dos partes el cuadrante. Yo estaba ya cansado, y entonces exclamé:

—¡Oh amado Padre! Vuélvete, y mira que me quedo aquí solo, si no te detienes.

—Hijo mío, haz por llegar hasta aquel punto—respondió mostrándome una prominencia que rodeaba por aquel lado toda la montaña.

Sus palabras me aguijonearon de tal modo, que me esforcé cuanto pude trepando hasta donde él estaba, tanto que puse mis plantas sobre aquella especie de cornisa. Nos sentamos allí ambos, vueltos hacia Levante, por cuyo lado habíamos subido; pues suele agradar la contemplación del camino que uno ha hecho. Primeramente dirigí los ojos al fondo, después los levanté hacia el Sol, y me admiraba de que éste nos iluminase por la izquierda.

El Poeta observó que me quedaba estupefacto, mirando el carro de la luz que iba a pasar entre nosotros y el Aquilón; por lo cual me dijo:

—Si Cástor y Pólux estuvieran en compañía de aquel espejo, que ilumina al mundo tanto por arriba como por abajo, verías al Zodíaco refulgente girar más próximo aún a las Osas, a no ser que saliese fuera de su antiguo camino. Y si quieres comprender cómo puede suceder esto, reconcentra tu pensamiento, y considera que el monte Sion está situado sobre la Tierra, relativamente a éste, de modo que ambos tienen un mismo horizonte y diferentes hemisferios; por lo cual, si tu inteligencia te permite discernir con claridad, verás cómo el camino que por su mal no supo recorrer Faetón, debe ir necesariamente por un lado de este monte, al paso que va por el opuesto lado de aquel otro.

—En verdad. Maestro mío—le contesté—, nunca había visto tan claramente como ahora distingo estas cosas, para cuya comprensión no me parecía bastante apto mi ingenio. Por las razones que me has dado entiendo que el círculo intermedio del primer móvil, llamado Ecuador en alguna ciencia, y que permanece siempre entre el Sol y el invierno, dista de aquí tanto hacia el Septentrión, cuanto los Hebreos lo veían hacia la parte cálida. Pero, si te place, quisiera saber cuanto hemos de andar aún; pues el monte se eleva más de lo que puede alcanzar mi vista.

—Esta montaña es tal—me respondió—, que siempre cuesta trabajo empezar a subirla, y cuanto más va para arriba es menos fatigoso. Cuando te parezca tan suave, que subas ligeramente por ella como van por el agua las naves, entonces habrás llegado al fin de este sendero: espera, pues, a conseguirlo para descansar de tu fatiga. Y no respondo más, pues sólo esto tengo por cierto.

Cuando hubo terminado de decir estas palabras, resonó cerca de nosotros una voz que decía: "Quizá te veas precisado antes a sentarte."

Al sonido de aquella voz, volvímonos, y vimos a la izquierda un gran peñasco, en el que no habíamos reparado antes ninguno de los dos. Nos dirigimos hacia allí, donde estaban algunos espíritus reposando a la sombra detrás del peñasco, como quien lo hace por indolencia. Uno de ellos, que me parecía cansado, estaba sentado con las rodillas abrazadas, reposando sobre ellas su cabeza.

—¡Oh amado Señor mío!—dije entonces—: contempla a ése, que se muestra más negligente que si fuese hermano de la pereza.

Entonces se volvió hacia nosotros, y nos examinó, dirigiendo su mirada por encima de los muslos, y diciendo:

—Vé, pues, allá arriba, tú que eres tan valiente.

Conocí entonces quién era; y aquella fatiga que agitaba todavía un poco mi respiración, no me impidió acercarme a él. Cuando estuve a su lado, alzó apenas la cabeza, diciendo:

—¿Has comprendido bien por qué el Sol dirige su carro por tu izquierda?

Sus perezosos movimientos y sus lacónicas palabras hicieron asomar una sonrisa a mis labios; después dije:

—Belacqua, ahora ya no me conduelo de ti: pero dime, ¿por qué estás aquí sentado? ¿Esperas algún guía, o es que has vuelto a tus antiguas costumbres?

Contestóme:

—¡Oh, hermano! ¿Para qué he de ir arriba, si no ha de permitirme llegar al sitio de la expiación el Angel de Dios, que está sentado a su puerta? Antes que yo entre por ella, es necesario que el cielo dé tantas vueltas en torno mío, cuantas dió en el transcurso de mi vida, por haber aplazado los buenos suspiros hasta la hora de mi muerte; a no ser que me auxilie una plegaria, que se eleve de un corazón que viva en la gracia. ¿De qué sirven las demás, si no han de ser oídas en el cielo?

Ya el Poeta subía delante de mí diciendo:

—No te detengas más: mira que el Sol toca al Meridiano, y la Noche cubre ya con su pie la costa de Marruecos.

CANTO QUINTO

ME había alejado ya de aquellas sombras, y seguía las huellas de mi Guía, cuando detrás de mí, y señalándome con el dedo, gritó una de ellas:

—Mirad; no se nota que el Sol brille a la izquierda de aquel de más abajo, que marcha al parecer como un vivo.

Al oír estas palabras, volví la cabeza, y vi que las sombras miraban con admiración, no solamente a mí, sino también a la luz interceptada por mi cuerpo.

—¿Por qué se turba tanto tu ánimo—dijo el Maestro—, que así acortas el paso? ¿Qué te importa lo que allí murmuran? Sígueme, y deja que hable esa gente. Sé firme como una torre, cuya cúspide no se doblega jamás al embate de los vientos: el hombre en quien bulle pensamiento sobre pensamiento, siempre aleja de sí el fin que se propone; porque el uno debilita la actividad del otro.

¿Qué otra cosa podría yo contestarle sino: "Ya voy?" Así lo hice, cubierto algún tanto de aquel color que hace a veces al hombre digno de perdón. En tanto, de través por la cuesta venían hacia nosotros algunas almas entonando, versículo a versículo, el "Miserere." Cuando observaron que yo no daba paso al través de mi cuerpo a los rayos solares, cambiaron su canto en un "¡Oh!" ronco y prolongado: y dos de ellas, a guisa de mensajeros, corrieron a nuestro encuentro, diciendo:

—Hacednos sabedores de vuestra condición.

Mi Maestro contestó:

—Podéis iros y referir a los que os han enviado, que el cuerpo de éste es de verdadera carne. Si se han detenido, según me figuro, por ver su sombra, bastante tienen con tal respuesta: hónrenle, porque podrá serles grato.

Jamás he visto a prima noche los vapores encendidos, ni a puesta del Sol las exhalaciones de Agosto, hendir el Cielo sereno tan rápidamente como corrieron aquellas almas hacia sus compañeras; y una vez allí, regresaron adonde estábamos, juntas con las demás, como escuadrón que corre a rienda suelta.

—Esa gente que se agolpa hacia nosotros es numerosa—dijo el Poeta—, y vienen a dirigirte alguna súplica: tú, sin embargo, sigue adelante, y escucha mientras andas.

—¡Oh alma, que, para llegar a la felicidad, vas con los miembros con que naciste!—venían gritando—: modera un poco tu paso. Repara si has conocido a alguno de nosotros, de quien puedas llevar allá noticias. ¡Ah! ¿Por qué te vas? ¿Por qué no te detienes? Todos hemos terminado nuestros días por muerte violenta, y fuimos pecadores hasta la última hora: entonces la luz del Cielo iluminó nuestra razón tan bien, que, arrepentidos y perdonados, abandonamos la vida en la gracia de Dios, que nos abrasa por el gran deseo que tenemos de verle.

Yo les contesté:

—Aun cuando no reconozco las desfiguradas facciones de ninguno de vosotros, no obstante, si deseáis de mí algo que me sea posible, espíritus bien nacidos, yo lo haré por aquella paz que se me hace buscar de mundo en mundo, siguiendo los pasos de este Guía.

Uno de ellos empezó diciendo:

—Todos confiamos en tu benevolencia sin necesidad de que lo jures, a no ser que la impotencia destruya tu buena voluntad. Yo, que hablo solo antes que los demás, te ruego que si ves alguna vez aquel país que se extiende entre la Romanía y el de Carlos,[49] me concedas en Fano el dón de tus preces, a fin de que los buenos rueguen allí por mí, de modo que yo pueda purgar mis graves pecados. De allí fuí yo: pero las profundas heridas por donde salió la sangre en la que me asentaba, me fueron hechas en el territorio de los Antenóridas,[50] donde creía encontrarme más seguro. El de Este lo ordenó, porque me odiaba mucho más de lo que le permitía la justicia; pero si yo hubiese huído hacia la Mira, cuando llegué a Oriaco, aún estaría allá donde se respira: corrí al pantano, donde las cañas y el lodo me embarazaron tanto, que caí, y vi formarse en tierra un lago con la sangre de mis venas.

Después me dijo otro:

—¡Ay! Así se cumpla el deseo que te conduce a esta elevada montaña, dígnate auxiliar al mío con obras de piedad. Yo fuí de Montefeltro, y soy Buonconte. Ni Juana ni los otros se cuidan de mí; por lo cual voy entre éstos con la cabeza baja.

Le pregunté:

—¿Qué violencia o qué aventura te sacó fuera de Campaldino, que no se supo nunca donde está tu sepultura?

—¡Oh!—me respondió—; al pie del Casentino corre un río llamado Archiano, que nace en el Apenino encima del Ermo. Allí donde pierde su nombre, llegué yo con el cuello atravesado, huyendo a pie y ensangrentando la llanura. Allí perdí la vista, y mi última palabra fué el nombre de María; allí caí, y no quedó más que mi carne. Te diré la verdad, y tú la referirás entre los vivos: el ángel de Dios me cogió, y el del Infierno gritaba: "¡Oh tú, venido del Cielo! ¿Por qué me lo quitas? Te llevas la parte eterna de éste por una pequeña lágrima que me le arrebata; pero yo trataré de diferente modo la otra parte." Tú sabes bien cómo se condensa en el aire ese húmedo vapor, que se convierte en lluvia en cuanto sube hasta donde le sorprende el frío: pues bien, el demonio, juntando a su entendimiento aquella malevolencia que sólo procura hacer daño, con el poder inherente a su naturaleza, agitó el vapor y el viento. En cuanto se extinguió el día, cubrió de nieblas el valle desde Pratomagno hasta el Apenino, e hizo tan denso aquel cielo, que el espeso aire se convirtió en agua: cayó la lluvia, y el agua que la tierra no pudo absorber fué a parar a los barrancos, y uniéndose a la de los torrentes, se precipitó hacia el río real con tal rapidez, que nada podía contenerla. El Archiano furioso encontró mi cuerpo helado en su embocadura, lo arrastró hacia el Arno, y separó mis brazos que había puesto en cruz sobre el pecho cuando me venció el dolor. Después de haberme volteado por sus orillas y su fondo, me cubrió y rodeó con la arena que había hecho desprenderse de los campos.

—¡Ah!, cuando vuelvas al mundo, y hayas descansado de tu largo viaje—continuó un tercer espí ritu, luego que hubo acabado de hablar el segundo—, acuérdate de mí, que soy la Pía.[51] Siena me hizo, y las Marismas me deshicieron: bien lo sabe aquel que, siendo ya viuda, me puso en el dedo su anillo enriquecido de piedras preciosas.

CANTO SEXTO

CUANDO, acabado el juego de la zara, se desparten los jugadores, el que pierde se queda triste, pensando en las jugadas, y aprendiendo entonces con sentimiento el modo de que debió haberse valido para ganar: con el ganancioso se van los circunstantes; y uno por delante, otro por detrás y otro por el lado procuran hacerse presentes al afortunado; éste no se detiene aunque los escucha a todos, hasta que tiende a uno su mano, que por ello deja de atosigarle, librándose así de los empujones de la multitud. Así estaba yo en medio de aquella compacta muchedumbre de almas, volviendo a uno y otro lado el rostro, hasta que, merced a mis promesas, pude desprenderme de ellas. Allí estaban el Aretino que recibió la muerte de los brazos crueles de Ghin di Tacco, y el otro que se ahogó al darle caza sus enemigos. Allí oraba, con los brazos extendidos, Federico Novello, y aquel de Pisa, que dió ocasión de demostrar la grandeza de su alma al buen Marzucco. Vi al conde Orso, y a aquella alma separada de su cuerpo por hastío y por envidia, como ella misma decía, y no por sus culpas; a Pedro de la Broccia, digo: y bien es menester que provea en ello la princesa de Brabante, mientras esté por acá, si no quiere verse colocada entre peores compañeros.

Cuando me vi libre de todas aquellas sombras, que rogaban para que otros rogasen por ellas, a fin de abreviar el tiempo de su purificación, empecé a decir:

—Parece que me niegas expresamente en algún texto, ¡oh luz que desvaneces mis dudas!, que la oración aplaca los decretos del cielo; y sin embargo, esta gente ruega para conseguirlo. ¿Será, pues, vana su esperanza? ¿O es que no he comprendido bien el sentido de tus palabras?

A lo que me contestó:

—Lo que escribí es muy claro, y la esperanza de ésos no se verá fallida, si se examina con recto sentido. No se menoscaba el alto juicio divino, porque el fuego amoroso de la caridad cumpla en un instante lo que deben satisfacer los que aquí están relegados; y allí, donde senté tal máxima, la oración no tenía la virtud de borrar las faltas, porque el objeto de aquélla estaba alejado de Dios. No te detenga, sin embargo, tan profunda duda, hasta que te la desvanezca aquélla que ha de iluminar tu entendimiento, mostrándole la verdad. No sé si me entiendes: hablo de Beatriz, a quien verás risueña y feliz sobre la cumbre de este monte.

Yo repuse:

—Mi buen Guía, caminemos más de prisa: pues ya no me canso tanto como antes, y la montaña proyecta su sombra hacia este lado.

—Avanzaremos hoy tanto como podamos—me respondió—; pero el camino es muy diferente de lo que te figuras. Antes que lleguemos arriba, verás volver a aquel que ahora se oculta tras de la cuesta, y cuyos rayos no quiebras en este momento. Pero ve allí un alma que, inmóvil y completamente sola, dirige hacia nosotros sus miradas: ella nos enseñará el camino más corto.

Llegamos junto a ella. ¡Oh alma lombarda, cuán altanera y desdeñosa estabas, y cuán noble y grave era el movimiento de tus ojos! Ella no nos decía nada; pero dejaba que nos aproximásemos, mirando únicamente como el león cuando reposa. Virgilio se le acercó, rogándole que nos enseñase la subida más fácil; pero ella, sin contestar a su pregunta, quiso informarse acerca de nuestro país y de nuestra vida; y al empezar mi Guía a decir. "Mantua...," la sombra, que antes estaba como concentrada en sí misma, corrió hacia él desde el sitio en que se encontraba, diciendo: "¡Oh, mantuano!, yo soy Sordello, de tu tierra." Y se abrazaron mutuamente.

¡Ah Italia esclava, albergue de dolor, nave sin timonel en medio de una gran tempestad, no ya señora de provincias, sino de burdeles! Al dulce nombre de su país natal, aquel alma gentil se apresuró a festejar a su conciudadano; al paso que tus vivos no saben estar sin guerra, y se destrozan entre sí aquellos a quienes guarda una misma muralla y un mismo foso. Busca, desgraciada, en derredor de tus costas, y después contempla en tu seno si alguna parte de ti misma goza de paz. ¿Qué vale que Justiniano te enfrenara, si la silla está vacía? Tu vergüenza sería menor sin ese mismo freno. ¡Ah, gentes que debierais ser devotas, y dejar al César en su trono, si comprendierais bien lo que Dios ha prescrito! Mirad cuán arisca se ha vuelto esa Italia, por no haber sido castigada a tiempo con las espuelas, desde que os apoderasteis de sus riendas. ¡Oh alemán Alberto, que la abandonas, al verla tan indómita y salvaje, cuando debiste oprimir sus ijares! Caiga sobre tu sangre el justo castigo del Cielo, y sea éste tan nuevo y evidente, que sirva también de temeroso escarmiento a tu sucesor, ya que tú y tu padre, alejados de aquí por ambición, habéis tolerado que quede desierto el jardín del imperio. Hombre indolente, ven a ver a los Montecchi y a los Cappelletti, a los Monaldi y Filippeschi, aquéllos ya tristes, y éstos poseídos de amargos recelos. Ven, cruel, ven; y mira la opresión de tus nobles, y remedia sus males, y verás cuán segura está Santaflora. Ven a ver a tu Roma, que llora, viuda y sola, exclamando día y noche: "¡César mío! ¿Por qué no estás en mi compañía?" Ven y contempla cuán grande es el mutuo amor de la gente; y si nada te mueve a compasión de nosotros, ven a avergonzarte de tu fama. Y, séame lícito preguntarte, ¡oh sumo Jove, que fuiste crucificado por nosotros en la tierra! ¿Están vueltos hacia otra parte tus justos ojos? ¿O es que nos vas preparando de ese modo, en lo profundo de tus pensamientos, para recibir algún gran bien que no puede prever nuestra inteligencia? Porque la tierra de Italia está llena de tiranos; y el hombre más ruin, al ingresar en un partido, se convierte en un Marcelo.

Florencia mía, bien puedes estar satisfecha de esta digresión, que no habla contigo, merced a tu pueblo que tanto se ingenia. Hay muchos que tienen la justicia en el corazón, pero son tardíos en aplicarla, porque temen disparar el arco imprudentemente; mas tu pueblo la tiene en la punta de sus labios. Muchos rehusan los cargos públicos; pero tu pueblo responde solícito, sin que le llamen, y grita: "Yo los acepto." Alégrate, pues, que motivo tienes para ello. Eres rica, disfrutas tranquilidad, tienes prudencia. Si digo la verdad, claramente lo demuestran los hechos. Atenas y Lacedemonia, que hicieron las antiguas leyes y fueron tan civilizadas, dieron un débil ejemplo de vivir bien, comparadas contigo; pues dictas tan sutiles decretos, que los que expides en Octubre no llegan a mediados de Noviembre. ¿Cuántas veces, en el tiempo a que alcanza la memoria, has cambiado de leyes, de monedas, de oficios y de costumbres, y renovado tus habitantes? Y si quieres recordarlo y ver la luz, conocerás que eres semejante a aquella enferma, que no encuentra posición que le cuadre sobre la pluma, y procura hacer más llevadero su dolor dando continuas vueltas.

CANTO SEPTIMO

DESPUES de haber cambiado entre sí tres o cuatro veces corteses y halagüeños saludos, Sordello se hizo un poco atrás, y dijo:

—¿Quiénes sois?

—Mis huesos fueron sepultados por mandato de Octavio, antes que se hubiesen dirigido hacia esta montaña las almas dignas de subir hasta Dios. Yo soy Virgilio, que perdí el cielo por no tener fe, y no por otra culpa.

Así respondió mi Guía. Como el que de improviso ve una cosa que le asombra, y a la que no sabe si dar o no crédito, diciendo: "es, no es," así se quedó aquél: después bajó los ojos, se adelantó humildemente hacia él, y le abrazó en el sitio del cuerpo donde alcanza el pequeño.

—¡Oh gloria de los latinos—dijo—, por quién nuestra lengua demostró cuánto podía! ¡Honor eterno del lugar donde nací! ¿Qué mérito o qué gracia permite que yo te vea? Si es que soy digno de oír tus palabras, dime si vienes del Infierno, y de qué recinto.

—He llegado hasta aquí pasando por todos los círculos del reino del llanto—respondióle—; la virtud del cielo me guía, y con ella vengo. No por lo que he hecho, sino por lo que no he hecho, he perdido la facultad de contemplar el alto Sol que tú deseas, y que conocí demasiado tarde. Allá abajo hay un lugar triste, no por los martirios, sino por las tinieblas, donde en vez de lamentos como gritos, sólo resuenan suspiros. Allí estoy yo con los inocentes párvulos, mordidos por los dientes de la muerte antes de que fueran lavados del pecado original. Allí estoy yo con aquellos que no se cubrieron con las tres virtudes santas, aunque, exentos de vicios, conocieron y observaron las demás. Pero danos algún indicio, si es que puedes y sabes, a fin de que lleguemos más pronto al sitio donde tiene verdadero principio el Purgatorio.

Sordello respondió:

—Aquí no tenemos designado un punto fijo, y a mí me es lícito subir andando alrededor por la montaña: te serviré de guía por todos los parajes hasta donde puedo llegar. Pero advierte que ya declina el día; y no siendo posible ir arriba de noche, convendrá que pensemos en buscar un buen abrigo. Algo lejos de aquí, a la derecha, hay algunas almas: si quieres, te conduciré adonde están, seguro de que te agradará conocerlas.

—¿Cómo es eso?—le contestó—. Quien quisiera subir de noche, ¿se vería detenido por alguien? ¿O es acaso que no podría subir?

El buen Sordello pasó su dedo por el suelo, diciendo:

—¿Ves esta sola línea? Pues no la atravesarás después de haberse ocultado el Sol; no por otra causa, sino porque te lo impedirán las tinieblas nocturnas; las cuales, con la impotencia que originan, contrarrestan la voluntad. Con ellas, podríase muy bien volver abajo y recorrer la cuesta vagando en torno, mientras el día esté bajo el horizonte.

Entonces mi Señor, como asombrado, repuso:

—Condúcenos adonde dices que puede ser agradable permanecer.

Nos habíamos alejado un poco de allí, cuando eché de ver que el monte estaba hendido como los valles que hay en nuestro hemisferio.

—Iremos—dijo aquella sombra—allá donde la cuesta forma una cavidad, y esperaremos en ella el nuevo día.

Un sendero tortuoso, entre pendiente y llano, nos condujo a un lado de aquella cavidad, en donde las orillas que la circundan descienden más de la mitad de su altura. El oro y la plata fina, la púrpura, el albayalde, el añil azul y brillante, y las esmeraldas recientemente talladas en el momento en que se desprenden sus trozos, serían vencidos en brillantez por las hierbas y las flores de aquella cavidad, como lo menor es vencido por lo mayor. La naturaleza no había ostentado solamente allí sus adornos, sino que con la suavidad de mil aromas había formado un olor indistinto y desconocido para nosotros. Allí vi sentadas sobre la verdura y entre las flores algunas almas, que desde fuera no podían distinguirse, por ocultarlas las laderas del valle, las cuales estaban cantando el "Salve Regina." El Mantuano, que nos había conducido por el tortuoso sendero, nos dijo:

—No pretendáis que os guíe hasta donde están ésos, antes de que se oculte el poco Sol que queda. Desde esta altura veréis las acciones y los rostros de todos, mejor que si estuvierais entre ellos en el mismo valle. Aquel que está sentado en el puesto más alto, que en su actitud parece haberse descuidado de hacer lo que debía, y cuya boca no se mueve para cantar con los demás, fué el emperador Rodolfo, que pudo curar las heridas que han dado muerte a Italia, de tal modo, que tarde le vendrá de otro el remedio. El que con su presencia conforta al primero, gobernó la tierra donde nace el agua que el Moltava conduce al Elba, y el Elba al mar. Llamóse Ottokar, y ya en la infancia fué mucho mejor príncipe que su hijo Wenceslao cuando barbado, a quien enervaron el ocio y la lujuria. Y aquel romo, que parece consultar con tanta intimidad al otro de benigno aspecto, murió huyendo y marchitando la flor de lis: mirad cómo se golpea el pecho; y ved cómo el otro, suspirando, apoya su mejilla en la palma de la mano. Padre y suegro son del mal de Francia: saben que su vida es grosera y viciosa, y de ahí proviene el dolor que les aflige. Aquel que parece tan corpulento,[52] y que canta acorde con el narigudo,[53] llevó ceñida la cuerda de toda virtud; y si después de él hubiera reinado más tiempo el jovencito que a su espalda se sienta,[54] bien habría pasado el valor de padre a hijo; lo cual no se puede decir de sus otros herederos Jaime y Fadrique conservan los reinos; pero ninguno de ellos posee la mejor herencia. Raras veces renace por las ramas la humana probidad; pues así lo quiere Aquél que nos la da, para que se la pidamos. No menos se dirigen mis palabras al narigudo, que al otro, a Pedro, que canta con él; pues de su descendencia se lamentan ya la Pulla y la Provenza. La planta es inferior a su semilla tanto, cuanto más que Beatriz y Margarita se gloria Constanza aún de su marido. Ved ahí al rey de sencilla vida, sentado aparte y solo, a Enrique de Inglaterra: éste ha producido mejores vástagos. Aquel que está en el suelo más abajo que los otros, mirando hacia arriba, es el marqués Guillermo, por quien Alejandría y sus guerreros hacen llorar hoy al Monferrato y al Canavés.

CANTO OCTAVO

ERA ya la hora en que se enternece el corazón de los navegantes, y renace su deseo de abrazar a los caros amigos, de quienes el mismo día se han despedido, y en que el novel viajero se compunge de amor, si oye a lo lejos alguna campana, que parezca plañir al moribundo día; cuando dejé de oír, y comencé a mirar a una de aquellas almas, que, puesta en pie, hacía señas con la mano en ademán de que las otras la escuchasen. Unió y levantó ambas palmas, dirigiendo sus ojos hacia Oriente, como si dijese a Dios: "Sólo en ti pienso;" y salió de su boca tan devotamente y con tan dulces notas el "Te lucis ante," que el placer me hizo salir fuera de mí. Aguza bien aquí la vista, ¡oh lector!, para descubrir la verdad; porque el velo es ahora tan sutil, que te será en efecto sumamente fácil atravesarlo.

Vi luego a aquel ejército gentil, pálido y humilde, que en silencio contempla el cielo, como esperando algo; y vi salir de las alturas y descender al valle dos ángeles con dos espadas flamígeras, truncadas y privadas de sus puntas. Verdes como las tiernas hojas que acaban de brotar eran sus vestiduras, y agitadas por las plumas de sus alas, verdes también, flotaban por detrás a merced del viento. El uno se posó algo más arriba de donde estábamos; el otro descendió hacia el lado opuesto; de suerte que las almas quedaron entre ellos. Se distinguía perfectamente su blonda cabellera; pero al querer mirar sus facciones, se ofuscaba la vista, como se ofusca toda facultad, por la excesiva fuerza de las impresiones.

—Ambos vienen del seno de María—dijo Sordello—para guardar el valle contra la serpiente, que acudirá a él en breve.

Y yo, que no sabía por qué sitio había de venir, miré en torno mío, y helado de terror, me arrimé cuanto pude a las fieles espaldas. Sordello continuó:

—Ahora descendamos hacia donde están esas grandes sombras, y hablaremos con ellas: les será muy grato veros.

Sólo había descendido tres pasos, según creo, cuando ya me encontré abajo, y vi uno que me miraba como si hubiera querido conocerme. El aire iba ya obscureciéndose, pero no tanto que entre sus ojos y los míos no permitiese ver lo que antes por la distancia se ocultaba. Vino hacia mí, y yo me adelanté hacia él. ¡Noble juez! ¡Oh, Nino! ¡Con cuánto placer vi que no estabas entre los condenados! No hubo amistoso saludo que no nos dirigiésemos; después me preguntó:

—¿Cuánto tiempo hace que has llegado al pie de este monte a través de las lejanas aguas?

—¡Ah!—le dije—; esta mañana he llegado pasando por tristes lugares, y estoy aún en la primera vida; aunque al hacer este viaje, voy preparándome para la otra.

Apenas oyeron mi respuesta, cuando Sordello y él retrocedieron como hombres poseídos de un repentino espanto. El primero se volvió hacia Virgilio, y el otro hacia uno que estaba sentado, gritando: "Ven, Conrado, ven a ver lo que Dios por su gracia permite." Después, dirigiéndose a mí, exclamó:

—Por la singular gratitud que debes a Aquél que oculta de tal modo su primitivo origen, que no es posible penetrarlo, cuando estés más allá de las anchurosas aguas, di a mi Juana, que pida por mí allí donde se oyen los ruegos de los inocentes. No creo que su madre me ame ya, pues ha dejado las blancas tocas, que la desventurada echará de menos algún día. Por ella se comprende fácilmente cuánto dura en una mujer el fuego del amor, si la vista o el íntimo trato no lo alimenta. La víbora que campea en las armas del Milanés no le proporcionará tan hermosa sepultura como se la hubiera dado el gallo de Gallura.[55]

Así decía, y en todo su aspecto se veía impreso el sello de aquel recto celo que arde con mesura en el corazón. Entretanto, mis ojos se dirigían ávidos hacia la parte del cielo donde es más lento el curso de las estrellas, como sucede en los puntos de una rueda más próximos al eje. Mi Guía me preguntó:

—Hijo mío, ¿qué miras allá arriba?

Y yo le contesté:

—Aquellas tres antorchas[56], en cuya luz arde todo el polo hacia esta parte.

Y él repuso:

—Las cuatro estrellas brillantes que viste esta mañana, han descendido por aquel lado, y éstas han subido donde estaban aquéllas.

Mientras él hablaba, Sordello se le acercó, diciendo: "He ahí a nuestro adversario;" y extendió el dedo para que mirásemos hacia el sitio que indicaba. En la parte donde queda indefenso el pequeño valle, había una serpiente, que quizá era la que dió a Eva el amargo manjar. Se adelantaba el maligno reptil por entre la hierba y las flores, volviendo de vez en cuando la cabeza, y lamiéndose el lomo como un animal que se alisa la piel. No puedo decir cómo se movieron los azores celestiales, pues no me fué posible distinguirlo; pero sí vi a entreambos en movimiento. Sintiendo que sus verdes alas hendían el aire, huyó la serpiente, y los ángeles se volvieron a su puesto con vuelo igual. La sombra que se acercó al juez, cuando éste la llamó, no dejó un momento de mirarme durante todo aquel asalto.

—Que la antorcha que te conduce hacia arriba encuentre en tu voluntad tanta cera cuanta se necesita para llegar al sumo esmalte—empezó a decir—; si sabes alguna noticia positiva del Val di Magra o de su tierra circunvecina, dímela, pues yo era señor en aquel país: fuí llamado Conrado Malaspina, no el antiguo, sino descendiente suyo, y tuve para con los míos un amor que aquí se purifica.

—¡Oh!—le contesté—; no estuve nunca en vuestro país; pero ¿a qué parte de Europa no habrá llegado su fama? La gloria que honra vuestra casa da tal renombre a sus señores y a la comarca entera, que tiene noticia de ella aun aquel que no la ha visitado. Y os juro, así pueda llegar a lo alto de este monte, que vuestra honrosa estirpe no pierde la prez que le han conquistado su bolsa y su espada. Sus buenas costumbres y excelente carácter la colocan en tan privilegiado puesto, que aunque el perverso jefe aparte al mundo del verdadero camino, ella va por el recto sendero despreciando el torcido.

El replicó:

—Ve, pues; que antes de que el Sol entre siete veces en el espacio que Aries con sus cuatro patas cubre y abarca, esa opinión cortés te será clavada en medio de la cabeza con clavos mayores que lo pueden ser las palabras de otro, si no se cambia el curso de lo dispuesto por la Providencia.

CANTO NONO

LA concubina del viejo Titón, desprendida de los brazos de su dulce amigo, alboreaba ya en los linderos orientales, reluciendo su frente de rica pedrería colocada en la forma del frío animal que sacude a la gente con la cola;[57] y ya por el lugar donde nos hallábamos había dado la Noche dos de los pasos con que asciende, y el tercero inclinaba hacia abajo su vuelo, cuando yo, que tenía conmigo la flaqueza de Adán, vencido del sueño, me tendí en la hierba sobre que estábamos sentados los cinco.

A la hora del amanecer, cuando la golondrina empieza sus tristes endechas, quizá en memoria de sus primeros ayes, y cuando nuestro espíritu, más libre de los lazos de la carne y menos asediado de pensamientos, es casi divino en sus visiones, parecióme ver entre sueños un águila con plumas de oro suspendida del cielo, con las alas abiertas y preparada a bajar, y creía estar allí donde Ganimedes abandonó a los suyos, cuando fué arrebatado a la celestial asamblea. Yo pensaba entre mí: "Quizá esta águila tenga la costumbre de cazar aquí solamente, y puede ser que en otro sitio se desdeñe de levantar en alto la presa con sus garras." Después me pareció que, dando algunas vueltas, bajaba terrible como un rayo, y me arrebataba hasta la esfera del fuego, donde parecía que ardiésemos los dos; y de tal modo me quemaba aquel incendio imaginario, que se interrumpió súbitamente mi sueño. No de otra suerte se sobresaltó Aquiles revolviendo en torno suyo sus ojos desvelados y sin saber donde se encontraba, cuando su madre, robándolo a Quirón, le transportó dormido en sus brazos a la isla de Scyros, de donde le sacaron después los griegos, como me sobresalté yo, apenas huyó el sueño de mi rostro; y me puse pálido como el hombre a quien hiela el espanto. A mi lado estaba únicamente mi Protector; el Sol había salido hacía ya más de dos horas, y yo me hallaba con la cara vuelta hacia el mar.

—No temas—dijo mi Señor—; tranquilízate, que estamos en buen lugar. Da rienda suelta a tu vigor, lejos de reprimirlo, pues has llegado ya junto al Purgatorio; mira allí el muro que le cerca en derredor; y mira la entrada en aquel sitio donde parece estar roto. Durante el alba que precede al día, cuando tu alma dormía dentro del cuerpo sobre las flores que allá abajo adornan el suelo, vino una dama y dijo: "Yo soy Lucía:

déjame coger a ese que duerme, y haré que recorra más ágilmente su camino." Sordello se quedó con las otras nobles sombras; ella te cogió, y cuando fué de día, se vino hacia arriba y yo seguí sus huellas: aquí te dejó, habiéndome antes designado con sus bellos ojos aquella entrada abierta; y después, ella y tu sueño desaparecieron al mismo tiempo.

Me quedé como el hombre que ve sus dudas convertidas en certidumbre, y cuyo miedo se trueca en fortaleza, cuando le han descubierto la verdad; y viéndome tranquilo mi Guía, empezó a subir por la calzada, y yo seguí tras él hacia lo alto.

Lector: bien ves cómo ensalzo el objeto de mis cantos: no te admire, pues, si procuro sostenerlo cada vez con más arte. Nos aproximamos hasta llegar al sitio que antes me había parecido ser una rotura, semejante a la brecha que divide un muro; y vi una puerta a la cual se subía por tres gradas de diferentes colores, y un portero que aún no había proferido ninguna palabra. Y como yo abriese cada vez más los ojos, le vi sentado sobre la grada superior, con tan luminoso rostro, que no podía fijar en él mi vista. Tenía en la mano una espada desnuda, que reflejaba sus rayos hacia nosotros de tal modo, que en vano intentó fijar en ella mis miradas.

—Decidme desde ahí: ¿qué queréis?—empezó a decir.—¿Dónde está el que os acompaña? Cuidad que vuestra llegada no os sea funesta.

—Una dama del Cielo, enterada de estas cosas—le respondió mi Maestro—, nos ha dicho hace poco: "Id allí: aquella es la puerta."

—Ella guía felizmente vuestros pasos—replicó el cortés portero—. Llegad, pues, y subid nuestras gradas.

Nos adelantamos: el primer escalón era de mármol blanco, tan bruñido y terso, que me reflejé en él tal como soy: el segundo, más obscuro que el color turquí, era de una piedra calcinada y áspera, resquebrajada a lo largo y de través: el tercero, que gravita sobre los demás, me parecía de un pórfido tan rojo como la sangre que brota de las venas. Sobre este último tenía ambas plantas el Angel de Dios, el cual estaba sentado en el umbral, que me pareció formado de diamante. Mi Guía me condujo de buen grado por los tres escalones, diciendo:

—Pide humildemente que se abra la cerradura.

Me postré devotamente a los pies santos: le pedí por misericordia que abriese, pero antes me dí tres golpes en el pecho. Con la punta de su espada me trazó siete veces en la frente la letra P[58], y dijo:

—Procura lavar estas manchas cuando estés dentro.

En seguida sacó de debajo de sus vestiduras, que eran del color de la ceniza o de la tierra seca, dos llaves, una de las cuales era de oro y la otra de plata: primero con la blanca, y luego con la amarilla, hizo en la puerta lo que yo deseaba.

—Cuando una de estas llaves falsea, y no gira con regularidad por la cerradura—nos dijo—, esta entrada no se abre. Una de ellas es más preciosa; pero la otra requiere más arte e inteligencia antes de abrir, porque es la que mueve el resorte. Pedro me las dió, previniéndome que más bien me equivocara en abrir la puerta, que en tenerla cerrada, siempre que los pecadores se prosternen a mis pies.

Después empujó la puerta hacia el sagrado recinto, diciendo:

—Entrad; mas debo advertiros que quien mira hacia atrás vuelve a salir.

Entonces giraron en sus quicios los espigones de la sacra puerta, que son de metal, macizos y sonoros; y no produjo tanto fragor, ni se mostró tan resistente la de la roca Tarpeya, cuando fué arrojado de ésta el buen Metelo, por el cual quedó luego vacía. Yo me volví atento al primer ruido, y me pareció oír voces que cantaban al son de dulces acordes: "Te Deum laudamus." Tal impresión hizo en mí aquello que oía, como la que ordinariamente se recibe cuando se oye el canto acompañado del órgano, que tan pronto se perciben como dejan de percibirse las palabras.

CANTO DECIMO

CUANDO hubimos traspasado el umbral de la puerta que se abre pocas veces, porque la mala inclinación de las pasiones lo impide, haciendo aparecer recta la vía tortuosa, conocí por el ruido que acababa de cerrarse; y si yo hubiese vuelto mis ojos hacia ella, ¿qué excusa hubiera sido digna de tal falta? Subíamos por la hendedura de una roca, la cual ondulaba tortuosamente, semejante a la ola que va y viene.

—Aquí—dijo mi Guía—, es preciso que tengamos alguna precaución, acercándonos, ya por un lado, o por otro, a las ondulaciones de esta hendedura.

Y este cuidado hizo tan lentos nuestros pasos, que la Luna llegó a su lecho para acurrucarse, antes que nosotros saliésemos de aquel angosto camino. Mas cuando estuvimos arriba, libres y al descubierto, en el paraje donde se interna el monte, nos encontramos, yo fatigado, y ambos inciertos de la dirección que debíamos seguir, en un rellano más solitario que sendero a través del desierto. Desde el borde exterior hasta el pie del alto tajo que se alza en la parte interior, aquel rellano sólo tendría de anchura tres veces un cuerpo humano; y hasta donde mis ojos alcanzaban, tanto por la izquierda como por la derecha, parecíame siempre igual esta especie de cornisa. Aún no habíamos dado un paso por aquella vía, cuando observé que el tajo interior y escueto, por el cual no se podía subir, era de mármol blanco, y adornado de tan preciosas entalladuras, que no ya Policleto, sino la Naturaleza en presencia de ellas habría sido superada y vencida. El ángel que bajó a la Tierra con el decreto de la paz por tantos años suspirada, y abrió las puertas del cielo después de su prolongada clausura, se ofreció a nuestra vista con tanta verdad, y en tan dulce actitud esculpido, que no parecía una figura silenciosa. Hubiérase jurado que hablaba diciendo: "Ave;" porque también estaba allí representada la que dió vuelta a la llave para abrir al Amor supremo. En su actitud se veían impresas estas palabras: "Ecce ancilla Dei," tan propiamente como aparece una figura sellada en la cera.

—No fijes tu atención en un solo punto—me dijo el querido Maestro—, que me tenía cerca de sí en el lado que los hombres tienen el corazón.

Volví el rostro, y hacia la parte donde se encontraba el que movía mis pasos, vi después de María otra historia esculpida en la roca; y para examinarla mejor, pasé al otro lado de Virgilio, y me aproximé a ella. Estaban tallados en el mismo mármol el carro y los bueyes conduciendo el Arca santa, por la cual es temible desempeñar un cargo que Dios no ha confiado. Delante de ella veíase alguna gente, dividida en siete coros, que a dos de mis sentidos hacía decir: a uno, "sí canta," y a otro, "no canta." En igual discordancia ponía a mi vista y a mi olfato el humo del incienso que estaba allí representado. El humilde Salmista, danzando y saltando, precedía al vaso bendito; y en aquella ocasión era más y menos que rey. Desde lo alto de un gran palacio que había enfrente, Micol lo contemplaba como mujer despechada y mohina. Moví mis pies más allá del sitio en que me encontraba, para examinar de cerca otra historia que resaltaba después de Micol. Allí estaba escrita en piedra la alta gloria del príncipe romano, cuya insigne virtud movió a Gregorio para alcanzar su gran victoria: hablo del emperador Trajano. Asida al freno de su caballo se veía a una viuda, penetrada de dolor y deshecha en lágrimas: en torno suyo aparecía una considerable multitud de caballeros, sobre cuyas cabezas se movían al viento las águilas de oro. La desventurada, metida entre todos ellos, parecía decir: "Señor, véngame de la muerte de mi hijo, que me ha traspasado el corazón;" y él responderle: "Espérate a que yo vuelva;" y ella replicar, como persona a quien impacienta su mismo dolor: "Señor mío, ¿y si no vuelves?" Y él: "Quien ocupe mi lugar te vengará." Y ella: "¿Qué te importa el bien que pueda hacer otro, si te olvidas del que puedes hacer tú?" Y él por último: "Tranquilízate; preciso es que cumpla con mi deber antes de ponerme en marcha: la justicia lo quiere, y la piedad me detiene." Aquel que no vió jamás cosa nueva produjo este hablar visible, nuevo para nosotros, porque no se encuentra en la Tierra nada parecido. Mientras yo me deleitaba contemplando aquellas imágenes de tanta humildad, más que por su belleza, gratas a la vista, por ser quien era su Artífice, el poeta murmuraba:

—Mira cuántas almas se dirigen hacia acá con paso lento: ellas nos conducirán a las gradas superiores.

Mis ojos atentos a mirar para ver las novedades de que se mostraban tan ávidos, no fueron tardos en volverse hacia él. No quiero, ¡oh lector!, que te apartes de tus buenas disposiciones, oyendo cómo Dios quiere que se paguen las deudas. No presten atención a la forma de estas penas, sino a lo que en pos de ellas vendrá: piensa que, en el último y peor resultado, no pueden prolongarse más allá de la gran sentencia. Yo empecé a decir:

—Maestro, lo que veo dirigirse hacia nosotros no me parecen personas, ni sé lo que es; pues se desvanece a mi vista.

Me contestó:

—La abrumadora condición de sus tormentos les hace inclinarse de tal modo hacia el suelo, que aun mis ojos dudaron al principio; pero mira allí fijamente, descubre con tu vista lo que viene debajo de aquellas peñas, y podrás juzgar cuál es el tormento de cada uno de ellos.

¡Oh cristianos soberbios, miserables y débiles, que enfermos de la vista del entendimiento, os fiáis en vuestros pasos retrógrados! ¿No observáis que somos gusanos nacidos para formar la angelical mariposa, que dirige su vuelo sin impedimento hacia la justicia de Dios? ¿Por qué se engríe soberbio vuestro ánimo, cuando sólo sois defectuosos insectos, como crisálidas que no llegan a desarrollarse? Así como, para sostener un piso o un techo, se ve a veces por ménsula una figura cuyas rodillas se doblan hasta el pecho, la cual, con ser fingido su esfuerzo, produce verdadera aflicción en quien la mira, del mismo modo vi yo a aquellas almas cuando las examiné con cuidado. Es cierto que estaban más o menos contraídas, según era mayor o menor el peso que soportaban; pero aun la que más paciente y aliviada se mostraba en sus movimientos parecía decir llorando: "No puedo más."

CANTO UNDECIMO

OH padre nuestro, que estás en los cielos, aunque no circunscrito a ellos, sino por el mayor amor que arriba sientes hacia los primeros efectos! Alabados sean tu nombre y tu poder por las criaturas, así como se deben dar gracias a las dulces emanaciones de tu bondad. Venga a nos la paz de tu reino, a la que no podemos llegar por nosotros mismos, a pesar de toda nuestra inteligencia, si ella no se dirige hacia nosotros. Así como los ángeles te sacrifican su voluntad entonando Hosanna, deben sacrificarte la suya los hombres. Danos hoy el pan cuotidiano, sin el cual retrocede por este áspero desierto aquel que más se afana por avanzar. Y así como nosotros perdonamos a cada cual el mal que nos ha hecho padecer, perdónanos tú benigno, sin mirar a nuestros méritos. No pongas a prueba nuestra virtud, que tan fácilmente se abate, contra el antiguo adversario, sino líbranos de él, que la instiga de tantos modos. No hacemos, ¡oh Señor amado!, esta última súplica por nosotros, pues ya no tenemos necesidad de ella, sino por los que tras de nosotros quedan."

De esta suerte, pidiendo para ellas y para nosotros un feliz viaje, iban aquellas almas soportando su carga, semejante a la que a veces cree uno llevar cuando sueña. Desigualmente cargadas y desfallecidas caminaban alrededor del primer círculo, a fin de purificarse de las vanidades del mundo. Si desde allí siempre se ruega por nosotros, ¿qué no podrán decir y hacer por ellas desde aquí los que a su voluntad reúnen la gracia divina? Es preciso ayudarles a lavarse las manchas que del mundo llevaron, para que puedan llegar, limpias y ágiles, hasta las estrelladas esferas.

—¡Ah! Que la justicia y la piedad os alivien pronto de vuestro peso, de modo que podáis desplegar las alas y elevaros según vuestro deseo: mostradnos por qué lado se va más pronto hacia la escala; y si hay más de un camino, enseñadnos cuál es el menos pendiente, pues este que viene conmigo es muy tardo en subir, a causa de la carne de Adán de que va revestido.

No pudimos averiguar de quién procedían las palabras que respondieron a éstas que había proferido aquel a quien yo seguía; pero contestaron:

—Venid con nosotros, a mano derecha, por la orilla, y encontraréis un sendero por donde puede subir una persona viva. Y si no me lo impidiera este peñasco, que doma mi soberbia cerviz, y me obliga a llevar la cabeza baja, miraría a ese que vive aún y no se nombra, para ver si le conozco, y para excitar su piedad por mi suplicio. Yo fuí latino e hijo de un gran toscano: mi padre fué Guillermo Aldobrandeschi; no sé si habréis oído alguna vez su nombre. La antigua nobleza y las brillantes acciones de mis antepasados me hicieron tan arrogante, que no pensando en nuestra madre común, tuve tanto desprecio hacia los demás hombres, que este desprecio causó mi muerte, como saben los sieneses, y como sabe en Campagnatico todo el que habla. Yo soy Umberto; y no es a mí solo a quien ha perjudicado el orgullo, sino que también ha acarreado la desgracia de todos mis parientes. Por mis pecados me veo en la precisión de soportar aquí este peso, hasta dejar a Dios satisfecho: ya que no lo hice entre los vivos, debo hacerlo entre los muertos.

Al oirle, bajé la cabeza; y uno de ellos, que no era el que hablaba, se volvió bajo el peso que lo agobiaba: me vió, conocióme, y me llamó, teniendo los ojos fijos con gran trabajo en mí, que caminaba inclinado junto a ellos.

—¡Oh!—le dije—; ¿no eres tú Oderisi, honor de Agobbio y de aquel arte que llaman de iluminar en París?

—Hermano—me dijo—: más agradan los dibujos que ilumina Francisco Bolognese: ahora todo el honor es suyo, si bien yo participo de él. No hubiera yo sido en vida tan generoso, a causa del gran deseo de sobresalir en mi arte que dominaba mi corazón. De tal soberbia aquí se paga la pena; y estoy aquí, gracias a que, cuando aún podía pecar, volví mi alma a Dios. ¡Oh vanagloria del ingenio humano! ¡Cuán poco dura tu lozano verdor, cuando no alcanza épocas de ignorancia! Creía Cimabue ser árbitro en el campo de la pintura, y ahora es Giotto al que se aclama, de modo que ha quedado obscurecida la fama de aquél: de igual suerte un Guido ha despojado a otro de la gloria de la lengua[59], y acaso ha nacido ya quien arroje a los dos de su nido. El rumor del mundo no es más que un soplo, que tan pronto viene de un lado, como de otro, y cambia de nombres por lo mismo que cambia de sitios. ¡Qué mayor fama será la tuya de aquí a milaños, separando de ti tu cuerpo envejecido, que si hubieses muerto antes de dejar el "pappo" y el "dindi"[60]? Ese espacio de tiempo, comparado con la eternidad, es mucho más corto que un abrir y cerrar de ojos respecto al círculo que más lentamente se mueva en el cielo. En toda la Toscana resonó el nombre del que camina paso a paso delante de mí; y ahora apenas se le menciona en Siena, de donde era Señor cuando fué destruída la ira florentina, que en aquel tiempo era tan altanera, como prostituta es ahora. Vuestra fama es semejante al color de la hierba, que viene y va; y el que la decolora es el mismo que hace brotar sus tiernos tallos.

Le contesté:

—Tus verídicas palabras infunden en mi corazón una buena humildad, y abaten mi hinchazón; pero ¿quién es ese del cual hablabas ahora?

—Es—me respondió—Provenzano Salvani—; está aquí, porque tuvo la presunción de reunir en su mano todo el gobierno de Siena. Ha marchado y continúa marchando sin reposo desde que murió; pues en tal moneda paga quien allá se ha mostrado demasiado audaz.

Le repliqué:

—Si un espíritu que, para arrepentirse, aguarda llegar al límite de la vida, permanece en la parte inferior de la montaña, y a no ser que le ayude una ferviente oración, no sube a este sitio hasta haber transcurrido un espacio de tiempo igual al que vivió, ¿cómo es que se le ha permitido a ése venir aquí?

—Cuando vivía en medio de su mayor gloria—dijo—, se presentó en la plaza de Siena deponiendo toda vanidad, y allí, para librar a un amigo suyo[61] del cautiverio que sufría en la prisión de Carlos, se portó de modo que temblaban todas sus venas. No te diré más: sé que te hablo en términos obscuros; pero no transcurrirá mucho tiempo sin que tus conciudadanos obren de modo que te permitirán penetrar el sentido de mis palabras. Esta acción le ha valido traspasar los límites del Purgatorio.

CANTO DUODECIMO

UNIDOS, como bueyes bajo el yugo, íbamos aquella alma cargada y yo, mientras lo permitió mi amado pedagogo; pero cuando dijo: "Déjale, y sigue, que aquí conviene que cada cual dé cuanto impulso pueda a su barca con la vela y con los remos," erguí mi cuerpo como debe andar el hombre, por más que mis pensamientos continuaran siendo humildes y sencillos. Ya estaba yo en marcha, siguiendo gustoso los pasos de mi Maestro, y ambos hacíamos alarde de nuestra agilidad, cuando él me dijo:

—Mira hacia abajo; pues para que sea menos penoso el camino, te convendrá ver el suelo en que se asientan tus plantas.

Del modo que las sepulturas tienen esculpido en signos emblemáticos lo que fueron los muertos enterrados en ellas, para perpetuar su memoria, por lo cual muchas veces arranca lágrimas allí el aguijón del recuerdo, que sólo punza a las almas piadosas, de igual suerte, pero con más propiedad y perfecto artificio, vi yo cubierto de figuras todo el plano de aquella vía que avanza fuera del monte. Veía, por una parte, a aquel que fué creado más noble que las demás criaturas, cayendo desde el cielo como un rayo[62]. Veía en otro lado a Briareo, herido por el dardo celestial, yaciendo en el suelo y oprimiéndolo con el peso de su helado cuerpo. Veía a Timbreo[63], a Palas y a Marte, armados aún y en derredor de su padre, contemplando los esparcidos miembros de los Gigantes. Veía a Nemrod al pie de su gran obra, mirando con ojos extraviados a los que fueron en Senaar soberbios como él. ¡Oh Níobe, con cuán desolados ojos te veía representada en el camino entre tus siete y siete hijos exánimes! ¡Oh Saúl, cómo te me aparecías allí, atravesado con tu propia espada y muerto en Gelboé, que desde entonces no volvió a recibir la lluvia ni el rocío! Con igual evidencia te veía, ¡oh loca Aracnea!, ya medio convertida en araña, y triste sobre los rotos pedazos de la obra que labraste por desgracia tuya. ¡Oh Roboam! Allí no estabas ya representado con aspecto amenazador, sino lleno de espanto y conducido en un carro, huyendo antes que otros te expulsasen de tu reino. Mostrábase además en aquel duro pavimento de qué modo Alcmeón hizo pagar caro a su madre el desastroso adorno; cómo los hijos de Sennaquerib se arrojaron sobre su padre dentro del templo, dejándole allí muerto; la destrucción y el cruel estrago que hizo Tamiris, cuando dijo a Ciro: "Tuviste sed de sangre; pues bien, yo te harto de ella;" y la derrota de los asirios, después de la muerte de Holofernes, y el destrozo de sus restos fugitivos. Veíase a Troya convertida en cenizas y en ruinas. ¡Oh Ilión!, ¡cuán abatida y despreciable te representaba la escultura que allí se distinguía! ¿Quién fué el maestro, cuyo pincel o buril trazó tales sombras y actitudes, que causarían admiración al más agudo in genio? Allí los muertos parecían muertos, y los vivos realmente vivos. El que presenció los hechos no vió mejor que yo la verdad de cuanto fuí pisando mientras anduve inclinado. Así, pues, hijos de Eva, ensoberbeceos; marchad con la mirada altiva, y no inclinéis el rostro de modo que podáis ver el mal sendero.

Habíamos dado ya una gran vuelta por el monte, y el Sol estaba mucho más adelantado en su camino de lo que nuestro absorto espíritu creyera, cuando aquel que siempre andaba cuidadoso, empezó a decir:

—Levanta la cabeza: no es tiempo de ir tan pensativo. He allí un ángel, que se prepara a venir hacia nosotros, y ve también que se retira del servicio del día la sexta esclava. Reviste de reverencia tu rostro y tu actitud, a fin de que le plazca conducirnos más arriba: piensa en que este día no volverá jamás a lucir.

Estaba yo tan acostumbrado por sus amonestaciones a no desperdiciar el tiempo, que su lenguaje, con respecto a este punto, no podía parecerme obscuro. La hermosa criatura venía en nuestra dirección, vestida de blanco, y centelleando su rostro como la estrella matutina. Abrió los brazos y después las alas, diciendo:

—Venid; cerca de aquí están las gradas, y puede subirse fácilmente por ellas. ¡Qué pocos acuden a esta invitación! ¡Oh raza humana, nacida para remontar el vuelo!, ¿por qué el menor soplo de viento te hace caer?

Nos condujo hacia donde la roca estaba cortada; y allí agitó sus alas sobre mi frente, permitiéndome luego seguir con seguridad mi camino. Así como, para subir al monte donde está la iglesia que, a mano derecha y más arriba del Rubaconte, domina a la bien gobernada ciudad[64], se modera la rápida pendiente por medio de las escaleras hechas en otro tiempo, cuando estaban seguros los registros y las marcas oficiales, así también aquí, de un modo semejante, se templa la aspereza de la escarpada cuesta que desciende casi a plomo desde el otro círculo; pero es preciso pasar rasando por ambos lados con las altas rocas. Mientras nos internábamos en aquella angostura, oímos voces que cantaban

"Beati pauperes spiritu," de tal manera, que no podía expresarse con palabras. ¡Ah! ¡Cuán diferentes de los del Infierno son estos desfiladeros! Aquí se entra oyendo cánticos, y allá horribles lamentos. Subíamos ya por la escalera santa, y me parecía ir más ligero por ella, que antes iba por el camino llano; lo que me obligó a exclamar:

—Maestro, dime: ¿de qué peso me han aliviado, pues ando sin sentir apenas cansancio alguno?

Respondióme:

—Cuando las P, que aún quedan en tu frente casi borradas, hayan desaparecido enteramente, como una de ellas, tus pies obedecerán tan sumisos a tu voluntad, que lejos de sentir el menor cansancio, tendrán un placer en moverse.

Al oír esto, hice como los que llevan algo en la cabeza y no lo saben, pero lo sospechan por los ademanes de otros; que procuran acertarlo con ayuda de la mano, la cual busca y encuentra, y desempeña el oficio que no es posible encomendar a la vista: extendiendo los dedos de la mano derecha, sólo encontré seis de las letras que el Angel de las llaves había grabado en mi frente; y al ver lo que yo hacía, se sonrió mi Maestro.

CANTO DECIMO TERCIO

HABIAMOS llegado a lo alto de la escala, donde por segunda vez se adelgaza la montaña destinada a la purificación de los que suben por ella. También allí la ciñe en derredor un rellano como el primero, sólo que el arco de su circunferencia se repliega más pronto: en él no hay esculturas ni nada parecido, y así el ribazo interior, como el camino presentan al desnudo el color lívido de la piedra.

—Si esperamos aquí a alguien para preguntarle hacia qué lado hemos de seguir—decía el Poeta—, temo que tardaremos mucho en decidirnos.

Dirigió luego la vista fijamente hacia el Sol; afirmó en el pie derecho el centro de rotación, e hizo girar su costado izquierdo.

—¡Oh dulce luz, en quien confío al entrar por el nuevo camino! Condúcenos—decía—como conviene ser conducido por este lugar. Tú das calor al mundo, tú le iluminas: tus rayos, pues, deben servir siempre de guía, a menos que otra razón disponga lo contrario.

Ya habíamos recorrido en poco tiempo y merced a nuestra activa voluntad, un trayecto como el que acá se cuenta por una milla, cuando sentimos volar hacia nosotros, pero sin verlos, algunos espíritus que, hablando, invitaban cortésmente a tomar asiento en la mesa de amor. La primera voz que pasó volando decía distintamente: "Vinum non habent!" y se alejó, repitiéndolo por detrás de nosotros. Antes que dejara de percibirse enteramente a causa de la distancia, pasó otra gritando: "Yo soy Orestes;" y tampoco se detuvo.

—¡Oh Padre!—dije yo—; ¿qué voces son esas?

Y mientras esto preguntaba, oímos una tercera que decía: "Amad a los que os han hecho daño." El buen Maestro me contestó:

—En este círculo se castiga la culpa de la envidia; pero las cuerdas del azote son movidas por el amor. El freno de ese pecado debe producir diferente sonido; y creo que lo oirás, según me parece, antes de que llegues al paso del perdón. Pero fija bien tus miradas a través del aire, y verás algunas almas sentadas delante de nosotros, apoyándose todas a lo largo de la roca.

Entonces abrí los ojos más que antes; miré hacia delante, y vi sombras con mantos, cuyo color no era diferente del de la piedra. Y luego que hubimos avanzado algo más, oí exclamar: "¡María, ruega por nosotros!" "¡Miguel, y Pedro, y todos los santos, rogad!" No creo que hoy exista en la Tierra un hombre tan duro, que no se sintiese movido de compasión hacia lo que vi en seguida; pues cuando llegué junto a las almas, y pude observar sus actos claramente, brotó de mis ojos un gran dolor. Me parecían cubiertas de vil cilicio; cada cual sostenía a otra con la espalda, y todas lo estaban a su vez por la roca, como los ciegos, a quienes falta la subsistencia, se colocan en los Perdones, y solicitan el socorro de sus necesidades, apoyando cada uno su cabeza sobre la del otro, para excitar más pronto la compasión, no por medio de sus palabras, sino con su aspecto que no contrista menos. Y del mismo modo que el sol no llega hasta los ciegos, así también la luz del Cielo no quiere mostrarse a las sombras de que hablo; pues todas tienen sus párpados atravesados y cosidos por un alambre, como se hace con los gavilanes salvajes para domesticarlos.

Mientras iba andando, me parecía inferir una ofensa, viendo a otros sin ser visto de ellos; por lo cual me volví hacia mi prudente Consejero. Bien sabía él lo que quería significar mi silencio; así es que no esperó mi pregunta, sino que me dijo:

—Habla, y sé breve y sensato.

Virgilio caminaba a mi lado por aquella parte de la calzada desde donde se podía caer, pues no estaba resguardada por ningún pretil: hacia mi otro lado estaban las devotas sombras, las cuales lanzaban con tanta fuerza las lágrimas a través de su horrible costura, que bañaban con ellas sus mejillas. Me dirigí a ellas y les dije:

—¡Oh gente segura de ver la más alta luz del cielo, único fin a que aspira vuestro deseo! Así la gracia disipe pronto las impurezas de vuestra conciencia, de tal suerte que descienda por ella puro y claro el río de vuestra mente, decidme (que me será muy dulce y grato) si entre vosotras hay algún alma que sea latina, a quien quizá podrá serle útil que yo la conozca.

—¡Oh hermano mío!, todas nosotras somos ciudadanas de una verdadera ciudad; pero tú querrás decir si hay alguna que haya peregrinado en vida por Italia.

Estas palabras creí percibir en respuesta a las mías, algo más adelante del sitio en que me encontraa; por lo cual me hice oír de nuevo más allá. Entre las demás sombras vi una que parecía estar a la expectativa; y si alguien pregunta cómo podía insinuarse, le diré que levantando en alto la barba, como hacen los ciegos.

—Espíritu—le dije—, que te abates para subir, si eres aquel que me ha respondido, dame cuenta de tu país y de tu nombre.

—Yo fuí sienesa—respondió—, y estoy aquí con estos otros purificando mi vida culpable, y suplicando con lágrimas a Aquél que debe concedérsenos. No fuí sabia, por más que me llamaran "Sapía," y me alegraron más los males ajenos que mis propias venturas. Y porque no creas que te engaño, oye si fuí tan necia como te digo. Descendía ya por la pendiente de mis años, cuando mis conciudadanos se encontraron cerca de Colle a la vista de sus adversarios, y yo rogaba a Dios lo mismo que El quería. Fueron destrozados, y reducidos en aquel sitio al paso amargo de la fuga; y al ver aquella caza, tuve tal contento, que ningún otro puede igualársele. Mientras tanto elevaba al cielo mi atrevida faz gritando a Dios: "Ahora ya no te temo," como hizo el mirlo engañado en invierno por algunos días apacibles. Hacia el fin de mi vida quise reconciliarme con Dios; y aún no habría comenzado a pagar mi deuda por medio de la penitencia, si no fuera porque me tuvo presente en sus santas oraciones Pedro Pettinagno, que se apiadó de mí, movido de su caridad. Pero ¿quién eres tú, que vas informándote de esa suerte de nuestra condición, con los ojos libres, según creo, y que hablas respirando?

—También estarán mis ojos cosidos aquí—le dije—, pero por poco tiempo; pues el delito que cometí mirando con ellos envidiosamente ha sido pequeño. Mucho más miedo infunde a mi alma el castigo de abajo; pues ya siento gravitar sobre mí el peso de que van cargados los que allí están.

Ella me preguntó:

—¿Quién te ha conducido, pues, aquí arriba entre nosotros, si crees volver abajo?

Contestéle:

—Ese que está conmigo y no pronuncia una palabra. Vivo estoy; por lo cual dime, espíritu elegido, si quieres que allá mueva en tu favor aún los pies mortales.

—¡Oh!, eso sí que es una cosa nunca oída—repuso—, y una gran señal de que Dios te ama: ruégote, por tanto, que me auxilies con tus oraciones; y te suplico por aquello que más desees, que si vuelves a pisar la tierra de Toscana, me pongas en buen lugar con mis parientes. Los verás entre aquella gente vana, que confía en Talamone; y esa esperanza, más descabellada que la de encontrar la Diana, los perderá; pero los almirantes perderán más aún.

CANTO DECIMOCUARTO

QUIEN es ese que gira en torno de nuestro monte, antes de que la muerte le haya hecho emprender su vuelo, y abre y cierra los ojos según su voluntad?

—Ignoro quién sea; pero sé que no va solo: pregúntale tú que estás más próximo a él, y acógele con dulzura, de modo que le hagas hablar.

Así razonaban a mi derecha dos espíritus, apoyado uno contra otro: después levantaron la cabeza para dirigirme la palabra, y dijo uno de ellos:

—¡Oh alma que, encerrada aún en tu cuerpo, te encaminas hacia el Cielo! Consuélanos por caridad, y dinos de dónde vienes y quién eres; pues la gracia que de Dios has recibido nos causa el asombro que produce una cosa que no ha existido jamás.

Yo les contesté:

—Por en medio de la Toscana serpentea un riachuelo, que nace en Falterona, y al que no le bastan cien millas de curso: a orillas de este río he recibido mi persona: deciros quién soy yo, sería hablar en vano, porque mi nombre aún no es muy conocido.

—Si he penetrado bien tu entendimiento con el mío—me respondió el que me había preguntado—, hablas del Arno.

Y el otro le dijo:

—¿Por qué oculta el nombre de aquel río, como se hace con una cosa horrible?

Y la sombra a quien le preguntaban esto respondió como debía:

—No lo sé; pero es muy digno de desaparecer el nombre de tal valle; porque desde su origen (donde la alpestre cordillera de que está desprendido el Peloro es tan copiosa de aguas, que en pocos sitios lo será más) hasta el punto en que restituye lo que el cielo ha sacado del mar, a quien deben los ríos el caudal que va con ellos, todos sus pobladores, enemistados con la virtud, la persiguen como a una serpiente, ya sea por desventura del país, o ya por una mala costumbre que los arrastra; por lo cual tienen los habitantes de aquel mísero valle tan pervertida su naturaleza, que parece que Circe los haya apacentado. Aquel río lleva primero su débil curso por entre sucios puercos, más dignos de bellotas que de otro alimento condimentado para uso de los hombres. Llegando abajo, encuentra viles gozquecillos, más rabiosos de lo que permite su fuerza, y a quienes tuerce con desdén el hocico. Va descendiendo, y cuanto más acrecienta su caudal, tanto más encuentra los perros convertidos en lobos la maldecida y desdichada fosa: bajando luego por entre profundas gargantas, tropieza con las engañosas zorras, que no temen lazo que pueda cogerlas. No he de dejar de decirlo, aunque haya quien me oiga; y le convendrá a ése, con tal que se acuerde de lo que un espíritu de verdad me revela. Veo a tu sobrino, que se convierte en cazador cruel de aquellos lobos sobre la orilla del feroz río, y a todos los atemoriza. Vende por dinero su carne, aun estando viva: después los mata como si fuesen bueyes viejos, y quita a muchos la vida y a sí mismo el honor. Ensangrentado sale de la triste selva, dejándola de tal modo, que de aquí a mil años no volverá a su estado primitivo[65].

Como al anuncio de futuros males se turba el rostro del que lo escucha, venga de donde quiera el peligro que le amenace, así vi yo turbarse y entristecerse a la otra alma, que estaba vuelta escuchando, apenas hubo recapacitado aquellas palabras. El lenguaje de la una y el rostro de la otra excitaban en mí el deseo de saber sus nombres: híceles entre ruegos esta pregunta; por lo cual, el espíritu que antes me había hablado repuso:

—Quieres que yo condescienda en hacer por ti lo que tú no quieres hacer por mí; pero pues Dios permite que se trasluzca tanto su gracia en ti, no dejaré de satisfacer tus deseos. Sabe, pues, que yo soy Guido del Duca: de tal modo abrasó la envidia mi sangre, que cuando veía un hombre feliz, hubieras podido contemplar la lividez de mi rostro. Por eso ahora siego la mies de mi simiente.—¡Oh raza humana!, ¿por qué pones tu corazón en lo que requiere una posesión exclusiva? Este es Rinieri, honra y prez de la casa de Calboli, la cual no ha tenido después ningún heredero de sus virtudes. Y no es sólo su descendencia la que, entre el Po y los montes, el mar y el Reno, se encuentra hoy despojada de los bienes que entrañan la verdad y subliman el ánimo; pues dentro de esos límites todo el terreno está cubierto de plantas venenosas, de tal modo que tarde podrá volvérsele a meter en cultivo. ¿Dónde está el buen Licio y Enrique Manardi, Pedro Traversaro y Guido de Carpigna? ¡Oh, romañoles, raza bastardeada! ¿Cuándo nacerá en Bolonia un nuevo Fabbro? ¿Cuándo en Faenza echará raíces otro Bernardino de Fosco, hermoso tronco salido de una insignificante semilla? No te asombres, Toscano, si ves que lloro al recordar a Guido de Prata, y a Ugolino de Azzo, que vivió entre nosotros; a Federico Tignoso y a todos los suyos; a la familia Traversara y los Anastagi, casas ambas que están hoy desheredadas de la virtud de sus mayores: no te asombre mi duelo al recordar las damas y los caballeros, los afanes y agasajos que inspiraban amor y cortesía, allí donde han llegado a ser tan depravados los corazones. ¡Oh Brettinoro! ¿por qué no desapareciste cuando tu antigua familia y muchos de tus habitantes huyeron por no ser culpables? Bien hace Bagnacaval en no reproducirse; y por el contrario, hace mal Castrocaro y peor Conio, que se empeña en procrear tales condes. Los Pagani se portarán bien cuando huya el Demonio; pero no tanto que consigan dejar de sí un recuerdo puro. ¡Oh Ugolino de Fantoli!, tu nombre está bien seguro; pues no es de esperar que haya quien, degenerando, pueda obscurecerlo. Pero déjame, ¡oh Toscano!; que ahora me son más gratas las lágrimas que las palabras: tanto es lo que me ha oprimido la mente nuestra conversación.

Sabíamos que aquellas almas queridas nos oían andar; y pues que callaban, debíamos estar seguros del camino que seguíamos. Luego que andando nos encontramos solos, llegó directamente a nosotros una voz, que hendió el aire como un rayo, diciendo: "El que me encuentre debe darme la muerte;" y huyó como el trueno que se aleja, cuando de pronto se desgarra la nube. Apenas cesamos de oirla, percibimos otra, la cual retumbó con gran estrépito, semejante al trueno que sigue inmediatamente al relámpago: "Yo soy Aglauro, que me convertí en piedra." Entonces, para unirme más al Poeta, dí un paso hacia atrás y no hacia adelante. Ya se había calmado el aire por todas partes, cuando él me dijo:

—Aquel fué el duro freno que debería contener al hombre en sus límites; pero mordéis tan fácilmente el cebo, que os atrae con su anzuelo el antiguo adversario, sirviendoos de poco el freno o el reclamo. El cielo os llama y gira en torno vuestro mostrándoos sus eternas bellezas, y sin embargo, vuestras miradas se dirijen hacia la Tierra; por lo cual os castiga Aquél que lo ve todo.

CANTO DECIMOQUINTO

CAMINANDO ya el Sol hacia la noche, parecía quedarle por recorrer tanto espacio como el que media entre el principio del día y el punto donde aquel señala el término de la hora de tercia en la esfera, que, cual niño inquieto, se mueve continuamente: allí era ya la tarde, y aquí media noche. Los rayos solares nos herían de lleno en el rostro, porque habíamos dado tal vuelta en derredor de la montaña, que íbamos directamente hacia el Ocaso; cuando sentí que el resplandor deslumbraba mis ojos mucho más que antes; y siéndome desconocida la causa, me quedé estupefacto: levanté las manos, y me formé con ellas una sombrilla encima de las cejas, que es el preservativo contra el exceso de luz. Como cuando en el agua o en un espejo rebota el rayo luminoso, elevándose al lado opuesto de idéntica manera que desciende, y desviándose por ambas partes a igual distancia de la caída de la piedra, según demuestran la experiencia y el arte, así me pareció ser herido por una luz que delante de mí se reflejaba; por lo cual aparté de ella presurosamente los ojos.

—¿Qué es aquello, amado Padre, de que no puedo, por más que haga, resguardar mi vista—dije—, y que parece venir hacia nosotros?

—No te asombres si la familia del Cielo te deslumbra todavía—me respondió—: es un mensajero que viene a invitar a un hombre a que suba. En breve, no sólo podrás contemplar estas cosas sin molestia, sino que te serán tanto más deleitables, cuanto más dispuesta se halle tu naturaleza a sentirlas.

Luego que llegamos cerca del Angel bendito, con agradable voz nos dijo: "Entrad por aquí a una escalera, que es menos empinada que las otras." Subíamos ya, dejando en pos de nosotros aquel círculo, cuando oímos cantar a nuestra espalda: "Beati misericordes" y "Regocíjate tú que vences." Mi maestro y yo ascendíamos solos, y yo pensaba entretanto sacar provecho de sus palabras; por lo que, dirigiéndome a él, le pregunté:

—¿Qué quiso decir el espíritu de la Romanía al hablar de lo que requiere una posesión exclusiva?

Respondióme:

—Ahora conoce el daño que causa su principal pecado: así, pues, no debes admirarte si le condena, a fin de que haya menos que llorar por él; porque si vuestros deseos se cifran en bienes que puedan disminuirse dando a otros participación en ellos, la envidia excita vuestros pulmones a suspirar; pero si el amor de la suprema esfera dirigiese hacia el Cielo vuestros deseos, no abrigaríais tal temor en vuestro corazón; pues cuanto más se dice allí "lo nuestro," tanto mayor es el bien que posee cada cual, y mayor caridad arde en aquel recinto.

—Menos contento estoy que si me hubiese callado—dije—; y ahora ofuscan más dudas mi mente. ¿Cómo puede ser que un bien distribuído entre muchos haga más ricos a sus poseedores, que poseyéndolo unos pocos?

A lo que me contestó:

—Por fijar siempre tu pensamiento en las cosas terrenales deduces obscuridad y error de las claras verdades que te demuestro. Aquel bien infinito e inefable que está arriba, se lanza hacia el amor, como un rayo de luz a un cuerpo fúlgido, comunicándose tanto más cuanto mayor es el ardor que encuentra; de modo que la eterna virtud crece sobre la caridad a medida que ésta se aumenta; por lo cual, cuanto mayor número de almas se dirigen a él, tanto más amor hay allá arriba, y más allí se ama, reflejándose este amor de una a otra alma como la luz entre dos espejos. Si no te satisfacen mis razones, ya verás a Beatriz, y ella acallará por completo ese deseo y cualquier otro que tengas. Avanza, pues, para que pronto desaparezcan, como ya han desaparecido dos, esas cinco señales, que sólo se borran por medio de lágrimas.

Cuando iba a decir: "Me has dejado satisfecho," observé que habíamos llegado al otro círculo; por lo cual, ocupado en pasear por él mis anhelantes miradas, guardé silencio. Allí me pareció que era súbitamente arrebatado en éxtasis, y que veía un templo con muchas personas, y una mujer a la entrada exclamando, en la dulce actitud de una madre: "Hijo mío, ¿por qué has obrado así con nosotros? Tu Padre y yo te buscábamos angustiados." Cuando se calló, desapareció lo que antes se me había aparecido. Después se ofreció a mi vista otra, por cuyas mejillas se deslizaba aquel agua que destila el dolor, cuando procede de un gran despecho contra otro; ésta decía: "Si eres señor de la ciudad cuyo nombre originó tanta contienda entre los dioses, y en la que toda ciencia destella[66], véngate de los atrevidos brazos que abrazaron a nuestra hija, ¡oh Pisístrato!" Y este señor bondadoso y clemente le respondía con rostro sereno: "¿Qué haremos con el que nos quiere mal, si condenamos al que nos ama?" Después vi a varios hombres abrasados por la ira, matando a pedradas a un joven[67], y diciéndose a grandes gritos unos a otros: "¡Martirízale, martirízale!" Y le contemplaba encorvado hacia el suelo bajo el peso de la muerte que ya le derribaba; pero haciendo de sus ojos puertas para llegar al cielo, y rogando al Señor en medio de tal martirio y con aquel aspecto que excita a la piedad, que perdonase a sus perseguidores. Cuando mi alma volvió de fuera a las cosas que fuera de ella son verdaderas, reconocí mis errores que, sin embargo, no eran falsos. Mi Guía, que me veía hacer lo que un hombre que sale de un sueño, me dijo:

—¿Qué tienes, que no puedes sostenerte? Has andado más de media legua con los ojos cerrados y con paso vacilante, como el que está dominado por el vino o por el sueño.

—¡Oh amado Padre mío!—dije yo—; si me prestas atención, te diré lo que se me ha aparecido cuando mis piernas vacilaban.

Y él a su vez:

—Aunque tuvieras cien máscaras que ocultaran tu rostro, adivinaría yo hasta tus menores pensamientos. Lo que has visto te ha sido revelado para que no te excuses de abrir el corazón al agua de la paz, que mana de la fuente eterna. Te he preguntado "¿qué tienes?," no porque me dijeras lo que hace el que tiene los ojos entornados cuando se ha apoderado algún sopor de su cuerpo, sino para que tus pies recobrasen fuerzas: es preciso estimular así a los perezosos, demasiado lentos en emplear el tiempo de sus vigilias, cuando, una vez despiertos, recobran el imperio de su voluntad.

Seguíamos nuestro camino, cuando ya obscurecía, mirando atentamente lo más allá que podían nuestros ojos por entre los luminosos rayos vespertinos, cuando vimos adelantarse poco a poco hacia nosotros una humareda obscura como la noche, sin que hubiese por allí un sitio donde guarecerse de ella, y que nos privó del uso de la vista y del aire puro.

CANTO DECIMOSEXTO

LA obscuridad del Infierno, y la de la noche privada de todo planeta bajo un mezquino cielo, entenebrecido por las nubes hasta lo sumo, no echarían sobre mi vista un velo tan denso como aquel humo que allí nos envolvió; siendo tal la sensación de su punzante aspereza, que no podían los ojos permanecer abiertos; por lo cual, mi sabio y fiel Acompañante se acercó a mí, ofreciéndome su hombro. Como va el ciego detrás de su lazarillo para no extraviarse, ni tropezar en algo que le ofenda o acaso le origine la muerte, así caminaba yo a través de aquel aire fosco y acre, atento a la voz de mi Guía, que únicamente iba diciendo: "Cuida de no separarte de mí." Oía yo voces, cada una de las cuales parecía rogar a fin de obtener paz y misericordia del Cordero de Dios, que quita los pecados. El principio de su oración era solamente "Agnus Dei;" todos pronunciaban estas palabras a un mismo tiempo y con tan igual tono, que parecía existir entre ellos una perfecta concordia.

—Maestro—dije—; ¿son espíritus esos que oigo?

—Lo has acertado—contestó—; van desatando el nudo de la ira.

—¿Quién eres tú, que hiendes nuestro humo, y hablas de nosotros como si contaras aún el tiempo por calendas?

De esta suerte habló una voz; por lo cual el Maestro me dijo:

Responde, y pregúntale si por aquí se va arriba.

Entonces dije yo:

—¡Oh criatura, que te purificas para volver a presentarte hermosa ante Aquél que te hizo! Oirás cosas maravillosas si quieres seguirme.

—Te seguiré cuanto me está permitido—me contestó—; y si el humo impide que nos veamos, el oído nos aproximará a falta de la vista.

Empecé, pues, de esta manera:

—Me dirijo hacia arriba con la forma que la muerte desvanece, y he llegado hasta aquí a través de las penas del Infierno. Y si Dios me ha acogido en su gracia de tal modo, que quiere que yo vea su corte por un medio tan distinto de lo usual, no me ocultes quién fuiste antes de morir, sino dímelo: dime también si voy bien por aquí hacia la subida, y tus palabras nos servirán de guía.

—Fuí lombardo, y me llamé Marco: conocí el mundo; y amé aquella virtud hacia la cual nadie dirige hoy su mira. Para llegar a lo alto, sigue en derechura por donde vas.

Así respondió, añadiendo después:

—Te suplico que ruegues por mí cuando estés arriba.

A lo que le contesté:

—Por mi fe te prometo que haré lo que me pides; pero me veo envuelto en una duda, que no me es dado aclarar. Primeramente era sencilla, más ahora se ha duplicado con tus palabras, que unidas a las que heoído en otra parte, me certifican un mismo hecho. El mundo está, pues, exhausto de toda virtud, como me indicas, y sembrado y cubierto de maldad; pero te ruego que me digas la causa, de modo que yo pueda verla y mostrarla a los demás; pues unos la hacen depender del cielo, y otros de aquí abajo.

Antes de contestar exhaló un profundo suspiro, que terminó en un ¡ay! doloroso, y después dijo:

—Hermano, el mundo es ciego, y se conoce que tú vienes de él. Vosotros los vivos hacéis estribar toda causa en el cielo, como si él imprimiera por necesidad su movimiento a todas las cosas. Si así fuese, quedaría destruído en vosotros el libre albedrío, y no sería justo que se retribuyera el bien con goces y alegrías, y el mal con llanto y luto. El cielo inicia vuestros movimientos: no quiero decir todos; pero, aunque así lo dijese, os ha dado luz para distinguir el bien y el mal. Os ha dado también el libre albedrío, que aun cuando se fatigue luchando en los primeros combates con el cielo, después lo vence todo, si persevera en el buen propósito. A mayor fuerza y a naturaleza mejor estáis sometidos, sin dejar de ser libres; y ella crea vuestro espíritu, que no está bajo el dominio del cielo. Así pues, si el mundo se aparta del verdadero camino, vuestra es la culpa; que en vosotros debe buscarse, y ahora te lo probaré con toda veracidad. Sale el alma de manos de su Creador, que la acaricia antes de que exista, semejante al niño que entre el llanto y la risa balbucea; y es entonces una simplecilla, que nada sabe, y solamente movida por el instinto de la felicidad, se inclina gustosa hacia lo que la contenta y regocija. Desde luego siente placer en los bienes más mezquinos; pero en esto se engaña, y corre tras ellos, si no tiene guía o freno que tuerza su inclinación. Por eso es necesario establecer leyes que sirvan de freno, y tener un rey que sepa discernir al menos la torre de la verdadera ciudad. Las leyes existen; pero ¿quién se cuida de su cumplimiento? Nadie; porque el pastor que precede a las almas puede rumiar, pero no tiene la pezuña hendida; por lo cual, viendo todo el rebaño a su pastor cebarse únicamente en aquellos bienes de que él es tan codicioso, se apacienta de lo mismo y no pide más. Bien puedes ver, por esto, que en el mal gobierno estriba la causa de que el mundo sea culpable, y no en que vuestra naturaleza esté corrompida. Roma, que hizo bueno al mundo, solía tener dos soles, que hacían ver uno y otro camino, el del mundo y el de Dios. Uno de los dos soles ha obscurecido al otro, y la espada se ha unido al báculo pastoral: así juntos, por fuerza deben ir las cosas de mala manera; porque estando unidos, no se temen mutuamente. Si no me prestas crédito, pon mientes en la espiga; pues toda hierba se conoce por su semilla. En el país que bañan el Po y el Adigio solía encontrase valor y cortesía, antes de que Federico tuviese contiendas. Hoy, todo aquel que dejara de acercarse a aquellas provincias por vergüenza de hablar con hombres probos, puede pasar por ellas, seguro de que no hallará ninguno. Bien es verdad que aun existen allí tres ancianos, en quienes la edad antigua reprende a la moderna, y les parece que Dios tarda en llamarlos a mejor vida: son éstos Conrado de Palazzo, el buen Gerardo, y Guido de Castel, a quien mejor le llaman al estilo francés el lombardo sencillo. En el día la Iglesia de Roma, para confundir en sí dos gobiernos, cae en el lodo ensuciándose a sí misma y a su carga.

—¡Oh Marco mío!—dije yo—; razonas bien: y ahora comprendo por qué fueron excluídos de heredar los hijos de Leví. Pero ¿qué Gerardo es ése a quien tienes por un sabio, ese resto de una raza extinguida, que es un reproche para este siglo salvaje?

—O tus palabras me engañan, o me tientan—respondióme—; porque, a pesar de hablarme en toscano, parece que no sepas nada del buen Gerardo. Yo no le conozco ningún sobrenombre, a no ser que lo tome de su hija Gaya. Dios sea con vosotros, que no puedo seguiros más. Mira el albor que ya clarea, brillando a través del humo: me es preciso partir antes de que aparezca el Angel que está allí.

Así dijo, y no quiso escuchar más.

CANTO DECIMOSEPTIMO

LECTOR, si alguna vez te ha sorprendido la niebla en los Alpes, de modo que no vieses a través de ella sino como el topo a través de la membrana que cubre sus ojos, recuerda cuán débilmente penetra el globo solar por entre los húmedos y densos vapores, cuando éstos empiezan a enrarecerse, y tu imaginación podrá fácilmente figurarse cómo volví yo a ver el Sol, que estaba ya próximo a su ocaso. Así pues, caminando al igual de mi fiel Maestro, salimos fuera de la nube de humo a los rayos luminosos, que ya se habían extinguido en la falda de la montaña.

¡Oh fantasía, que de tal modo nos arrebatas a veces fuera de nosotros mismos, que nada siente el hombre aunque suenen mil trompetas en torno suyo! ¿Quién te anima cuando no recibes impresión alguna de los sentidos? sin duda te anima una luz que se forma en el cielo, y que desciende por sí misma, o por la voluntad divina que nos la envía. En mi imaginación aparecieron las huellas de la impiedad de aquélla, que se transformó en el pájaro que más se deleita cantando. Entonces mi espíritu se reconcentró tanto en sí mismo, que no llegaba hasta él ninguna cosa exterior. Después descendió a mi exaltada fantasía la imagen desdeñosa y fiera de un crucificado, a quien veía morir de aquel modo. Junto a él estaban el grande Asuero, Esther su esposa, y el justo Mardoqueo, que fué tan recto en sus obras y en sus palabras. Cuando se desvaneció por sí misma aquella visión, como una burbuja a la que falta el agua de que estaba formada, surgió a mi imaginación una doncella que, llorando desconsolada, decía: "¡Oh Reina!, ¿por qué tu cólera te redujo a la nada? Te has dado muerte por no perder a Lavinia: sin embargo, me has perdido; y yo soy la que lloro, madre, tu pérdida antes que la de otro."

Así como se interrumpe el sueño, cuando una nueva luz hiere de improviso nuestros ojos cerrados, y aunque interrumpido se agita antes de morir enteramente, así terminaron mis visiones tan pronto como me dió en el rostro una claridad mucho mayor de la que estamos acostumbrados a ver. Me volví a uno y otro lado para examinar el sitio en que me encontraba, cuando oí una voz que decía: "Por aquí se sube." Aquella voz hizo que me olvidase de todo, y despertó en mí tan vivo deseo de mirar quién era el que hablaba, que no habría descansado hasta averiguarlo; pero me faltó allí la facultad de ver, como sucede cuando el Sol nos deslumbra y se vela a nuestros ojos con el esplendor de sus rayos.

—Este—me dijo mi Maestro—es un espíritu divino, que se oculta en su propia luz, y que nos indica la vía para ir arriba, sin que se lo roguemos. Hace con nosotros lo que el hombre consigo mismo; pues el que ve una necesidad, y aguarda que le supliquen, ya se prepara malignamente a rehusar todo socorro. Ahora nuestros pies deben aprestarse a obedecer tan cortés invitación: apresurémonos, pues, a subir antes que obscurezca, porque después no podríamos hacerlo hasta la nueva aurora.

Así dijo mi Guía, y ambos dirigimos nuestros pasos hacia una escalera: en cuanto estuve en la primera grada, sentí junto a mí como un movimiento de alas, que aventaba mi rostro, y oí decir: "Beati pacifici," que carecen de pecaminosa ira. Estaban ya tan elevados sobre nosotros los últimos rayos a quienes sigue la noche, que las estrellas aparecían por muchas partes. "¡Oh valor mío!, ¿por qué así me abandonas?," decía yo entre mí, sintiendo que me flaqueaban las piernas. Nos encontrábamos donde concluía la escalera, y estábamos parados, como la nave que llega a la playa: escuché un momento por si oía algo en el nuevo círculo; y después, dirigiéndome hacia mi Maestro, le dije:

—Dulce Padre mío, ¿qué ofensa se purifica en el círculo en que estamos? Ya que se detienen nuestros pies, no detengas tus palabras.

Me contestó:

—El amor del bien, que no ha cumplido su deber, aquí se reintegra: aquí se castiga al tardo remero. Para que lo entiendas más claramente, dirige tu pensamiento hacia mí, y recogerás algún buen fruto de nuestra detención. Hijo mío—empezó a decir—, ni el Creador, ni criatura alguna carecieron jamás de amor, bien sea natural o racional, según te consta. El natural no se equivocó nunca: el otro puede errar, por dirigirse a un mal objeto, por exceso o por falta de fervor. Mientras se dirige a los principales bienes, y se modera en su afecto a los secundarios, no puede ser causa de censurable deleite; pero cuando se inclina al mal, o se lanza al bien con mayor o menor solicitudde la que debe, entonces la criatura se vuelve contra su Creador. De aquí puedes deducir que el amor es en vosotros la semilla de toda virtud, y de toda acción que merezca castigo. Ahora bien, como el amor no puede nunca renunciar a la dicha del sujeto en quien reside, todas las cosas están preservadas de su propio odio; y como no se concibe que ningún ser creado pueda existir por sí solo, ni separado del Sér primero, es imposible todo sentimiento que tienda a odiar a éste. Resulta, pues, si mi deducción es lógica, que el mal que se desea es contra el prójimo; y este amor nace de tres modos en vuestro frágil barro. Hay quien espera elevarse sobre la ruina de su vecino, y sólo por esto desea que se derrumbe desde la altura de su grandeza; hay quien teme perder mando, gracia, honor y fama ante la elevación de otro, y esto le causa tal disgusto, que anhela lo contrario; y en fin, hay quien, por haber recibido alguna injuria, se irrita de tal suerte, que arde en sed de venganza, y únicamente piensa en hacer daño a su contrario. Este triforme amor es el que hemos visto llorar en los círculos inferiores. Ahora quiero que conozcas el otro amor que corre al bien sin orden ni medida. Cada cual concibe confusamente y desea un bien en el que se recrea el alma; y por eso se esfuerzan todos para alcanzarlo. Si vuestro amor es lento en dirigirse o en adquirir aquel bien, este círculo os da el debido castigo, aun después de vuestro arrepentimiento en vida. Existe otro bien que no hace al hombre dichoso: no es la felicidad, no es la buena esencia, el fruto y la raíz de todo bien. El amor que se entrega demasiado a ese bien, se castiga en los tres círculos superiores a éste; pero no te diré el modo cómo está hecha esta división, a fin de que tú lo averigües.

CANTO DECIMOCTAVO

EL gran doctor había terminado su razonamiento, y miraba atentamente a mi ojos para ver si me dejaba satisfecho; y yo, que me sentía excitado por una nueva sed, callaba exteriormente, pero decía en mi interior: "Quizá le cansen mis numerosas preguntas." Mas aquel Padre veraz, que adivinó el tímido deseo que no me atrevía a descubrir, hablando, me dió aliento para hablar; por lo que le dije:

—Maestro, mi vista se aviva de tal modo con tu luz, que discierne claramente cuanto tu razón abarca o describe: por eso te ruego, dulce y querido Padre, que me definas el Amor al que atribuyes toda buena y mala acción.

—Dirige hacia mí—me dijo—las penetrantes miradas de tu inteligencia y te será manifiesto el error de los ciegos que se convierten en guías. El alma, que ha sido creada con predisposición al amor, se lanza hacia todo lo agradable, tan pronto como es incitada por el placer a ponerse en acción. Vuestra facultad aprehensiva recibe la imagen o la especie de un objeto exterior, y la desenvuelve dentro de vosotros, de tal modo que induce a vuestro ánimo a dirigirse hacia dicho objeto; y si al hacerlo se abandona a él, ese abandono es amor, y ese amor es la naturaleza que de nuevo se une a vosotros, por efecto del placer. Después, así como el fuego se dirige hacia lo alto, a causa de su forma, que ha sido hecha para subir allá donde más se conserva en su materia primitiva, así también el alma apasionada se entrega al deseo, que es el movimiento espiritual, y no sosiega hasta que goza de la cosa amada. Por lo dicho puedes comprender cuánto se oculta la verdad a los que afirman que todo amor tiene en sí algo de laudable, quizá porque creen que su materia es siempre buena; pero no todos los sellos estampados en cera son buenos, por más que la cera lo sea.

—Tus palabras y mi inteligencia que las ha seguido—le respondí—, me han descubierto lo que es el amor: pero eso mismo me ha llenado de nuevas dudas; porque si el amor nace en nosotros por efecto de las cosas exteriores, sin que el alma proceda de otro modo, ésta no tendrá ningún mérito en seguir un camino recto o tortuoso.

Respondióme:

—Puedo decirte todo cuanto en ello ve nuestra razón: respecto a lo demás, espera llegar hasta Beatriz, porque esto es materia de fe. Toda forma substancial, que es distinta de la materia, y que sin embargo está unida a ella, contiene una virtud que le es particular; la cual, sin las obras, no se siente, ni se demuestra sino por los efectos, como la vida de la planta por su verde follaje. El hombre ignora de dónde proceden el conocimiento de las ideas primarias y el afecto a las cosas que primeramente apetece, los cuales existen en vosotros como en las abejas la inclinación a fabricar miel: en estos primeros deseos no cabe alabanza ni censura. Mas por cuanto a ellos se agregan todos los demás deseos, es innata en vosotros la virtud que aconseja, y que debe custodiar los umbrales del consentimiento. Ella es el principio de donde sacáis la ocasión de contraer méritos, según que acoge o rechaza los buenos o los malos amores. Los que razonando llegaron al fondo de las cosas, han reconocido esa libertad innata, y han dejado al mundo doctrinas morales. Supongamos, pues, que nazca por fuerza necesaria todo amor que se enciende en vosotros; siempre tenéis la potestad de contenerlo. Esa noble virtud es lo que Beatriz entiende por libre albedrío; y debes procurar tenerlo presente, si acaso te habla de ello.

La Luna, que salió tarde y casi a media noche, hacía que nos parecieran más escasas las estrellas: semejante a un caldero encendido, corría contra el cielo por aquel camino que inflama el Sol cuando el habitante de Roma le ve caer entre Córcega y Cerdeña; y la Sombra gentil, por quien Piétola goza de más fama que la ciudad de Mantua, se hallaba descargada del peso de mis preguntas: por lo cual yo, que había recibido claras y sólidas razones con respecto a todas ellas, estaba como el hombre que sorprendido por el sueño no piensa en nada. Pero esta soñolencia me fué desvanecida de improviso por mucha gente que avanzaba ya detrás de nosotros; y así como en otro tiempo el Ismeno y el Asopo vieron correr de noche por sus orillas una muchedumbre furiosa de tebanos para tener propicio a Baco, así avanzaban por aquel círculo, según pude ver, los que eran estimulados por una buena voluntad y un justo amor. En breve llegaron hasta nosotros; porque toda aquella gran turba venía corriendo, y los dos de delante gritaban llorando: "María se dirigió con suma celeridad a la montaña; y César, por subyugar a Ilerda, voló a Marsella, y después pasó a España." "Pronto, pronto, exclamaban otros en pos de ellos; que el tiempo no se pierda por poco amor, a fin de que el anhelo de las buenas obras haga reverdecer la gracia."

—¡Oh almas, en quienes un fervor ardiente compensa ahora quizá la negligencia y la tardanza, que por tibieza empleasteis para el bien! Este, que vive aún (y no os engaño), quiere ir allá arriba en cuanto el Sol brille de nuevo: decidnos, pues, dónde está la subida.

Tales fueron las palabras de mi Guía; y uno de aquellos espíritus dijo:

—Ven tras de nosotros, y la encontrarás. Estamos tan deseosos de avanzar, que no podemos detenernos: perdona, pues, si lo que hacemos por justo castigo te parece una descortesía. Yo fuí abad en San Zenón de Verona, durante el imperio del buen Barbarroja, de quien todavía se lamenta Milán. Hay quien tiene ya un pie en la fosa, que pronto llorará por aquel monasterio, entristeciéndole el poder que allí tuvo; porque en lugar de su verdadero pastor, ha puesto en él a un hijo suyo, malo de cuerpo, peor aún del espíritu, y nacido de mal consorcio.

No sé si dijo más, o si se calló; tan lejos se encontraba ya de nosotros; pero esto es lo que oí, y me pareció bien retenerlo en la memoria. Y aquél que era el socorro de todas mis necesidades dijo:

—Vuélvete hacia aquí; mira dos que vienen mordiendo a la Pereza.

Estos iban diciendo detrás de todos: "La nación por quien se abrió el mar, murió antes de que sus descendientes viesen el Jordán;[68] y aquella gente que noquiso compartir hasta el fin las fatigas del hijo de Anquises, se ofreció por sí misma a una vida sin gloria."[69]

En seguida, cuando aquellas sombras se alejaron tanto de nosotros, que ya no podíamos verlas, me asaltó una nueva idea, de la que nacieron otras varias; y mi imaginación empezó a divagar de tal modo de una a otra, que por alucinación cerré los ojos, y mi pensamiento se trocó pronto en sueño.

CANTO DECIMONONO

Ala hora en que el calor del día, vencido por la tierra y por Saturno acaso, no puede ya templar el frío de la Luna; cuando los geománticos ven, antes del alba, elevarse en Oriente "su mayor fortuna"[70] por aquel camino que para ella permanece poco tiempo obscuro, se me apareció en sueños una mujer tartamuda, bizca, con los pies torcidos, manca y de amarillento color. Yo la miraba; y así como el Sol reanima los miembros entorpecidos por el frío de la noche, de igual suerte mi mirada hacía expedita su lengua, y erguía su cuerpo en poco tiempo, colorándole el marchito rostro, como requiere el amor. Cuando tuvo la lengua suelta, empezó a cantar de tal modo, que con trabajo hubiera podido separar mi atención de ella. "Yo soy, cantaba, yo soy dulce Sirena, que distraigo a los marineros en medio del mar; tanto es el placer que hago sentir. Con mi canto aparté a Ulises de su camino inseguro; y el que conmigo se aviene, rara vez se va; de tal modo le fascino." Aun no se había cerrado su boca, cuando apareció a mi lado una mujer santa, pronta a confundirla: "¡Oh Virgilio, Virgilio! ¿Quién es ésa?," decía con altivez; y él se acercaba con los ojos fijos solamente en aquella honesta mujer. Cogió a la otra, y desgarrando sus vestiduras, la descubrió por delante y me mostró su vientre. La pestilencia que de él salía me despertó. Volví los ojos y el buen Virgilio me dijo:

Lo menos te he llamado tres veces: levántate y ven; busquemos la abertura por donde has de entrar.

Me levanté: todos los círculos del sagrado monte estaban ya inundados por la luz del día, y continuamos caminando teniendo el Sol a nuestra espalda. Mientras le seguía, llevaba yo la frente como aquel a quien abruman los pensamientos, que de sí mismo hace un arco de puente, cuando oí decir: "Venid, por aquí se pasa." Estas palabras fueron pronunciadas con un tono suave y benigno, como no se oye en esta región mortal. Con las alas abiertas, que parecían de cisne, el que nos había hablado así nos dirigió hacia arriba por entre las dos laderas del áspero peñasco. Movió después sus plumas, y aventó mi frente, afirmando que son bienaventurados "qui lugent," porque sus almas serán ricas de consuelo.

—¿Qué tienes, que sólo miras hacia el suelo?—me preguntó mi Guía, cuando estuvimos poco más arriba del Angel.

Y yo le contesté:

—Me hace ir de este modo, suspenso y caviloso, una visión reciente, la cual me atrae hacia sí, de suerte que no puedo eximirme de pensar en ella.

—¿Has visto—me dijo—la antigua hechicera, causante única del llanto que más arriba de donde esta]mos se vierte? ¿Has visto cómo el hombre puede desprenderse de ella? Bástete, pues, eso, y apresura el paso; vuelve tus ojos al reclamo de las magníficas esferas, que hace girar el Rey eterno.

Como el halcón, que, mirando primero a sus pies, acude al grito del cazador y tiende el vuelo, atraído por el deseo de la presa, lo mismo hice yo, recorriendo la hendedura de la roca destinada a dar paso a los que suben, sin detenerme hasta llegar al punto donde se camina en redondo. Cuando hube salido al quinto círculo, vi algunas almas, que lloraban tendidas en el suelo boca abajo; y las oí exclamar con tan fuertes suspiros, que apenas se entendían las palabras: "Adhæsit pavimento anima mea."[71]

—¡Oh elegidos de Dios, cuyos padecimientos son suavizados por la resignación y la esperanza! Dirigidnos hacia las altas gradas.

—Si venís libres de yacer aquí con nosotros, y queréis encontrar más pronto la subida, caminad siempre llevando vuestra derecha hacia fuera del círculo.

Tal fué la súplica del Poeta, y tal la contestación que le dieron algo más adelante de nosotros; pudiendo yo conocer por el sonido de las palabras cuál era el que había hablado: volví entonces los ojos hacia mi Señor, quien con un gesto complaciente consintió en lo que pedía la expresión de mi deseo. Cuando pude obrar a mi gusto, me acerqué a aquella criatura, que había llamado mi atención con sus palabras, diciéndole:

—Espíritu, en quien el llanto madura la expiación, sin la cual no se puede llegar hasta Dios, suspende un momento por mí tu mayor cuidado. Dime quién fuiste, y por qué tenéis todos la espalda vuelta hacia arriba, y si quieres que pida por ti alguna cosa en el mundo de donde salí vivo.

Me respondió:

—Sabrás por qué ordena el Cielo que tengamos la espalda vuelta hacia él; pero antes "scias quod ego fui successor Petri."[72] Entre Sesti y Chiavari se interna un hermoso río, de cuyo nombre toma origen el título de mi sangre. Un mes y poco más pude experimentar cuán pesado es el gran manto al que lo preserva del lodo; pues cualquier otra carga parece una pluma. Mi conversión ¡ay de mí! fué tardía; pero cuando fuí elegido Pastor romano, conocí lo engañosa que es la vida. Vi que ni aun allí reposaba el corazón, no siendo posible subir a más altura en aquella vida mortal: así es que me inflamó el amor de la eterna. Hasta entonces fuí una alma miserable, alejada de Dios, y completamente avara, por lo cual sufro el castigo que ves. Lo que hace la avaricia, se manifiesta aquí con la pena que sufren las almas echadas boca abajo; pena mas amarga que ninguna otra. Así como nuestros ojos, fijos en las cosas terrenales, no miraron nunca hacia arriba, del mismo modo la justicia los sumerge aquí en el suelo. Así como la avaricia extinguió en nosotros el amor hacia todo verdadero bien, por lo cual fueron vanas nuestras obras, así también la justicia nos tiene aquí oprimidos, atados de pies y manos, e inmóviles y extendidos mientras plazca al justo Señor.

Yo me había arrodillado, y quise hablar; pero cuando empezaba, el espíritu advirtió, con sólo escuchar, este acto de reverencia, y me dijo:

—¿Por qué te inclinas al suelo de ese modo?

Le contesté:

—Mi recta conciencia me obliga a respetar vuestra dignidad.

—Endereza tus piernas, y levántate, hermano—repuso—; no te engañes: como tú y los demás, soy servidor de la misma potestad. Si has podido comprender aquellas palabras evangélicas que dicen "neque nubent," bien puedes ver por qué hablo así. Véte ya: no quiero que te detengas por más tiempo; que tu permanencia aquí da treguas a mi llanto, con el que acelero lo que tú has dicho antes. Tengo allá abajo una sobrina, que se llama Alagia, naturalmente buena, a no ser que nuestra casa la haya pervertido con su ejemplo. Ella sola me queda ya en el mundo.

CANTO VIGESIMO

MAL resiste un deseo contra otro mejor: por esto, para complacer a aquel espíritu, retiré del agua, contra mi gusto, la esponja de la curiosidad no saturada. Púseme en marcha, y mi Guía se encaminó por los únicos parajes que había expeditos a lo largo de la escarpa del monte, andando como quien va por una muralla pegado a los merlones; porque aquellas almas que vierten gota a gota por sus ojos el mal que se apodera del mundo entero, se acercan demasiado de la otra parte hacia fuera. ¡Maldita seas, antigua loba, que con tu hambre profunda e insaciable haces más presas que todas las demás fieras! ¡Oh Cielo, en cuyas revoluciones ven algunos la causa de los cambios que sufren las cosas y las condiciones humanas!, ¿cuándo vendrá el que haga huír a esa loba?

Ibamos caminando con pasos lentos y contados, y yo ponía toda mi atención en las sombras, escuchándolas piadosamente llorar y lamentarse; cuando por ventura oí exclamar con dolorida voz, semejante a la de una mujer próxima a su alumbramiento: "¡Dulce María!" Y en seguida: "Fuiste tan pobre como se puede ver por aquel establo donde depusiste tu santo fruto." A continuación oí: "¡Oh buen Fabricio!, preferiste ser pobre y virtuoso, antes que poseer grandes riquezas cayendo en el vicio." Estas palabras me eran tan agradables, que me adelanté para conocer el espíritu de quien al parecer procedían. Este seguía hablando de los donativos que hizo Nicolás a las doncellas para conducir su juventud por la senda del honor.[73]

—¡Oh alma, que recuerdas tan benéficas acciones! Dime quién fuiste—le pregunté—, y por qué eres la única que reitera esas dignas alabanzas. Tus palabras no quedarán sin recompensa, si vuelvo al mundo para concluir el corto camino de aquella vida que vuela a su término.

—Te lo diré—me contestó—, no porque espere consuelo alguno que proceda de allá, sino porque brilla en ti tanta gracia antes de haber muerto. Yo fuí raíz de la mala planta que arroja hoy sobre toda la tierra cristiana tan nociva sombra que apenas se coge en ella ningún fruto bueno. Pero si Douay, Gante, Lilla, y Brujas pudieran, pronto tomarían venganza; y yo se la pido a Aquél que lo juzga todo. En el mundo me llamé Hugo Capeto: de mí descienden los Felipes y los Luises, que en estos últimos tiempos rigen la Francia. Hijo fuí de un carnicero de París.

Cuando faltaron los antiguos reyes, salvo uno que se revistió de paños grises, empuñé las riendas del gobierno del reino, y en mi nueva posición adquirí tal poder y tantos amigos, que la corona vacante fué colocada en la cabeza de mi hijo, en quien comienza la estirpe consagrada de los nuevos reyes. Mientras la gran adquisición de los Estados provenzales no quitó la vergüenza a mi familia, ésta valió poco, mas en cambio no hizo daño; pero allí dió principio a sus rapiñas, empleando la fuerza y la mentira: luego, para enmendarse, usurpó el Ponthieu, la Normandía y la Gascuña. Carlos fué a Italia, y para enmendarse, hizo una víctima de Conradino, y después envió al Cielo a Tomás, también para enmendarse. Veo un tiempo, no muy lejano, en que saldrá de Francia otro Carlos, para darse a conocer mejor a sí mismo y a los suyos.[74] Sale de ella sin armas, y sólo con la lanza con que luchó Judas; y la maneja de modo que abre con ella y vacía el vientre de Florencia. En esta ocasión no adquirirá comarcas, sino pecados y oprobio, tanto más gravosos para él, cuanto más leve le parezca semejante daño. Veo al otro que ya salió, y cayó prisionero en un bajel, vender a su hija regateando el precio, como hacen los corsarios con sus esclavas. ¡Oh avaricia! ¿Qué más puedes hacer, cuando te has apoderado de mi estirpe, tanto que no se cuida de su propia carne? Y a fin de que parezca menor el mal futuro y el pasado, veo a la flor de Lis entrar en Alagna, y a Cristo prisionero en la persona de su vicario, véole otra vez entregado al ludibrio, veo renovar la hiel y vinagre, y le veo morir entre otros dos ladrones. Veo tan cruel al nuevo Pilatos, que no le basta eso, y sin dictar sentencia, lleva hasta el templo sus codiciosos deseos. ¡Oh Señor mío! ¿Cuándo tendré la dicha de contemplar la venganza que, oculta en tus arcanos, te hace agradable tu ira? En cuanto a lo que yo decía de la única Esposa del Espíritu Santo, lo cual hizo que te volvieses hacia mí para obtener alguna explicación, te diré que esto forma parte de nuestras oraciones durante el día; mas luego que anochece, recitamos en su lugar ejemplos contrarios. Entonces recordamos a Pigmalión, a quien su pasión por el oro hizo traidor, ladrón y parricida; y la miseria del avaro Midas, consecuencia de su petición desmesurada, que será siempre motivo de burla. Recuérdese también al insensato Acham, y cómo robó los despojos del enemigo, de suerte que aun aquí parece que le persiga la ira de Josué. Después acusamos a Safira y a su marido; alabamos los pies que pisotearon a Eliodoro, y por todo el monte circula infamado el nombre de Polinéstor, que mató a Polidoro. Por último, gritamos: "¡Oh Craso!

Dinos, pues no lo ignoras, qué sabor tiene el oro." A veces hablamos unos en alta voz, otros en voz baja, según la afección que a ello nos estimula con más o menos fuerza. Por lo demás, no era yo sólo quien antes recordaba los buenos ejemplos de que nos ocupamos durante el día; pero no había cerca de aquí otro que levantara la voz.

Nos habíamos separado ya de aquel espíritu, y procurábamos avanzar por el camino cuanto nos era posible, cuando sentí retemblar el monte como si se hundiera; por lo cual me sobrecogió un frío, sólo comparable al que siente aquel que va a morir. No se estremeció en verdad tan fuertemente Delos, antes que Latona anidase en ella para dar a luz los dos ojos del Cielo.[75] Después resonó por todos los ámbitos de la montaña tal grito, que el Maestro se acercó a mí diciendo:

—No vaciles, mientras yo te guíe.

Gloria in excelsis Deo," decían todos, según comprendí por las voces que salían de los puntos cercanos, desde donde era posible oirlas. Nos quedamos inmóviles y suspensos, como los pastores que por primera vez oyeron aquel canto, hasta que cesó el temblor, y acabó el himno. Emprendimos nuevamente nuestro santo camino, mirando las sombras que yacían por el suelo vueltas boca abajo y exhalando su acostumbrado llanto. Si la memoria no me es infiel, jamás la ignorancia de una cosa incitó con tanto empeño mi deseo de saber, como entonces, pensando en lo ocurrido: y como, por la premura de nuestra marcha, no me atreví a preguntar, ni por mí mismo podía comprender nada, caminaba tímido y pensativo.

CANTO VIGESIMOPRIMERO

ME atormentaba la sed natural, que no se sacia nunca sino con aquella agua que pidió como gracia la joven samaritana; excitábame la prisa de seguir a mi jefe por el obstruído sendero, y me afligía el espectáculo del justo castigo. En esto, según refiere Lucas que se apareció Cristo a dos hombres en el camino, después de haber salido del sepulcro, así se nos apareció una sombra, que venía en pos de nosotros mirando a sus plantas las almas tendidas: aun no habíamos reparado en ella, cuando nos dirigió la palabra diciéndonos:

—Hermanos míos, la paz de Dios sea con vosotros.

Nos volvimos presurosamente, y Virgilio le hizo la demostración que convenía a aquel saludo. Después le dijo:

—¡Que en el concilio bienaventurado te admita en paz el tribunal de verdad que me relega a un destierro perpetuo!

—¡Cómo!—exclamó el espíritu—; ¿pues por qué vais tan de prisa, si sois sombras que Dios no se digna admitir allá arriba? ¿Quien os ha guiado hasta aquí por su escala?

Mi Doctor contestó:

—Si miras las señales que lleva éste y trazas al Angel, podrás ver que tiene el derecho de reinar con los buenos; pero como aquella que hila de noche y de día no había terminado aún la husada que le corresponde, y que Cloto prepara e impone a cada uno de nosotros, su alma, que es hermana tuya y mía, viniendo aquí, no podía venir sola, porque no puede ver como nosotros. Por esta razón fuí yo sacado de la vasta garganta del Infierno para enseñarle el camino, y se lo enseñaré hasta donde mi ciencia pueda guiarle. Pero dime, si es que lo sabes, ¿por qué dió antes el monte tales sacudidas, y por qué hasta en sus húmedos fundamentos parecían gritar a la vez todas las almas?

Haciendo esta pregunta, Virgilio acertó como en una aguja con el ojo de mi deseo, de tal suerte, que bastó la esperanza para mitigar mi sed de saber. Aquél empezó de esta manera:

—Nada sucede en la religiosa montaña, que esté fuera del orden o del uso establecido. Este sitio está libre de toda conmoción; y la que habéis sentido sólo puede proceder de aquello que el Cielo recibe digno de sí mismo, y no de otra causa. Porque no llueve, ni graniza, ni nieva, ni cae escarcha ni rocío más acá de la puerta de las tres pequeñas gradas. No aparecen nubes densas ni enrarecidas, ni se ven relámpagos, ni a la hija de Taumante, que allá abajo cambia con frecuencia de sitio. No hay seco vapor, que se eleve a mayor altura de la de aquellas tres gradas de que he hablado, donde tiene sus plantas el vicario de Pedro. Quizá temblará el monte poco o mucho más abajo de allí; pero por más viento que se esconda en la tierra, no sé en qué consiste que aquí no ha temblado nunca. Unicamente se estremece cuando algún alma, sintiéndose purificada, se levanta o se mueve para subir, acompañándola aquel cántico. La prueba de la purificación es la voluntad que excita al alma, libre ya, a mudar de sitio, ayudándole en su mismo deseo. No por eso deja de sentir antes de tiempo el anhelo ineficaz de subir al cielo, pero sin que tampoco la abandone el de satisfacer a la justicia divina, pues ésta le impone por el castigo el mismo afán que tuvo por el pecado. Yo, que he yacido en esta mansión de dolor más de quinientos años, no he tenido hasta este momento la libre voluntad de pasar a otra mejor: por eso has sentido el terremoto, y a los piadosos espíritus alabando por la montaña a aquel Señor, que los admitirá pronto en su seno.

Así habló; y como el hombre goza tanto más en beber, cuanta mayor sed tiene, no sabré decir el contento que me dió. Mi sabio Guía le dijo:

—Ahora veo la red en que estáis prendidos, y de qué manera os libráis de ella; la causa del temblor del monte y la de que os congratuléis. Hazme saber ahora, si lo tienes a bien, quién fuiste, y por qué has estado tendido durante tantos siglos: permíteme que lo deduzca de tus palabras.

—En aquel tiempo en que el buen Tito, con la ayuda del supremo Rey, vengó las heridas por donde salió la sangre que había vendido Judas— respondió aquel espíritu—, estaba yo allá abajo llevando el nombre que más dura y honra más, bastante famoso, pero todavía sin fe. Fué tan dulce mi canto, que, a pesar de ser tolosano, me atrajo a sí Roma, donde merecí que coronaran de mirto mis sienes. Aun me llama Estacio la gente que allí vive: canté a Tebas, y después al gran Aquiles; pero caí en el camino llevando mi segunda carga. Encendieron mi ardor las chispas de la divina llama que han inflamado a más de mil. Hablo de la "Eneida," la cual fué mi madre y mi nodriza en poesía: nada escribí sin ella que tuviera el menor peso; y pasaría gustoso un año más en este destierro, con tal de haber vivido en el mundo cuando vivió Virgilio.

Estas palabras hicieron que Virgilio se volviera hacia mí, con un ademán, que tácitamente decía: "Cállate;" pero la voluntad no lo puede todo; porque la risa y el llanto siguen de tal modo a la pasión de que proceden, que en los hombres más sinceros se manifiestan sin querer: así es que yo me sonreí, como quien muestra estar en inteligencia con otro; por lo cual la sombra se calló, y me miró a los ojos, que es donde más se refleja el pensamiento.

—¡Ah! ¡Ojalá puedas llevar a buen término tu grande obra!—dijo—; más ¿por qué tu rostro me ha mostrado ahora ese relámpago de sonrisa?

Vime entonces apurado entre ambos: el uno me obligaba a callar, el otro me pedía que hablase; por lo cual suspiré, y fuí comprendido.

—Puedes hablar sin temor—me dijo mi Maestro—; habla y dile lo que pregunta con tanto empeño.

Contesté, pues:

—Quizá te asombres, antiguo espíritu, de mi sonrisa; pero quiero causarte mayor admiración. Este, que guía mis ojos hacia arriba, es aquel Virgilio, de quien aprendiste a cantar en sublimes versos los actos de los hombres y de los dioses. Si creíste que mi sonrisa tenía otra causa, deséchala como errónea, que sólo procedía de las palabras que pronunciaste con respecto a él.

Estacio se inclinaba ya para abrazar las rodillas de mi Señor; pero éste le dijo:

—Hermano, no lo hagas; que tú eres sombra, y ves ante ti a otra sombra.

Y él, levantándose, contestó:

—Tú puedes comprender ahora la magnitud del amor que por ti me inflama, cuando olvido nuestra vanidad, tratando a una sombra como a un cuerpo sólido.

CANTO VIGESIMOSEGUNDO

YA el ángel se había quedado detrás de nosotros; el ángel que nos dirigió hacia el sexto círculo, después de haber borrado una de las manchas de mi frente; y nos había dicho que son bienaventurados los que cifran sus deseos en la justicia, pero su voz expresó esta sentencia con la palabra "sitiunt" sin pronunciar la otra. Yo andaba por allí más ligero que por las otras aberturas, de modo que sin ningún trabajo seguía hacia arriba a los veloces espíritus. Entonces Virgilio empezó a decir:

—El amor que nace de la virtud inflama siempre otros amores, con tal que su llama se dé a conocer. Desde la hora en que Juvenal bajó entre nosotros al Limbo del Infierno, y me manifestó tu afecto hacia mí, mi benevolencia para contigo fué la mayor que sentirse puede por una persona a quien no se ha visto nunca: así es que ahora me parecen cortas estas escaleras. Pero dime, y, como amigo, perdona si la demasiada confianza afloja el freno de mi lengua, en el concepto de que también deseo que como amigo me hables: ¿cómo pudo encontrar la avaricia un lugar en tu corazón, a pesar del recto sentido que con tu diligencia y estudio llegaste a poseer en tanto grado?

Estas palabras hicieron sonreír desde luego a Estacio; después respondió:

—Todo cuanto me digas es para mí una prueba de cariño. Muchas veces, en efecto, aparecen las cosas de manera, que dan motivo a falsas presunciones, porque las verdaderas causas están ocultas. Tú crees, según me prueba tu pregunta, que yo fuí avaro en la otra vida, quizá por haberme visto en el círculo en que me encontraba. Sabe, pues, que la avaricia estuvo muy lejos de mí, y que mis excesos en contrario han sido castigados por millares de lunas. Y si no hubiera sido porque me apliqué el oportuno remedio, cuando medité los versos en que exclamas, casi irritado contra la humana naturaleza: "¡Oh execrable hambre del oro!, ¿adónde no conduces al insaciable apetito de los mortales?," me vería dando vueltas por el círculo donde se lanzan pesos. Entonces calculé que, por abrir demasiado las alas, podían llegar a gastarse mis manos, y me arrepentí tanto de aquél como de los otros males. ¡Cuántos resucitarán con los cabellos rapados, por la ignorancia en que están de que la prodigalidad sea un pecado, y que les impide arrepentirse, ya durante su vida, ya en el término de ella! Y sabe que la culpa diametralmente opuesta a cada pecado se expía aquí juntamente con el mismo pecado: así es que si he permanecido purificándome entre los que lloran su avaricia, ha sido precisamente por el vicio contrario.

El Cantor de las "Bucólicas" dijo entonces:

—Cuando cantaste las crueles contiendas de la doble tristeza de Yocasta, no creo, a juzgar por los acentos en que Clío te hizo prorrumpir, que te contase entre los suyos la Fe, sin la cual no basta obrar bien. Si así es, ¿qué sol o qué luz ha disipado tus tinieblas de tal modo, que te permitiera elevar tus velas hacia el Pescador?

Y el otro contestó:

—Tú me enviaste primero a beber en las grutas del Parnaso, y luego me iluminaste para que conociese al verdadero Dios. Hiciste como el que camina de noche llevando tras de sí una luz, que a él no le sirve, pero alumbra a las personas que le siguen, cuando dijiste: "El siglo se renueva, vuelve la justicia con los primeros tiempos del género humano, y una nueva progenie desciende del cielo." Por ti fuí poeta, por ti cristiano; mas para que veas mejor lo que te pinto, extenderé las manos a fin de darle más colorido. Ya estaba el mundo lleno de la verdadera creencia, sembrada por los mensajeros del eterno reino, y tus palabras, antes citadas, concordaban con la doctrina de los nuevos apóstoles; por lo cual yo me acostumbré a visitarlos: después me parecieron rodeados de tal santidad, que cuando Domiciano los persiguió, corrieron mis lágrimas mezcladas con las suyas. Mientras viví, les socorrí; sus rectas costumbres me hicieron despreciar todas las otras sectas, y antes que, en mi poema, condujese a los griegos ante los ríos de Tebas, había recibido el bautismo; pero por miedo fuí cristiano en secreto, y durante largo tiempo me mostré pagano. Esta timidez me ha hecho recorrer el cuarto círculo durante más de cuatro siglos. Y ahora, pues tenemos más tiempo del que necesitamos para subir por nuestro camino, dime tú, que has descorrido el velo que me ocultaba el soberano bien, dónde están nuestro antiguo Terencio, Cecilio, Plauto y Varrón, si es que lo sabes. Dime si están condenados y en qué círculo.

—Todos esos, y Persio, y yo, y otros muchos—respondió mi Guía—, estamos en el primer círculo de la ciega prisión con aquel Griego[76] a quien lactaron las Musas más que a otro alguno: muchas veces hablamos del monte donde se encuentran siempre nuestras nodrizas. Allí están con nosotros Eurípides, Anacreonte, Simónides, Agatón, y otros muchos griegos que vieron ya sus frentes coronadas de laurel. De los que tú cantaste, se ve allí a Antígona, a Deifila, Argía e Ismene, tan triste como antes. Está también la que enseñó la Langía, la hija de Tiresias, y Tetis, y Deidamia con sus hermanas.

Los dos poetas habían guardado silencio, mirando de nuevo con atención en torno suyo, por haber terminado la escala y sus paredes: ya las cuatro esclavas del día habían quedado atrás, y la quinta estaba en el timón del carro solar, dirigiendo hacia arriba su luminosa punta, cuando mi Guía dijo:

–Creo conveniente que volvamos nuestro hombro derecho hacia la orilla del círculo, para dar la vuelta a la montaña, según acostumbramos hacer.

Esta costumbre fué nuestra guía, y emprendimos el camino sin titubear, una vez que a ello asintió la otra alma virtuosa. Ellos iban delante y yo detrás, solo, escuchando sus palabras, que me comunicaban la inteligencia de la poesía. Pero pronto interrumpió tan dulce coloquio la vista de un árbol, que encontramos en medio del camino, cargado de manzanas olorosas; y así como el abeto, elevándose hacia el cielo, va disminuyendo de rama en rama, aquél iba disminuyendo por su parte inferior, con objeto, según creo, de que nadie suba a él. Por el lado en que estaba cerrado nuestro camino, caía de la alta roca un agua cristalina, que se esparcía por las hojas superiores.

Los dos Poetas se acercaron al árbol, cuando exclamó una voz entre el follaje: "Os puede costar caro tocar este manjar." Después dijo: "María pensaba más en que las bodas fuesen honrosas y cumplidas, que en su boca que ahora intercede por vosotros. Las antiguas romanas se contentaron con el agua por toda bebida, y Daniel despreció los manjares y adquirió la ciencia. El primer siglo fué tan bello como el oro; el hambre hacía más sabrosas las bellotas, y la sed convertía en néctar cualquier arroyuelo. En miel y langostas consistió el alimento del Bautista en el Desierto: esto le da más gloria, y le hace tan grande como lo patentiza el Evangelio."

CANTO VIGESIMOTERCERO

MIENTRAS tenía mi vista fija en el verde follaje, como suele hacer quien pierde el tiempo detrás de un pájaro, el que era para mí más que un padre, decía:

—Hijo mío, ven ahora, porque el tiempo que se nos concede debe emplearse más útilmente.

Volví el rostro con ligereza y con no menos mis pasos hacia los Sabios, los cuales hablaban tan bien, que escuchándolos no sentía en el andar cansancio alguno; cuando se oyó cantar llorando: "Labia mea, Dómine," de un modo que hizo nacer en mí placer y dolor.

—¡Oh dulce Padre!, ¿qué es lo que oigo?—empecé a decir.

Y él dijo:

—Son las sombras, que van quizá deshaciendo el nudo de sus deudas.

Cual peregrinos pensativos, que al encontrar en su camino gente a quien no conocen, se vuelven hacia ella sin detenerse, así venía tras de nosotros, pero con paso más rápido, una turba de espíritus, callados y piadosos, que pasaban adelante mirándonos. Todos ellos tenían los ojos hundidos y apagados, la faz pálida, y tan demacrada, que a través de la piel se notaba la forma de los huesos. No creo que Erisictón se viese reducido a una piel tan seca cuando más tuvo que temer el hambre. Yo decía, pensando entre mí: "He aquí cómo debía estar la nación que perdió a Jerusalén, cuando María llegó a devorar a su propio hijo." Sus ojos parecían anillos sin piedras; los que en el rostro del hombre leen Homo, hubieran conocido allí con facilidad la M[77]. ¿Quién creería, ignorando la causa, que el olor de una fruta y aquel salto de agua, excitando su deseo, pudiera reducirlos a tal extremo? Yo estaba asombrado al verles tan hambrientos, porque aun no conocía la causa de su demacración y de su triste aridez; cuando desde la profunda cavidad de su cabeza dirigió hacia mí sus ojos una sombra, y me miró fijamente; después de lo cual exclamó en alta voz:

—¿Qué gracia es ésta que se me concede?

Nunca le hubiera conocido por su rostro; pero su voz me recordó todo lo que sus facciones habían absorbido en sí mismas; esta chispa encendió en mí el completo conocimiento de aquel rostro cambiado, y reconocí el de Forese.

—¡Ah!—me dijo—; no fijes tu atención en esta lepra árida, que me decolora la piel, ni en la carne que me falta. Pero dime la verdad con respecto a ti, y dime quiénes son esas dos almas que te guían: no pararé hasta que me lo digas.

—Tu rostro, que ya muerto me hizo llorar, excita ahora en mí nuevos deseos de llanto—le respondí viéndole tan desfigurado—; pero dime, por Dios, qué es lo que os demacra tanto; y no me hagas hablar de otra cosa mientras dura mi asombro, porque mal puede hablar el que está poseído de otro deseo.

Me contestó:

—Desde el eterno tribunal desciende una virtud sobre el agua y la planta que hemos dejado más atrás; virtud que me extenúa de esta suerte. Todos esos que cantan llorando por haberse entregado desenfrenadamente al vicio de la gula, deben santificarse aquí por medio del hambre y de la sed. El olor que se exhala de la fruta y el agua que se extiende sobre ese follaje, excitan en nosotros el deseo de comer y beber, y más de una vez se repite nuestra pena mientras damos la vuelta a este círculo: he dicho pena, debiendo decir consuelo; porque el deseo que nos conduce hacia ese árbol es el mismo que condujo a Jesucristo a decir lleno de gozo: "Eli," cuando nos redimió con la sangre de sus venas.

—Forese—repliqué—, desde aquel día en que dejaste el mundo por mejor vida, no han transcurrido aún cinco años. Si la facultad de pecar concluyó en ti antes de que sobreviniera la hora del saludable dolor que nos reconcilia con Dios, ¿cómo es que has venido aquí arriba? Creía encontrarte abajo, donde el tiempo con el tiempo se repara.

Respondióme:

—Mi Nella es la que, con sus ruegos asiduos, me ha conducido a beber el dulce ajenjo del dolor. Con sus devotas oraciones y sus suspiros me ha sacado del lugar donde se espera, y me ha librado de los otros círculos. Mi viudita, a quien amé mucho, es tanto más querida y agradable a Dios, cuanto más sola es en obrar bien; pues la Barbagia de Cerdeña tiene mujeres mucho más púdicas que la Barbagia donde la he dejado. ¡Oh caro hermano!, ¿qué quieres que te diga? Ante mi vista se presenta un tiempo futuro, del que no dista mucho el presente, en el cual se prohibirá desde el púlpito a las descaradas florentinas ir enseñando los pechos, ¿Qué mujeres bárbaras ni sarracenas ha habido jamás, contra las que se debiera apelar a penas espirituales o a otras restricciones para obligarlas a ir cubiertas? Pero si las impúdicas estuvieran seguras de lo que el cielo les prepara pronto, tendría ya la boca abierta para aullar; porque si mi previsión no me engaña, serán entristecidas antes de que salga el bozo al niño que ahora se consuela con la "nana." ¡Ah, hermano!, no te me ocultes más: estás viendo que, no sólo yo, sino todas esas almas, miran el sitio donde interceptas la luz del Sol.

Entonces le dije:

—Si recuerdas lo que tú y yo fuimos, aun el mencionarlo ahora deberá serte doloroso. De aquella vida me sacó el otro día ese que va delante de mí, cuando se ostentaba redonda la hermana de aquel (y le designé el Sol). Ese sabio me ha guiado a través de la profunda noche por entre los verdaderos muertos, y con mi verdadera carne que le sigue. Su auxilio me ha sostenido hasta aquí en las cuestas y recodos del monte, que hace que seáis rectos vosotros a quienes tan torcidos hizo el mundo. Me ha dicho que me acompañaría hasta dejarme donde está Beatriz: allí es preciso que me quede sin él. Virgilio es ese que me habló así (y se lo indiqué con el dedo); el otro es aquella sombra por quien hubo hace poco tales sacudimientos en todos los ámbitos de vuestro monte, que de sí la despide.

CANTO VIGESIMOCUARTO

NI la conversación detenía nuestra marcha, ni ésta a aquélla, sino que, a pesar de ir hablando, caminábamos de prisa, como la nave impelida por un viento favorable. Las sombras, que parecían cosas doblemente muertas, noticiosas de que yo estaba vivo, mostraban su admiración por las hondas cavidades de sus ojos. Continuando yo mi discurso, dije:

—Esa sombra, quizá por causa del otro, se dirige arriba más lentamente de lo que lo haría. Pero dime, si acaso lo sabes, dónde está Piccarda, y si entre esta gente que así me mira veo alguna persona digna de llamar mi atención.

—Mi hermana, que no sé lo que fué más, si hermosa o buena, ostenta ya su triunfal corona en el alto Olimpo.

Esto dijo primero, y luego añadió:

—Aquí no está prohibido nombrar a nadie, atendida la prontitud con que es alterado nuestro semblante por la dieta. Ese (y lo señaló con el dedo) es Buonaggiunta, Buonaggiunta el de Luca; y aquel de más allá, más apergaminado que los otros, tuvo en sus brazos la Santa Iglesia: fué natural de Tours, y ahora expía con el ayuno las anguilas del Bolsena y la garnacha[78].

Otros muchos me fué citando uno a uno, y todos parecían contentos de que se les nombrase; pues no reparé en ellos ningún gesto de desagrado. Vi mover las mandíbulas, mascando en vacío por efecto del hambre, a Ubaldino de la Pila, y a Bonifacio, que apacentó a muchos revestido con el roquete[79]. Vi a meser Marchese, que habiendo tenido tiempo para beber en Forli con menos sed, fué tal que nunca se sintió saciado. Pero, como aquel que mira, y después simpatiza más con uno que con otro, así me pasó con el de Luca, que parecía querer decirme algo. Murmuraba entre dientes; y yo le oía no sé qué de Gentucca donde él sentía el castigo que tanto le devoraba.

—¡Oh alma, le dije, que tan deseosa pareces de hablar conmigo! Haz de modo que yo te entienda, y satisfácenos a los dos con tu conversación.

El empezó a decir:

—Existe una mujer que no lleva el velo todavía, la cual hará que te agrade mi ciudad, aunque alguno hable mal de ella. Tú irás allá con esta predicción, y si acaso no has entendido bien lo que murmuro, ya te lo pondrá en claro la realidad de los hechos. Pero dime: ¿no estoy viendo al que ha dado a luz las nuevas rimas, que comienzan así: "Donne, ch'avete intelleto d'Amore"[80]

Le contesté:

—Yo soy uno que voy notando lo que Amor inspira, y luego lo expreso tal como él me dicta dentro del alma.

—¡Oh hermano!—exclamó.—Ahora veo el nudo que al Notario, a Guittone[81] y a mí nos impidió llegar al dulce y nuevo estilo que oigo. Bien veo que vuestras plumas siguen fielmente al que les dicta, lo cual no han hecho en verdad las nuestras; y que quien se propone remontarse a mayor altura, no ve la diferencia del uno al otro estilo.

Dichas estas palabras, se calló como si estuviese satisfecho.

Así como las grullas que pasan el invierno a orillas del Nilo forman a veces una bandada en el aire, y luego vuelan rápidamente marchando en hilera, de igual suerte todas las almas que allí estaban, volviendo el rostro, aceleraron el paso, ligeras por su demacración y por su deseo: y al modo que un hombre cansado de correr deja ir delante a sus compañeros, y sigue lentamente hasta que cesa la agitación de su pecho, así Forese dejó pasar a la grey santa, y continuó conmigo su camino diciéndome:

—¿Cuándo te volveré a ver?

—No sé cuánto he de vivir—le respondí—; pero no será tan pronto mi regreso, que antes no llegue yo con el deseo a la orilla; porque el sitio donde fuí colocado para vivir se despoja de día en día y cada vez más del bien, y parece destinado a una triste ruina.

—Vé, pues—repuso—; que ya estoy viendo al que tiene la mayor culpa de esa ruina, arrastrado a la cola de un animal hacia el valle donde nadie se excusa de sus faltas[82]. El animal a cada paso va más rápido, aumentando siempre su celeridad, hasta que lo arroja, y abandona el cuerpo vilmente destrozado. Esas esferas no darán muchas vueltas (y dirigió sus ojos al cielo) sin que sea claro para ti lo que mis palabras no pueden ampliar más. Ahora te dejo; porque el tiempo es caro en este reino, y yo pierdo mucho caminando a tu lado.

Cual jinete que se adelanta al galope de entre el escuadrón que avanza, a fin de alcanzar el honor del primer choque, del mismo modo y con mayores pasos se apartó de nosotros aquel espíritu, y yo quedé en el camino con aquellos dos que fueron tan grandes generales del mundo. Cuando estuvo tan retirado de nosotros, que mis ojos no podían seguirle, así como tampoco podía mi mente alcanzar el sentido de sus palabras, observé no muy lejos las ramas frescas y cargadas de frutas de otro manzano, por haberme vuelto entonces hacia aquel lado. Y vi debajo de él muchas almas que alzaban las manos y gritaban no sé qué en dirección del follaje, como los niños que, codiciando impotentes alguna cosa, la piden sin que aquel a quien ruegan les responda, y antes al contrario, para excitar más sus deseos, tiene elevado y sin ocultar lo que causa su anhelo. Después se marcharon como desengañadas, y nosotros nos acercamos entonces al gran árbol, que rechaza tantos ruegos y tantas lágrimas.

"Pasad adelante sin aproximaros: más arriba existe otro árbol, cuyo fruto fué mordido por Eva, y éste es un retoño de aquél." Así decía no sé quién entre las ramas; por lo cual Virgilio, Estacio y yo seguimos adelante, estrechándonos cuanto pudimos hacia el lado en que se eleva el monte. "Acordaos, decía la voz, de los malditos formados en las nubes, que, repletos, combatieron a Teseo con sus dobles pechos[83]. Acordaos de los hebreos, que mostraron al beber su molicie, por lo que Gedeón no los quiso por compañeros cuando descendió de las colinas cerca de Madián." De este modo, arrimados a una de las orillas, pasamos adelante, oyendo diferentes ejemplos del pecado de la gula, seguidos de las miserables consecuencias de aquel vicio. Después, entrando nuevamente en medio del camino desierto, nos adelantamos mil pasos y aun más, reflexionando cada cual y sin hablar. "¿Qué vais pensando vosotros tres solos?", dijo de improviso una voz, que me hizo estremecer, como sucede a los animales tímidos y asustadizos. Levanté la cabeza para ver quién fuese, y jamás se vieron en un horno vidrios o metales tan luminosos y rojos como lo estaba uno que decía: "Si queréis llegar hasta arriba, es preciso que deis aquí la vuelta: por aquí va el que quiere ir en paz." Su aspecto me había deslumbrado la vista; por lo cual me volví, siguiendo a mis Doctores a la manera de quien se guía por lo que escucha. Y sentí que me daba en medio de la frente un viento, como sopla y embalsama el ambiente la brisa de Mayo, mensajera del alba, impregnada con el aroma de las plantas y flores; y bien sentí moverse la pluma, que me hizo percibir el perfume de la ambrosía, oyendo decir:

"Bienaventurados aquellos a quienes ilumina tanta gracia, que la inclinación a comer no enciende en sus corazones desmesurados deseos, y sólo tienen el hambre que es razonable."

CANTO VIGESIMOQUINTO

ERA la hora en que no debía demorarse nuestra subida, pues el sol había dejado el círculo meridional al Tauro, y la noche al Escorpión: por lo cual, así como el hombre a quien estimula el aguijón de la necesidad, no se detiene por nada que encuentre, sino que sigue su camino, de igual suerte entramos nosotros por la abertura del peñasco, uno delante de otro, tomando la escalera, que por su angostura obliga a separarse a los que la suben. Y como la joven cigüeña que extiende sus alas deseosa de volar, y no atreviéndose a abandonar el nido, las pliega nuevamente, lo mismo hacía yo llevado de un ardiente deseo de preguntar, que se inflamaba y se extinguía, hasta que llegué a hacer el ademán del que se prepara a hablar. A pesar de lo rápido de nuestra marcha, mi amado Padre no dejó de decirme:

—Dispara el arco de la palabra, que tienes tirante hasta el hierro.

Entonces abrí la boca con seguridad, y empecé a decir:

—¿Cómo es posible enflaquecer donde no hay necesidad de alimentarse?

—Si te acordaras de cómo se consumió Meleagre al consumirse un tizón—respondió—, no te sería ahora tan difícil comprender esto; y si considerases cómo, al moveros, se mueve vuestra imagen dentro del espejo, te parecería blando lo que te parece duro. Mas para que tu deseo quede satisfecho, aquí tienes a Estacio, a quien pido y suplico que sea el médico de tus heridas.

—Si estando tú presente, le descubro los arcanos de la eterna justicia—respondió Estacio—, sírvame de disculpa el no poder negarte nada.

Luego empezó diciendo:

—Hijo, si tu mente recibe y guarda mis palabras, ellas te darán luz sobre el punto de que hablas. La sangre más pura, que nunca es absorbida por las sedientas venas y que sobra, como el resto de los alimentos que se retiran de la mesa, adquiere en el corazón una virtud tan apta para formar todos los miembros humanos, como la que tiene para transformarse en ellos la que va por las venas. Todavía más depurada, desciende a un punto que es mejor callar que nombrar, de donde se destila después sobre la sangre de otro ser en vaso natural. Aquí se mezclan las dos, la una dispuesta a recibir la impresión, la otra a producirla por efecto de la perfección del lugar de que procede; y apenas están juntas, la sangre viril empieza desde luego a operar, coagulando primero, y vivificando en seguida lo que ha hecho unírsele como materia propia. Convertida la virtud activa en alma, como la de una planta, pero con la diferencia de que aquélla está en vías de formación, mientras que la otra ha llegado ya a su término, continúa obrando de tal modo, que luego se mueve y siente como la esponja marina, y en seguida emprende la organización de las potencias, de la cual es el germen. Hijo mío, la virtud que procede del corazón del padre, y desde la cual atiende la naturaleza a todos los miembros, ora se ensancha, y ora se prolonga; mas no ves todavía cómo el feto, de animal pasa a ser racional: este punto es tal, que uno más sabio que tú incurrió con su doctrina en el error de separar del alma el intelecto posible, porque no vió que éste tuviese ningún órgano especial adecuado a sus funciones. Abre tu corazón a la verdad que te presento, y sabe que, en cuanto está concluído el organismo del cerebro del feto, el Primer Motor se dirige placentero hacia aquella obra maestra de la naturaleza, y le infunde un nuevo espíritu, lleno de virtud, que atrae a su substancia lo que allí encuentra de activo, y se convierte en un alma sola, que vive, y siente, y se refleja sobre sí misma: a fin de que te causen menos admiración mis palabras, considera el calor del Sol, que se transforma en vino, uniéndose al humor que sale de la vid. Cuando Laquesis no tiene ya lino, el alma se separa del cuerpo, llevándose virtualmente consigo sus potencias divinas y humanas: todas las facultades sensitivas quedan como mudas; pero la memoria, el entendimiento y la voluntad son en su acción mucho más sutiles que antes. Sin detenerse, el alma llega maravillosamente por sí misma a una de las orillas, donde conoce el camino que le está reservado. En cuanto se encuentra circunscrita en él, la virtud informativa irradia en torno, del mismo modo que cuando vivía en sus miembros; y así como el aire, cuando el tiempo está lluvioso, se presenta adornado de distintos colores por los rayos del Sol que en él se reflejan, de igual suerte el aire de alrededor toma la forma que le imprime virtualmente el alma que está allí detenida; y semejante después a la llama que sigue en todos sus movimientos al fuego, la nueva forma va siguiendo al espíritu. Por fin, como el alma toma de esto su apariencia, se le llama sombra, y en esa forma organiza luego cada uno de sus sentidos, hasta el de la vista. En virtud de este cuerpo aéreo hablamos, reímos, derramamos lágrimas y suspiramos, como habrás podido observar por el monte. Según como los deseos y los demás afectos nos impresionan, la sombra toma diferentes figuras: tal es la causa de lo que te admira.

Habíamos llegado ya al círculo de la última tortura, y nos dirigíamos hacia la derecha, cuando llamó nuestra atención otro cuidado. Allí la ladera de la montaña lanza llamas con ímpetu hacia el exterior, y la orilla opuesta del camino da paso a un viento que, dirigiéndose hacia arriba, la rechaza y aleja de sí. Por esta razón nos era preciso caminar de uno en uno por el lado descubierto del camino, de modo que si, por una parte, me causaba temor el fuego, por otra temía despeñarme. Mi Jefe decía:

—En este sitio es preciso refrenar bien los ojos, porque muy poco bastaría para dar un mal paso.

Entonces oí cantar en el seno de aquel gran ardor: "Summæ Deus clementiæ"[84]; lo cual excitó en mí un deseo no menos ardiente de volverme, y vi a varios espíritus andando por la llama: yo les miraba, pero fijando alternativamente la vista, ya en sus pasos, ya en los míos. Después de la última estrofa de aquel himno, gritaron en voz alta: "Virum non cognosco"[85]; y en seguida volvieron a entonarlo en voz baja. Terminado el himno, gritaron aún: "Diana corrió al bosque, y arrojó de él a Hélice, que había gustado el veneno de Venus." Repetían su canto, y citaban después ejemplos de mujeres y maridos que fueron castos, como lo exigen la virtud y el matrimonio. Y de este modo, según creo, continuarán durante todo el tiempo que los abrase el fuego; pues con tal remedio y tales ejercicios ha de cicatrizarse la última llaga.

CANTO VIGESIMOSEXTO

MIENTRAS que uno tras otro íbamos por el borde del camino, el buen Maestro decía muchas veces: "Mira, y ten cuidado, pues ya estás advertido." Daba en mi hombro derecho el Sol, que irradiando por todo el Occidente, cambiaba en blanco su color azulado. Con mi sombra hacía parecer más roja la llama, y aquí también vi muchas almas que, andando, fijaban su atención en tal indicio. Con este motivo se pusieron a hablar de mí, y empezaron a decir: "Parece que éste no tenga un cuerpo ficticio." Después se cercioraron, aproximándose a mí cuanto podían, pero siempre con el cuidado de no salir adonde no ardieran.

—¡Oh tú, que vas en pos de los otros, no por ser el más lento, sino quizá por respeto!, respóndeme a mí, a quien abrasan la sed y el fuego. No soy yo el único que necesita tu respuesta, pues todos éstos tienen mayor sed, que deseo de agua fresca el Indio y el Etíope. Dinos: ¿cómo es que formas con tu cuerpo un muro que se antepone al Sol, cual si no hubieras caído aún en las redes de la muerte?

Así me hablaba una de aquellas sombras, y yo me habría explicado en el acto, si no hubiese atraído mi atención otra novedad que apareció entonces. Por el centro del camino inflamado venía una multitud de almas con el rostro vuelto hacia las primeras, lo cual me hizo contemplarlas asombrado. Por ambas partes vi apresurarse todas las sombras, y besarse unas a otras, sin detenerse, y contentándose con tan breve agasajo; semejantes a las hormigas, que en medio de sus pardas hileras, van a encontrarse cara a cara, quizá para darse noticias de su viaje o de su botín. Una vez terminado el amistoso saludo, y antes de dar el primer paso, cada una de ellas se ponía a gritar con todas sus fuerzas, las recién llegadas: "Sodoma y Gomorra," y las otras: "En la vaca entró Pasifae, para que el toro acudiera a su lujuria." Después, como grullas que dirigiesen su vuelo, parte hacia los montes Rifeos, y parte hacia las ardientes arenas, huyendo éstas del hielo, y aquéllas del Sol, así unas almas se iban y otras venían, volviendo a entonar entre lágrimas sus primeros cantos, y a decir a gritos lo que más necesitaban. Como anteriormente, se acercaron a mí las mismas almas que me habían preguntado, atentas y prontas a escucharme. Yo, que dos veces había visto su deseo, empecé a decir:

—¡Oh almas seguras de llegar algún día al estado de paz! Mis miembros no han quedado allá verdes ni maduros, sino que están aquí conmigo, con su sangre y con sus coyunturas. De este modo voy arriba, a fin de no ser ciego nunca más: sobre nosotros existe una mujer, que alcanza para mí esta gracia por la cual llevo por vuestra mundo mi cuerpo mortal. Pero decidme, ¡así se logre en breve vuestro mayor deseo, y os acoja el cielo que está más lleno de amor y por más ancho espacio se dilata! Decidme, a fin de que yo pueda ponerlo por escrito, ¿quiénes sois, y quién es aquella turba que se va en dirección contraria a la vuestra?

No de otra suerte se turba estupefacto el montañés, y enmudece absorto, cuando, rudo y salvaje, entra en una ciudad, de como pareció turbarse cada una de aquellas sombras: pero repuestas de su estupor, el cual se calma pronto en los corazones elevados, empezó a decirme la que anteriormente me había preguntado:

—¡Dichoso tú, que sacas de nuestra actual mansión experiencia para vivir mejor! Las almas que no vienen con nosotros cometieron el pecado por el que César, en medio de su triunfo, oyó que se burlaban de él y le llamaban reina. Por esto se alejan gritando "Sodoma;" y reprendiéndose a sí mismos, como has oído, añaden al fuego que les abrasa el que les produce su vergüenza. Nuestro pecado fué hermafrodita; pero no habiendo observado la ley humana, y sí seguido nuestro apetito al modo de las bestias, por eso, al separarnos de los otros, gritamos para oprobio nuestro el nombre de aquélla, que se bestializó en una envoltura bestial. Ya conoces nuestras acciones y el delito que cometimos: si por nuestros nombres quieres conocer quiénes somos, ni sabré decírtelos, ni tengo tiempo para ello. Satisfaré, sin embargo, tu deseo diciéndote el mío: soy Guido Guinicelli, que me purifico ya por haberme arrepentido antes de mi última hora.

Como corrieron hacia su madre los dos hijos al encontrarla bajo las tristes iras de Licurgo, así me lancé yo, pero sin atreverme a tanto, cuando escuché nombrarse a sí mismo a mi padre, y al mejor de todos los míos que jamás hicieron rimas de amor dulces y floridas; y sin oír hablar, anduve pensativo largo trecho, contemplándolo, aunque sin poder acercarme más a causa del fuego. Cuando me harté de mirarle, me ofrecí de todo corazón a su servicio con aquellos juramentos que hacen creer en las promesas. Me contestó:

—Dejas en mí, por lo que oigo, una huella tan profunda y clara, que el Leteo no puede borrarla ni obscurecerla: pero si tus palabras han jurado la verdad, dime, ¿cuál es la causa del cariño que me demuestras en tus frases y en tus miradas?

Le contesté:

—Vuestras dulces rimas, que harán preciosos los manuscritos que las contienen, tanto como dure el lenguaje moderno.

—¡Oh hermano!—replicó—; éste que te señalo con el dedo[86] (e indicó un espíritu que iba delante de él), fué mejor obrero en su lengua materna. Sobrepujó a todos en sus versos amorosos y en la prosa de sus novelas; y deja hablar a los necios, que creen que el Lemosín[87] es mejor que él; prestan más atención al ruido que a la verdad, y así forman su juicio antes de dar oídos al arte o la razón. Lo mismo hicieron muchos de los antiguos con respecto a Guittone, colocándole, merced a sus gritos, en el primer lugar, hasta que lo ha vencido la verdad con los méritos adquiridos por otras personas. Ahora, si tienes el alto privilegio de poder penetrar en el claustro donde Cristo es abad del colegio, díle por mí del "Padre nuestro" todo lo que necesitamos nosotros los habitantes de este mundo, en el que ya no tenemos el poder de pecar.

Luego, tal vez para hacer sitio a otro que venía en pos de él, desapareció entre el fuego, como desaparece el pez en el fondo del agua. Yo me adelanté un poco hacia el que me había designado, y le dije que mi deseo preparaba a su nombre una grata acogida: él empezó a decir donosamente:

—Me complace tanto vuestra cortés pregunta, que ni puedo ni quiero ocultarme a vos: yo soy Arnaldo, que lloro y voy cantando: veo, triste, mis pasadas locuras, y veo, contento, el día que en adelante me espera. Ahora os ruego, por esa virtud que os conduce a lo más alto de la escala, que os acordéis de endulzar mi dolor.

Después se ocultó en el fuego que les purifica.

CANTO VIGESIMOSEPTIMO

EL Sol estaba ya en aquel punto desde donde lanza sus primeros rayos sobre la ciudad en que se derramó la sangre de su Hacedor: el Ebro caía bajo el alto signo de Libra, y las ondas del Ganges eran caldeadas al empezar la hora de nona; de modo que donde estábamos terminaba el día, cuando nos divisó placentero el Angel de Dios, que apartado de la llama se puso en la orilla a cantar: "Beati mundo corde," en voz bastante más viva que la nuestra. Después dijo:

—No se sigue adelante, almas santas, si el fuego no os muerde antes: entrad en él, y no os hagáis sordas al cántico que llegará hasta vosotras.

Así habló cuando estuvimos cerca de él, por lo que me quedé al oirle como aquel que es metido en la fosa. Elevé mis manos entrelazadas mirando al fuego, y se representaron vivamente en mi imaginación los cuerpos humanos que había visto arder. Mis buenos Guías se volvieron hacia mí, y Virgilio me dijo:

—Hijo mío, aquí puedes encontrar un tormento; pero no la muerte. Acuérdate, acuérdate... y si te guié sano y salvo sobre Gerión, ¿qué no haré ahora que estoy más cerca de Dios? Ten por cierto que, aunque estuvieras mil años en medio de esa llama, no perderías un solo cabello; y si acaso crees que te engaño, ponte cerca de ella, y como prueba, aproxima con tus manos al fuego la orla de tu ropaje. Depón, pues, depón todo temor; vuélvete hacia aquí, y pasa adelante con seguridad.

Yo, sin embargo, permanecí inmóvil aun en contra de mi conciencia. Cuando vió que me estaba quieto y reacio, repuso algo turbado:

—Hijo mío, repara en que entre Beatriz y tú sólo existe ese obstáculo.

Así como al oír el nombre de Tisbe, Piramo, cercano a la muerte, abrió los ojos y la contempló bajo la morera, que desde entonces echó frutos rojos, así yo, vencida mi obstinación, me dirigí hacia mi sabio Guía, al oír el nombre que siempre está en mi mente. Entonces él, moviendo la cabeza, dijo:

—¡Cómo! ¿Queremos permanecer aquí?

Y se sonrió, como se sonríe al niño a quien se conquista con una fruta. Después se metió en el fuego el primero, rogando a Estacio, que durante todo el camino se había interpuesto entre ambos, que viniese detrás de mí. Cuando estuve dentro, habríame arrojado, para refrescarme, en medio del vidrio hirviendo; tan desmesurado era el ardor que allí se sentía. Mi dulce Padre, para animarme, continuaba hablando de Beatriz y diciendo: "Ya me parece ver sus ojos." Nos guiaba una voz que cantaba al otro lado; y nosotros, atentos solamente a ella, salimos del fuego por el sitio donde está la subida.

—"Venite, benedicti patris mei"—se oyó en medio de una luz que allí había, tan resplandeciente que me ofuscó y no la pude mirar.—El Sol se va—añadió—, y viene la noche; no os detengáis, sino acelerad el paso antes que el horizonte se obscurezca.

El sendero subía recto a través de la peña hacia el Oriente, y yo interrumpía delante de mí los rayos del Sol, que ya estaba muy bajo. Habíamos subido pocos escalones, cuando mis sabios Guías y yo, por mi sombra que se desvanecía, observamos que tras de nosotros se ocultaba el Sol; y antes de que en toda su inmensa extensión tomara el horizonte el mismo aspecto, y de que la noche se esparciera por todas partes, cada uno de nosotros hizo de un escalón su lecho; porque la naturaleza del monte, más bien que nuestro deseo, nos impedía subir. Como las cabras que antes de haber satisfecho su apetito van veloces y atrevidas por los picos de los montes, y una vez saciado éste, se quedan rumiando tranquilas a la sombra, mientras el Sol quema, guardadas por el pastor, que, apoyado en su cayado, cuida de ellas; y como el pastor que se queda fuera y pernocta cerca de su rebaño, para preservarlo de que lo disperse alguna bestia feroz, así estábamos entonces nosotros tres, yo como cabra, y ellos como pastores, estrechados por los dos lados de aquella abertura. Poco alcanzaba nuestra vista de las cosas que había fuera de allí; pero por aquel reducido espacio veía yo las estrellas más claras y mayores de lo acostumbrado. Rumiando de esta suerte y contemplándolas me sorprendió el sueño; el sueño que muchas veces predice lo que ha de sobrevenir. En la hora, según creo, en que Citerea, que parece siempre abrasada por el fuego del amor, lanzaba desde Oriente sus primeros rayos sobre la montaña, me parecía ver entre sueños una mujer joven y bella, que iba cogiendo flores por una pradera, y decía cantando: "Sepa todo aquel que preguntó mi nombre, que yo soy Lía, y voy extendiendo en torno mis bellas manos para formarme una guirnalda. Para agradarme delante del espejo, me adorno aquí; pero mi hermana Raquel no se separa jamás del suyo, y permanece todo el día sentada ante él. A ella le gusta contemplar sus hermosos ojos, como a mí adornarme con mis propias manos: ella se satisface con mirar, yo con obrar." Ya, ante los esplendores que preceden al día, tanto más gratos a los peregrinos, cuanto más cerca de su patria se albergan al volver a ella, huían por todas partes las tinieblas, y con ellas mi sueño; por lo cual me levanté, y vi a mis grandes Maestros levantados también.

La dulce fruta que por tantas ramas va buscando la solicitud de los mortales, hoy calmará tu hambre.

Tales fueron las palabras que me dirigió Virgilio; palabras que me causaron un placer como no lo ha causado jamás regalo alguno. Acrecentóse tanto en mí el deseo de llegar a la cima del monte, que a cada paso que daba sentía crecer alas para mi vuelo. Cuando, recorrida toda la escalera, estuvimos en la última grada, Virgilio fijó en mí sus ojos y dijo:

—Has visto el fuego temporal y el eterno, hijo mío, y has llegado a un sitio donde no puedo ver nada más por mí mismo. Con ingenio y con arte te he conducido hasta aquí: en adelante sírvate de guía tu voluntad; fuera estás de los caminos escarpados y de las estrechuras; mira el Sol que brilla en tu frente; mira la hierba, las flores, los arbustos, que se producen solamente en esta tierra. Mientras no vengan radiantes de alegría los hermosos ojos que, entre lágrimas, me hicieron acudir en tu socorro, puedes sentarte, y puedes pasear entre esas flores. No esperes ya mis palabras, ni mis consejos: tu albedrío es ya libre, recto y sano, y sería una falta no obrar según lo que él te dicte. Así, pues, ensalzándote sobre ti mismo, te corono y te mitro.[88]

CANTO VIGESIMOCTAVO

DESEOSO ya de observar en su interior y en sus contornos la divina floresta espesa y viva, que amortiguaba la luz del nuevo día, dejé sin esperar más el borde del monte y marché lentamente a través del campo, cuyo suelo por todas partes despedía gratos aromas. Un aura blanda e invariable me oreaba la frente con no mayor fuerza que la de un viento suave: a su impulso, todas las verdes frondas se inclinaban trémulas hacia el lado a que proyecta su primera sombra el sagrado monte; pero sin separarse tanto de su derechura, que las avecillas dejaran por esta causa de ejercitar su arte sobre las copas de los árboles, pues antes bien, llenas de alegría, saludaban a las primeras auras, cantando entre las hojas, que acompañaban a sus ritmos haciendo el bajo, con un susurro semejante al que de rama en rama va creciendo en los pinares del llano de Chiassi, cuando Eolo deja escapar el Sirocco.

Ya me habían transportado mis lentos pasos tan adentro de la antigua selva, que no podía distinguir el sitio por donde había entrado, cuando vi interceptado mi camino por un riachuelo, que corriendo hacia la izquierda, doblegaba bajo el peso de pequeñas linfas las hierbas que brotaban en sus orillas. Las aguas que en la tierra se tienen por más puras, parecerían turbias comparadas con aquellas, que no ocultan nada, aunque corran obscurecidas bajo una perpetua sombra, que no da paso nunca a los rayos del Sol ni de la Luna. Detuve mis pasos, y atravesé con la vista aquel riachuelo, para admirar la gran variedad de sus frescas arboledas, cuando se me apareció, como aparece súbitamente una cosa maravillosa que desvía de nuestra mente todo otro pensamiento, una mujer sola, que iba cantando y cogiendo flores de las muchas de que estaba esmaltado todo su camino.

—¡Ah!, hermosa Dama, que te abrasas en los rayos de Amor, si he de dar crédito al semblante que suele ser testimonio del corazón; dígnate adelantarte—le dije—hacia este riachuelo, lo bastante para que pueda comprender qué es lo que cantas. Tú traes a mi memoria el sitio donde estaba Proserpina, y cómo era cuando la perdió su madre, y ella perdió sus lozanas flores.

Así como bailando se vuelve una mujer, con los pies juntos y arrimados al suelo, poniendo apenas uno delante de otro, de igual suerte se volvió aquélla hacia mí sobre las florecillas rojas y amarillas, semejante a una virgen que inclina sus modestos ojos, y satisfizo mis súplicas aproximándose tanto, que llegaba hasta mí la dulce armonía de su canto, y sus palabras claras y distintas. Luego que se detuvo en el sitio donde las hierbas son bañadas por las ondas del lindo riachuelo, me concedió el favor de levantar sus ojos. No creo que saliera tal resplandor bajo las cejas de Venus, cuando su hijo la hirió inconsideradamente. Ella se sonreía desde la orilla derecha, cogiendo mientras tanto las flores que aquella elevada tierra produce sin necesidad de simiente. El río nos separaba a la distancia de tres pasos; pero el Helesponto por donde pasó Jerjes, cuyo ejemplo sirve aún de freno a todo orgullo humano, no fué tan odioso a Leandro, por el impetuoso movimiento de sus aguas entre Sestos y Abydos, como lo era aquél para mí por no abrirme paso.

—Sois recién llegados—dijo ella—; y quizá porque me sonrío en este sitio escogido para nido de la humana naturaleza, os causo asombro y hasta alguna sospecha; pero el salmo "Delectasti" esparce una luz que puede disipar las nubes de vuestro entendimiento. Y tú, que vas delante y me has rogado que hable, dime si quieres oír otra cosa, que yo responderé con presteza a todas tus preguntas hasta dejarte satisfecho.

—El agua—le dije—y el rumor de la floresta impugnan en mi interior una nueva creencia sobre una cosa que he oído y que es contraria a esta.

A lo que ella contestó:

—Te diré cómo procede de su causa eso que te admira, y disiparé la nube que te ciega. El Sumo Bien, que se complace sólo en sí mismo, hizo al hombre bueno y apto para el bien, y le dió este sitio como arras en señal de eterna paz. El hombre, por sus culpas, permaneció aquí poco tiempo: por sus culpas cambió su honesta risa y su dulce pasatiempo en llanto y en tristeza. A fin de que todas las conmociones producidas más abajo por las exhalaciones del agua y de la tierra, que se dirigen cuanto pueden tras del calor, no molestasen al hombre, se elevó este monte hacia el cielo tanto como has visto, y está libre de todas ellas desde el punto donde se cierra su puerta. Ahora bien, como el aire gira en torno de la tierra con la primera bóveda movible del cielo, si el círculo no es interrumpido por algún punto, un movimiento semejante viene a repercutir en esta altura, que está libre de toda perturbación en medio del aire puro, produciendo este ruido en la selva, porque es espesa; y la planta sacudida comunica su propia virtud generativa al aire, el cual girando en torno deposita dicha virtud en el suelo; y la otra tierra, según que es apta por sí misma o por su cielo, concibe y produce diversos árboles de diferentes especies. Una vez oído esto, no te parecerá ya maravilloso que haya plantas que broten sin semillas aparentes. Debes saber, además, que la santa campiña en que te encuentras está llena de toda clase de semillas, y encierra frutos que allá abajo no se cogen. El agua que ves no brota de ninguna vena que sea renovada por los vapores que el frío del cielo convierte en lluvia, como un río que adquiere o pierde caudal, sino que sale de una fuente invariable y segura, que recibe de la voluntad de Dios cuanto derrama por dos partes. Por esta desciende con una virtud que borra la memoria del pecado; por la otra renueva la de toda buena acción. Aquí se llama Leteo; en el otro lado, Eunoe; y no produce sus efectos si no se bebe aquí primero que allí: su sabor supera a todos los demás. Aunque tu sed esté ya bastante mitigada sin necesidad de más explicaciones mías, por una gracia especial, aún te daré un corolario; y no creo que mis palabras te sean menos gratas, si por ti exceden a mis promesas. Los que antiguamente fingieron la edad de oro y su estado feliz, quizá soñaron en el Parnaso este sitio. Aquí fué inocente el origen de la raza humana; aquí la primavera y los frutos son eternos: este es el verdadero néctar de que todos hablan.

Entonces me volví completamente hacia mis Poetas y vi que habían acogido con una sonrisa esta última explicación: después dirigí de nuevo mis ojos hacia la bella Dama.

CANTO VIGESIMONONO

DESPUES de aquellas últimas palabras, continuó cantando cual mujer enamorada: "Beati, quorum tecta sunt peccata"[89]: y a la manera de las ninfas, que andaban solas por las umbrías selvas, complaciéndose unas en huír del Sol, y otras en verle, púsose a caminar por la orilla contra la corriente del río; y yo al igual de ella, seguí sus cortos pasos con los míos. Entre los dos no habíamos aún adelantado ciento, cuando las dos riberas equidistantes presentaron una curva, de tal modo que me encontré vuelto hacia Oriente. A poco de andar así, volvióse la Dama enteramente a mí, diciendo: "Hermano mío, mira y escucha." Y he aquí que por todas partes iluminó la selva un resplandor tan súbito, que dudé si había sido un relámpago; mas como éste desaparece en cuanto brilla, y aquél duraba cada vez más resplandeciente, decía yo entre mí: "¿Qué será esto?" Circulaba por el luminoso aire una dulce melodía, por lo cual mi buen celo me hizo censurar el atrevimiento de Eva; pues que allí, donde obedecían la tierra y el cielo, una mujer sola y apenas formada, no pudo sufrir el permanecer bajo ningún velo; cuando si hubiera permanecido resignado bajo él, habría yo gozado más pronto, y luego eternamente aquellas inefables delicias.

Mientras iba yo enteramente absorto en la contemplación de tantas primicias del placer eterno, y deseoso todavía de más dichas, el aire, semejante a un gran fuego, apareció ante nosotros inflamado bajo las verdes ramas, y la dulce armonía que habíamos percibido se convirtió en un canto claro y distinto. ¡Oh sacrosantas Vírgenes! Si alguna vez he soportado por vosotras el hambre, el frío y las vigilias, prestadme en cambio la ayuda, que la necesidad me obliga a demandaros. Es preciso que Helicón derrame para mí sus aguas, y que el coro de Urania me ayude a poner en versos cosas apenas concebibles.

Parecióme ver algo más allá siete árboles de oro[90], engañado por la gran distancia que todavía mediaba entre nosotros y ellos; mas cuando me hube aproximado tanto, que la semejanza engañadora del sentido no perdía ya por la distancia ninguno de sus rasgos distintivos, la facultad que prepara materia al raciocinio me hizo conocer que eran candelabros, y que las voces cantaban "Hosanna." Los hermosos muebles llameaban en su parte superior despidiendo una luz mucho más clara que la Luna a media noche y a la mitad de su mes. Me volví lleno de admiración al buen Virgilio, y él me respondió con una mirada no menos llena de asombro. Después fijé de nuevo mi atención en los altos candelabros, los cuales avanzaban en nuestra dirección tan lentamente que una recién desposada los habría vencido en celeridad. La Dama me gritó:

—¿Por qué contemplas con tanto ardor esas vívidas luces, y no reparas en lo que viene tras de ellas?

Entonces vi venir detrás de las luces, y como guiadas por éstas, muchos personajes[91], vestidos de un blanco tan puro como no ha brillado jamás en el mundo. A la izquierda resplandecía el agua, y reflejaba la parte izquierda de mi cuerpo; así es que me miraba en ella como en un espejo. Cuando desde mi orilla llegué a un punto en que únicamente el río me separaba de aquéllos, me detuve para mirar mejor, y vi las llamas caminando hacia adelante, dejando tras de sí pintado el aire con rasgos semejantes a banderolas extendidas; de modo que sobre ellas se veían claramente siete listas formadas de los colores de que el Sol hace su arco y Delia su cinturón. Aquellas listas se extendían por el cielo más allá de lo que alcanzaba mi vista, y según me pareció, las de los extremos distaban entre sí diez pasos una de otra[92]. Bajo el hermoso cielo que describo, se adelantaban de dos en dos veinticuatro ancianos coronados de azucenas[93]. Todos cantaban: "Bendita tú eres entre las hijas de Adán, y benditas sean eternamente tus bellezas." Después que las flores y las frescas hierbecillas que había en la otra ribera frente a mí se vieron libres de aquellos espíritus elegidos, así como en el cielo siguen unas a otras las estrellas, en pos de los ancianos vinieron cuatro animales, con ellos coronados de verdes hojas[94]. Cada uno tenía seis alas, con las plumas llenas de ojos, como serían los de Argos si viviese[95]. Lector, no empleo mis rimas en describir las formas de estos animales, pues me contiene tanto el gasto futuro, que no puedo ser ahora pródigo; pero puedes leer a Ezequiel, que los pinta tales como los vió acudir de las frías regiones, con el viento, con las nubes y con el fuego; y del mismo modo que los encontrarás en sus libros, así se presentaban aquí si se exceptúa que, en cuanto a las alas, Juan está conmigo y se separa de él. El espacio que quedaba entre los cuatro lo ocupaba un carro triunfal sobre dos ruedas, que iba tirado por un grifo. Este extendía sus alas ante la lista de en medio y las tres de ambos lados, sin que interceptara ninguna de ellas al hender el espacio entre las mismas comprendido. Se elevaban tanto, que se las perdía de vista: la parte de su cuerpo que era ave tenía los miembros de oro, y los de la otra parte eran blancos manchados de rojo. Ni Escipión el Africano, ni aun Augusto, hicieron jamás recrearse a Roma en la contemplación de un carro tan bello, y aun comparado con él, sería pobre aquel carro del Sol, que desviándose de su camino, fué abrasado, por los ruegos de la Tierra suplicante, cuando Júpiter fué misteriosamente justo.

Tres mujeres venían danzando en redondo al lado de la rueda derecha; una de ellas tan roja, que apenas se la hubiera distinguido dentro del fuego: la otra era como si su carne y sus huesos fuesen de esmeralda: la tercera parecía nieve recién caída[96]. Tan pronto iba a la cabeza la blanca, como la roja; y según el canto de ésta, así las demás ajustaban el paso, avanzando lentas o rápidas. Hacia la izquierda del carro venían gozosas otras cuatro vestidas de púrpura asustando sus movimientos al de una de ellas, que tenía tres ojos en la cabeza.[97] En pos de estos grupos de que acabo de hablar, vi dos ancianos con diferentes vestiduras; pero iguales en su actitud, venerable y reposada. Uno de ellos parecía ser de los discípulos de aquel gran Hipócrates, a quien hizo la naturaleza en favor de los seres animados que le son más queridos;[98] el otro demostraba un cuidado contrario, con una espada tan reluciente y aguda, que a través del río me causó miedo.[99] Después vi otros cuatro de humilde apariencia;[100] y detrás de todos venía un anciano solo y durmiendo, pero con la faz inspirada.[101] Estos siete estaban vestidos como los veinticuatro primeros; pero no iban coronados de azucenas, sino de rosas y de otras flores coloradas; quien los hubiese visto desde algo lejos, habría jurado que ardía una llama sobre sus sienes. Cuando el carro estuvo frente a mí, se oyó un trueno; y aquellos dignos personajes, como si se les hubiera prohibido seguir adelante, se detuvieron allí al mismo tiempo que los candelabros.

CANTO TRIGESIMO

CUANDO se detuvo el septentrión del primer Cielo, que no conoció nunca orto ni ocaso, ni más niebla que el velo que sobre él corrió el pecado, y que allí enseñaba a cada cual su deber, como el septentrión más bajo lo enseña al que dirige el timón para llegar al puerto, los veraces personajes que iban entre el Grifo y los siete candelabros se volvieron hacia el carro, como hacia el fin de sus deseos; y uno de ellos como enviado del Cielo, exclamó tres veces cantando: "Veni, sponsa, de Libano," y todos los demás cantaron lo mismo después de él. Así como los bienaventurados, cuando llegue la hora del juicio final, se levantarán con presteza de sus tumbas, cantando "Aleluya" con su voz recobrada por fin, del mismo modo se elevaron sobre el carro divino, "ad vocem tanti senis," cien ministros y mensajeros de la vida eterna. Todos decían: "Benedictus qui venis," y después, esparciendo flores por encima y alrededor, añadían: "Manibus o date lilia plenis."

Yo he visto, al romper el día, la parte oriental enteramente sonrosada, el resto del cielo adornado de una hermosa serenidad, y la faz del Sol naciente cubierta de sombras, de suerte que a través de los vapores que amortiguaban su resplandor, podía contemplarla el ojo por largo tiempo: del mismo modo, a través de una nube de flores que salía de manos angelicales y caía sobre el carro y en torno suyo, se me apareció una dama coronada de oliva sobre un velo blanco, cubierta de un verde manto, y vestida del color de una vívida llama.[102] Mi espíritu, que hacía largo tiempo no había quedado abatido, temblando de estupor en su presencia, sin que mis ojos la reconocieran, sintió no obstante el gran poder del antiguo amor, a causa de la oculta influencia que de ella emanaba. En cuanto hirió mis ojos la alta virtud que me había avasallado antes de que yo saliera de la infancia, me volví hacia la izquierda, con el mismo respeto con que corre el niño hacia su madre, cuando tiene miedo, o cuando está afligido, para decir a Virgilio: "No ha quedado en mi cuerpo una sola gota de sangre que no tiemble; reconozco las señales de mi antigua llama." Pero Virgilio nos había privado de sí; Virgilio, el dulcísimo padre, Virgilio, que me había sido enviado por aquélla para mi salvación. Ni aun todo lo que perdió la antigua madre pudo impedir que mis mejillas enjutas se bañaran en triste llanto.

—¡Dante, no llores todavía; no llores todavía porque Virgilio se vaya, pues es preciso que llores por otra herida!

Como el almirante que va de popa a proa examinando la gente que monta los otros buques, y la anima a portarse bien, del mismo modo sobre el borde izquierdo del carro, vi yo, cuando me volví al oír mi nombre, que aquí se consigna por necesidad, a la Dama que se me apareció anteriormente velada por los halagos angelicales, dirigiendo sus ojos hacia mí de la parte acá del río. Aunque el velo que descendía de su cabeza, rodeado de las hojas de Minerva, no permitiese que se distinguieran sus facciones, con su actitud regia y altiva continuó de esta suerte, como aquel que al hablar reserva las palabras más calurosas para lo último:

—Mírame bien, soy yo; soy en efecto Beatriz, ¿Cómo te has dignado subir a este monte? ¿No sabías que el hombre es aquí dichoso?

Mis ojos se inclinaron hacia las limpias ondas; pero viéndome reflejado en ellas, los dirigí hacia la hierba: tanta fué la vergüenza que abatió mi frente. Parecióme Beatriz tan terrible como una madre irritada a su hijo, porque amarga el sabor de la piedad acerba. Ella guardó silencio, y los ángeles cantaron de improviso: "In te Domine speravi;" pero no pasaron de "pedes meos." Así como la nieve se congela y endurece al soplo de los vientos de Esclavonia, entre los árboles que crecen sobre el dorso de Italia; y luego se licúa por sí misma, en cuanto la tierra que pierde la sombra envía su aliento, semejante al fuego que derrite una vela; así me quedé sin lágrimas ni suspiros antes que cantasen aquéllos cuyas notas responden siempre a la armonía de las esferas celestiales: mas cuando comprendí por sus dulces palabras que se compadecían de mí más que si hubiesen dicho: "Mujer, ¿por qué así le maltratas?," el hielo que oprimía mi corazón se deshizo en suspiros y agua, y junto con mi angustia, salió del pecho por la boca y por los ojos. Estando Ella, sin embargo, inmóvil sobre el costado izquierdo del carro, dirigió de este modo sus palabras a las compasivas substancias:

—Vosotros veláis en el eterno día, de modo que ni la noche ni el sueño os roban ninguno de los pasos que da el siglo en su camino: así pues, responderé con más cuidado, a fin de que me comprenda el que allí llora, y sienta un dolor proporcionado a su falta. No solamente por influencia de las grandes esferas que dirigen cada semilla hacia algún fin, según la virtud de la estrella que la acompaña, sino también por la abundancia de la gracia divina (cuya lluvia desciende de tan altos vapores, que no puede alcanzarlos nuestra vista), fué tal ése en su edad temprana por natural disposición, que todos los buenos hábitos habrían producido en él admirables efectos; pero el terreno mal sembrado e inculto se hace tanto más maligno y salvaje, cuanto mayor vigor terrestre hay en él. Por algún tiempo le sostuve con mi presencia: mostrándole mis ojos juveniles, le llevaba conmigo en dirección del camino recto; pero tan pronto como estuve en el umbral de la segunda edad, y cambié de vida, ése se separó de mí y se entregó a otros amores. Cuando subí desde la carne al espíritu, y hube crecido en belleza y virtud, fuí para él menos querida y menos agradable. Encaminó sus pasos por una vía falsa, siguiendo tras engañosas imágenes del bien, que no cumplen totalmente ninguna promesa: ni siquiera me ha valido impetrar para él inspiraciones, por medio de las cuales le llamaba en sueños o de otros modos, según el poco caso que de ellas ha hecho. Tan abajo cayó, que todos mis medios eran ya insuficientes para salvarle, si no le mostraba las razas condenadas. Por él he visitado el umbral de los muertos, y dirigí mis ruegos y mis lágrimas al que le ha conducido hasta aquí. Se hubiera violado el alto decreto de Dios, si pasara el Leteo y gustara tales manjares sin haber pagado alguna parte de la penitencia que hace verter lágrimas.

CANTO TRIGESIMOPRIMERO

OH tú, que estás a la otra parte del sagrado río!—Empezó de nuevo a decir, continuando sin demora, y dirigiéndome de punta sus palabras, que aun de filo me habían parecido tan acerbas—; di, di si esto es verdad—; a tal acusación es preciso que tu confesión corresponda.

Estaba yo tan confuso, que mi voz conmovida se extinguió antes de salir de sus órganos. Ella esperó un momento, y después dijo:

—¿En qué piensas? Respóndeme, pues todavía las aguas del Leteo no han borrado tus tristes recuerdos.

La confusión y el miedo reunidos me arrancaron de la boca un "sí" tan débil, que fué menester el auxilio de la vista para entenderlo. Así como se rompe una ballesta por estar demasiado tirantes la cuerda y el arco, de modo que la flecha da con menos fuerza en el blanco, así yo, quebrantado bajo el peso de tan grave cargo, prorrumpí en lágrimas y suspiros, y la voz enflaquecida vino a expirar entre mis labios. Entonces Ella me dijo:

—En medio de los saludables deseos procedentes de mí, que te impulsaban a amar el bien, más allá del cual no hay nada a que aspirar, ¿qué fosos insuperables o qué cadenas has encontrado para perder de tal modo la esperanza de pasar adelante? ¿Y qué ventajas o atractivos descubriste en el aspecto de los otros bienes, para que debieras rondar en torno de ellos?

Después de haber exhalado un amargo suspiro, apenas tuve bastante voz para responder; voz que mis labios formaron con trabajo. Llorando dije:

—Las cosas presentes con sus falsos placeres desviaron mis pasos, apenas se me ocultó vuestro rostro.

Ella me respondió:

—Aunque callases o negases lo mismo que ahora confiesas, no por eso tu falta sería menos conocida: ¡tal es el Juez que la sabe! Pero cuando la confesión del pecado sale de la propia boca del pecador, la rueda se vuelve en nuestro tribunal contra el filo de la espada. Sin embargo, para que más te aproveche la vergüenza de tu error, y para que otra vez seas más fuerte al oír las sirenas, depón la causa de tu llanto y escucha: de este modo sabrás que mi carne sepultada debía encaminarte en una dirección totalmente contraria. El arte o la naturaleza no te presentaron jamás una cosa tan agradable como los bellos miembros en que estuve contenida, miembros que ahora son polvo de la tierra. Y si el sumo placer de verme te faltó por mi muerte, ¿qué cosa mortal debía excitar después tus deseos? A la primera herida que te causaron las cosas falaces del mundo, debiste elevar tus ojos al cielo, siguiéndome a mí, que no era ya como ellas. No debían abatirse tus alas para esperar allí nuevos golpes, o bien alguna doncellita u otra cualquiera vanidad de tan corta duración. El tierno pajarillo cae en dos o tres asechanzas; pero ante los ojos de los ya cubiertos de pluma en vano se despliegan las redes, en vano se lanzan flechas.

Yo estaba como los niños que, mudos de vergüenza y con los ojos fijos en el suelo, escuchan en pie, reconociendo sus faltas, y arrepentidos. Ella continuó:

—Ya que te muestras tan contrito por lo que has oído, alza la barba, y sentirás más dolor mirándome.

Con menos resistencia se desarraiga la robusta encina, bien al embate de los vientos boreales, o bien al de aquel que viene del país de Jarba, de la que, al oír su orden, opuse yo para levantar la cabeza; y cuando dió el nombre de barba a mi rostro, bien conocí el veneno que encerraban sus palabras. Por fin, cuando alcé la faz, advertí que las primeras criaturas habían cesado de esparcir flores, y mis miradas, poco seguras aún, vieron a Beatriz vuelta hacia la fiera que es una sola persona con dos naturalezas. Cubierta con su velo, y al otro lado de la verde orilla, parecióme que se vencía a sí misma en su primitiva belleza, mucho más de lo que vencía a las demás mujeres cuando vivía en el mundo. La ortiga del arrepentimiento me punzó tanto, que de todas las cosas mortales la que más me desvió de su amor me fué la más odiosa: el remordimiento me oprimió el corazón de tal modo, que caí desmayado. Lo que me sucedió entonces lo sabe aquélla que fué la causa de ello. Cuando el corazón me restituyó la facultad de percibir las cosas exteriores, vi por encima de mí a la Dama que antes había encontrado sola, y la oí decir:

—¡Agárrate, agárrate a mí!

Habíame sumergido en el río hasta la garganta, e impeliéndome tras ella, iba caminando sobre el agua con la ligereza de una lanzadera. Cuando estuve cerca de la dichosa orilla, oí tan dulcemente "Asperges me," que no sabría recordarlo, cuanto menos escribirlo. La hermosa Dama abrió sus brazos, rodeó con ellos mi cabeza, y me sumergió de modo que hube de beber el agua. Después me sacó fuera, y mojado como estaba me presentó a las cuatro bellas bailarinas, cada una de las cuales extendió sobre mí su brazo.

—Aquí somos ninfas, y en el Cielo estrellas: antes de que Beatriz descendiese al mundo fuimos designadas como siervas suyas. Te conduciremos ante sus ojos; pero las tres del otro lado, que ven más a fondo, aguzarán los tuyos para que percibas la plácida luz que hay dentro de ellos.

Así me dijeron cantando; y después me llevaron hacia el pecho del Grifo, donde estaba Beatriz vuelta hacia nosotros. En seguida añadieron:

—No economices tus miradas: te hemos puesto delante de las esmeraldas, desde donde Amor te lanzó un día sus dardos.

Mil deseos más ardorosos que la llama atrajeron mis ojos hacia aquellos ojos brillantes, que aún estaban fijos en el Grifo. Como el Sol en un espejo, la doble fiera se reflejaba en ellos, ya de un modo, ya de otro. Piensa, lector, si yo estaría maravillado al ver tal objeto permanecer inalterable en sí mismo, y transformándose en su imagen reflejada. Mientras que, llena de estupor y gozosa, mi alma gustaba de aquel alimento que, satisfaciéndola, la hacía más deseosa de él, aquellas tres, que demostraban en su actitud ser de una jerarquía más elevada, se adelantaron danzando al compás de sus angélicos cantares.

—Vuelve, Beatriz, vuelve tus ojos santos (tal era su canción) hacia tu fiel amigo, que ha dado tantos pasos para verte. Por gracia, haznos la gracia de descubrirle tu faz, de modo que contemple la nueva belleza que le ocultas.

¡Oh esplendor de viva luz eterna! ¿Quién es el que habiendo palidecido a la sombra del Parnaso, o bebido en su fuente, no tendría la mente ofuscada, al intentar representarte tal cual apareciste allí donde el cielo te circundaba, resonando con su acostumbrada armonía, cuando al aire libre te descubriste?

CANTO TRIGESIMOSEGUNDO

ESTABAN mis ojos tan fijos y atentos para calmar su sed de diez años, que tenía embotados los otros sentidos, encontrando además aquéllos por todas partes obstáculos que no les permitían cuidarse de ninguna otra cosa; así es que la santa sonrisa los atraía con sus antiguas redes. Pero por fuerza me obligaron aquellas diosas a volver la cabeza hacia la izquierda, porque les oía decir: "Mira demasiado fijamente;" y la disposición en que se encuentran los ojos cuando acaban de ser heridos por los rayos del Sol, me dejó por algún tiempo sin vista; mas cuando se repusieron los míos ante otro pequeño resplandor (y digo pequeño, comparándolo con la gran luz de que me había separado forzosamente), vi que el glorioso ejército se había vuelto hacia la derecha, recibiendo en el rostro los rayos del Sol y los de las siete llamas. Así como para salvarse una cohorte, se retira cobijada bajo los escudos, y se vuelve con su estandarte antes de que haya terminado por completo su evolución, así la milicia del reino celestial que precedía al carro desfiló toda antes de que éste hubiera vuelto su lanza. En seguida las mujeres se volvieron a colocar cerca de las ruedas, y el Grifo puso en movimiento el carro bendito, de tal modo que no se agitó ninguna de sus plumas. La hermosa Dama que me hizo vadear el río, Estacio y yo seguíamos a la rueda que describió al girar el arco menor. Caminando de esta suerte a través de la alta selva deshabitada por culpa de aquella que creyó a la serpiente, ajustaba mis pasos al cántico de los ángeles. Una flecha despedida del arco recorre quizá en tres veces el espacio que habíamos avanzado, cuando bajó Beatriz. Oí que todos murmuraban: "¡Adán!" En seguida rodearon un árbol enteramente despojado de hojas y flores en todas sus ramas. Su copa, que se extendía a medida que el árbol se elevaba, sería, a causa de su altura, admirada por los indios en sus selvas.

—¡Bendito seas, oh Grifo, que con tu pico no arrancaste nada de este tronco dulce al gusto, después que, por haberlo probado, se inclinó al mal el apetito humano!

Así exclamaron todos en derredor del árbol robusto; y el animal de doble naturaleza respondió:

—De ese modo se conserva la semilla de toda justicia.

Y volviéndose al timón de que había tirado, lo condujo al pie de la planta viuda de sus hojas, y dejó atado a ella el carro que era de ella. Así como nuestras plantas se ponen turgentes cuando la gran luz desciende mezclada con aquella que irradia detrás de los celestes Peces, y luego se reviste cada una con su propio color antes que el Sol guíe sus caballos bajo otra estrella, de igual modo se renovó el árbol cuyas ramas estaban antes tan desnudas, adquiriendo colores menos vivos que los de la rosa, pero más que los de la violeta. Yo no pude entender, ni aquí abajo se canta, el himno que aquella gente entonó entonces, ni tampoco pude oír todo el canto hasta el fin. Si me fuera posible describir cómo se adormecieron aquellos desapiadados ojos que tan cara pagaron su excesiva vigilancia, oyendo las aventuras de Siringa, representaría, como un pintor que copia un modelo, el modo como me dormí; pero hágalo quienquiera que sepa figurar bien el sueño.

Paso, pues, al momento en que me desperté, y digo que un resplandor desgarró el velo de mi sueño, al mismo tiempo que me gritaba una voz: "Levántate; ¿qué haces?" Como Pedro, Juan y Jacobo, conducidos a ver las florecitas del manzano, que hace a los ángeles codiciosos de su fruta y perpetuas las bodas en el cielo; y aterrados por el esplendor divino, volvieron en sí al oír la palabra que ha interrumpido sueños mayores, y vieron su compañía mermada por la ausencia de Moisés y Elías, y cambiada la túnica de su Maestro, así desperté yo, viendo inclinada sobre mí a aquella compasiva mujer que había guiado anteriormente mis pasos por el río; lleno de inquietud dije:

—¿Dónde está Beatriz?

A lo que me contestó:

—Mírala sentada sobre las raíces y bajo el nuevo follaje de ese árbol. Mira la compañía que la rodea: los otros se van hacia arriba tras el Grifo, entonando cánticos más dulces y más profundos.

Ignoro si fué más difusa su respuesta; porque se hallaba otra vez ante mis ojos aquella que me impedía fijar la atención en ninguna otra cosa. Estaba sentada ella sola en la tierra verdadera, como dejada allí para custodiar el carro que vi atar a la biforme fiera. En torno suyo formaban un círculo las siete Ninfas, teniendo en las manos aquellas luces que no puede apagar el Aquilón ni el Austro.

—Poco tiempo habitarás esta selva, y serás eternamente conmigo ciudadano de aquella Roma donde Cristo es romano. Por lo tanto, fija tus ojos en este carro para bien del mundo que vive mal, y cuando vuelvas a él, escribe lo que has visto.

Así habló Beatriz; y yo, enteramente sumiso a sus órdenes, puse mi mente y mis ojos donde ella quiso. Nunca tan velozmente partió el rayo de condensada nube, cuando cae del más remoto confín del aire, como vi yo al ave de Júpiter precipitarse y bajar por el árbol, rompiendo su corteza, ya que no las flores y hojas nuevas: y con toda su fuerza hirió al carro, y le hizo vacilar, como nave combatida por la tempestad, que las olas derriban, ora a babor, ora a estribor. Vi luego introducirse en el carro triunfal una zorra, que parecía no haber tomado jamás ningún buen alimento: pero reprendiéndole mi Dama sus feas culpas, la obligó a huír tan precipitadamente como lo permitieron sus descarnados huesos. En seguida, por donde mismo había venido antes, vi al águila descender a la caja del carro, y dejarla cubierta de sus plumas: y semejante a la voz que sale de un corazón contristado, salió del cielo una voz que dijo: "¡Ay, navecilla mía, cuán mal cargada estás!" Después me pareció que se abría la tierra entre las dos ruedas, y vi salir un dragón que hincó su maligna cola en el carro, y retirándola luego como la avispa su aguijón, se llevó consigo una parte del fondo, y se alejó muy contento. Lo que quedó del carro, como la tierra fértil que se cubre de grama, se cubrió de la pluma ofrecida por el águila quizá con intención casta y benigna; y de ella se cubrieron una y otra rueda y la lanza en menos tiempo del que mantiene un suspiro la boca abierta. Transformado de esta suerte el edificio santo, salieron de sus diversas partes varias cabezas, tres de ellas sobre la lanza, y las restantes una en cada ángulo. Las primeras tenían cuernos como los bueyes; pero las otras sólo tenían un cuerno por frente: jamás se han visto semejantes monstruos.

Tan segura como una fortaleza sobre una alta montaña, vi sentada en el carro a una prostituta desenvuelta, paseando sus miradas en torno suyo. Y como para impedir que se la quitaran, vi un gigante colocado en pie junto a ella, y ambos se besaban de vez en cuando; más habiendo ella vuelto hacia mí sus ojos codiciosos y errantes, el feroz amante la azotó desde la cabeza a los pies. Después, lleno de suspicacia y de cruel ira, desató el monstruoso carro, y lo arrastró tan lejos por la selva, que tras de ella se ocultaron a mi vista la prostituta y la nueva fiera.

CANTO TRIGESIMOTERCIO

LAS mujeres comenzaron llorosas una dulce salmodia, cantando alternativamente, ya las tres, ya las cuatro: "Deus, venerunt gentes."[103] Y Beatriz, suspirando compasiva, las escuchaba tan abatida, que poco más lo estuvo María al pie de la Cruz. Pero cuando las otras vírgenes le dieron ocasión de hablar, poniéndose en pie, respondió encendida como el fuego:

—"Modicum, et non videbitis me; et iterum," mis queridas hermanas, "modicum, et vos videbitis me."[104]

Después reunió ante sí a todas siete, y con sólo un ademán, nos hizo marchar tras ellas a mí, a la Dama, y al sabio que quedó en nuestra compañía. Así se alejaba, y no creo que hubiese dado diez pasos, cuando hirió mis ojos con sus ojos, y con aspecto tranquilo me dijo:

—Ven más de prisa, de modo que si hablo contigo, estés dispuesto a escucharme.

Cuando estuve cerca de ella, como debía, añadió:

—Hermano, ¿por qué, viniendo conmigo, no te atreves a preguntarme algo?

Me sucedió lo que a aquellos que, por excesiva reverencia, al hablar con sus superiores, no pueden hacer salir con viveza las palabras de entre sus dientes, y contesté balbuceando:

—Señora, vos conocéis mis necesidades y lo que les conviene.

Contestóme:

—Quiero que en adelante te despojes de ese temor y esa vergüenza, para que no hables como hombre que sueña. Sabe que el vaso que rompió la serpiente fué y no es; pero crea el culpable que la venganza de Dios no se vence con sortilegios. El águila que dejó sus plumas en el carro, convirtiéndolo en un monstruo y después en una presa, no estará siempre sin herederos; pues veo ciertamente, y por eso lo refiero, algunas estrellas ya cercanas a un tiempo seguro de todo obstáculo y de todo impedimento, en el cual un quinientos diez y cinco,[105] enviado por Dios, destruirá a la ramera, y a aquel gigante que con ella delinque. Y quizá mi predicción obscura, como los oráculos de Temis y de la Esfinge, no te persuade, porque, como ellos, ofusca el entendimiento; pero en breve los hechos serán las Náyades que resuelvan este difícil enigma, sin temor por los ganados y los trigos. Anota estas palabras, y tales como salen de mis labios enséñaselas a los que viven con aquella vida que no es más que una rápida carrera hacia la muerte: acuérdate además, cuando las escribas, de no ocultar cómo has visto la planta, que ha sido robada dos veces. Quien la despoja o la rompe ofende con una blasfemia de hecho a Dios, que la hizo santa sólo para su uso. Por haber mordido su fruto, la primera alma aguardó en el dolor y en el deseo durante cinco mil años y más al que en sí mismo castigó aquel bocado. Tu espíritu está adormecido, si no comprende que sólo por una causa singular es aquel árbol tan alto, y tan anchurosa su copa: y si los vanos pensamientos no hubiesen sido alrededor de tu mente como las aguas del Elsa, y el placer que te causaron no la hubiera manchado como Píramo manchó la mora, sólo por tantas circunstancias reconocerías moralmente la justicia de Dios en la prohibición de tocar aquel árbol. Mas como veo tu inteligencia petrificada y tan obscurecida por el pecado, que te deslumbra el brillo de mis palabras, quiero que te las lleves, si no escritas, al menos estampadas en ti mismo, por aquel motivo que el peregrino lleva el bordón rodeado de palmas.

Le contesté:

—Así como la cera conserva inalterable la imagen que en ella imprime el sello, del mismo modo la vuestra ha quedado grabada en mi cerebro. Pero ¿por qué vuestra deseada palabra se eleva tanto sobre mi entendimiento, que cuanto más procura comprenderla menos lo consigue?

—Para que conozcas—dijo—aquella escuela que has seguido, y cómo ha de poder su doctrina seguir a mis palabras; y veas que vuestro camino se separa tanto del divino, cuanto de la Tierra dista el cielo que gira más velozmente a la mayor altura.

Entonces le respondí:

—No recuerdo haberme alejado jamás de vos, ni me remuerde por ello la conciencia.

—Es que tú no puedes recordarlo—me dijo sonriéndose—; acuérdate de que has bebido las aguas del Leteo; y si del humo se deduce el fuego, de ese olvido se infiere claramente que tu voluntad, ocupada en otras cosas, era culpable. Pero en adelante serán mis palabras tan desnudas cuanto es preciso descubrirlas a tu rudo entendimiento.

El Sol, más resplandeciente y con pasos más lentos, atravesaba el círculo del Meridiano, que cambia de posición según de donde se mira, cuando al extremo de una opaca umbría, semejante a las que se ven bajo las verdes hojas y las negruzcas ramas por donde llevan los Alpes sus fríos riachuelos, se detuvieron las siete mujeres, como se detiene la tropa que va de avanzada, si encuentra alguna novedad en su camino. Ante ellas me pareció ver salir el Tigris y el Eufrates de un mismo manantial, y como amigos separarse lentamente.

—¡Oh luz!, ¡oh gloria de la raza humana! ¿Qué agua es esta que mana de una misma fuente, y dividida, se aleja una de otra?

A tal pregunta se me contestó:

—Ruega a Matilde que te lo diga.

Y la hermosa Dama respondió como aquel que se disculpa:

—Ya le he dicho esta y otras varias cosas; y estoy segura de que el agua del Leteo no se las ha hecho olvidar.

Beatriz añadió:

—Quizá un interés mayor, de esos que muchas veces quitan la memoria, ha obscurecido su mente con respecto a los demás objetos. Pero mira el Eunoe, que por allí se desliza; condúcele hacia él, y según acostumbras, reanima su amortecida virtud.

Como una alma gentil que de nada se excusa, sino que adapta su voluntad a la de los otros en cuanto se la dan a conocer por medio de alguna seña, de igual suerte se puso en marcha la bella Dama en cuanto estuve a su lado, y dijo a Estacio con su gracia femenil:

—Ven con él.

Lector, si dispusiera de mayor espacio para escribir, cantaría en parte la dulzura de las aguas de que no me habría saciado nunca; pero como están ya llenos todos los papeles dispuestos para este segundo cántico, el freno del arte no me deja ir más allá.

Volví de aquellas sacrosantas ondas tan reanimado como las plantas nuevas, renovadas con nuevas hojas, purificado y dispuesto para subir a las estrellas.

PARAISO

CANTO PRIMERO

LA gloria de Aquél que todo lo mueve se difunde por el universo, y resplandece en unas partes más y en otras menos. Yo estuve en el cielo que recibe mayor suma de su luz, y vi tales cosas, que ni sabe ni puede referirlas el que desciende de allá arriba; porque nuestra inteligencia, al acercarse al fin de sus deseos, profundiza tanto, que la memoria no puede volver atrás. Sin embargo, todo cuanto mi mente haya podido atesorar de lo concerniente al reino santo, será en lo sucesivo objeto de mi cántico.

¡Oh buen Apolo! Haz de mí para este último trabajo un vaso lleno de tu valor, tal como lo exiges para conceder tu laurel amado; pues si hasta aquí tuve bastante con una cima del Parnaso, ahora necesito las dos para entrar en el resto de mi carrera. Entra en mi seno, e inspírame el aliento de que estabas poseído cuando sacaste los miembros de Marsias fuera de su piel.

¡Oh divina virtud! Si te prestas a mí, de modo que yo pueda poner de manifiesto la sombra del reino bienaventurado estampada en mi cabeza, me verás acudir a tu árbol querido y coronarme entonces de aquellas hojas; pues el asunto de mi canto y tu favor me harán digno de ello.

Tan pocas veces, ¡oh Padre!, se recoge el lauro del triunfo, ya como César, ya como poeta (por culpa y vergüenza de la humana voluntad), que cuando alguno arde en deseos de alcanzarlo, el follaje peneíco debería difundir la alegría en la feliz deidad délfica. A una pequeña chispa sigue una gran llama: quizá después de mí habrá quien ruegue con mejor voz para que responda Cirra.

La lámpara del mundo se presenta a los mortales por diferentes aberturas; pero cuando se deja ver por aquella en que se unen cuatro círculos formando tres cruces, entonces sale con mejor curso y con mejor estrella, y modela y sella más a su modo la cera de nuestro mundo. Por aquella abertura se había hecho allí de día, y aquí de noche: casi todo aquel hemisferio estaba ya blanco, y la otra parte negra, cuando vi a Beatriz vuelta hacia el lado izquierdo, mirando al Sol; jamás lo ha mirado un águila con tanta fijeza. Y así como un segundo rayo sale del primero, y se remonta a lo alto, semejante al peregrino que quiere volverse, así la acción de Beatriz, penetrando por mis ojos en mi imaginación, originó la mía, y fijé los ojos en el Sol contra nuestra costumbre. Muchas cosas son allí permitidas a nuestras facultades, que no lo son aquí, por ser aquel lugar creado para residencia propia de la especie humana. Me fué imposible mirar por mucho tiempo al Sol; pero no tan poco, que no le viera centellear en torno suyo, como el hierro que sale candente del fuego; y de pronto me pareció que un nuevo día se unía al día, como si Aquél que puede hubiese adornado el Cielo con otro Sol.

Beatriz miraba fijamente las eternas esferas, y yo fijé mis ojos en ella, desviándolos de allá arriba: contemplándola, me transformé interiormente, como Glauco al gustar la hierba que le hizo en el mar compañero de los otros Dioses. No es posible significar con palabras el acto de pasar a un grado superior la naturaleza humana; pero baste el citado ejemplo a quien la gracia divina reserve tal experiencia.

¡Oh Amor, que gobiernas el cielo! Tú, que me elevaste con tu luz, sabes si yo era entonces solamente aquella parte de mí que primero creaste. Cuando la rotación de los cielos, que eternizas por el deseo que estos tienen de poseerte, atrajo mi atención con su armonía, que regularizas y distribuyes, me pareció que entonces se encendía con la llama del Sol tanto espacio del cielo, que ni las lluvias ni los ríos han ocasionado jamás tan extenso lago. La novedad de los sonidos y tan gran resplandor me abrasaron de tal modo en el deseo de conocer su causa, que jamás he sentido tan punzante aguijón. Así es que Ella, que veía mi interior como yo mismo, abrió su boca para calmar mi excitado ánimo, antes que yo la abriera para preguntarle, y empezó a decir:

—Tú mismo te atontas con tus falsas ideas, de tal modo que no ves lo que verías si las hubieras desechado. No estás ya en la Tierra, según te figuras: el rayo, huyendo de la región donde se forma, no corre tan velozmente como tú asciendes hacia ella.

Si vi desvanecida mi primera duda, gracias a sus palabras sonrientes y breves, me vi en cambio más envuelto en otra nueva, y dije:

—Ya me contemplo con placer libre de mi primitiva admiración; mas ahora me asombra cómo es que puedo atravesar por entre estos cuerpos leves.

Por lo cual Beatriz, lanzando un piadoso suspiro, dirigió hacia mí sus ojos con aquel aspecto de que se reviste la madre al oír un desvarío de su hijo, y repuso:

—Todas las cosas guardan un orden entre sí; y este orden es la forma, que hace al universo semejante a Dios. Aquí ven las altas criaturas el signo de la eterna sabiduría, que es el fin para que se ha creado el orden antedicho. En el de que hablo, todas las naturalezas propenden y, según su diversa esencia, se aproximan más o menos a su principio. Así es que se dirigen a diferentes puertos por el gran mar del sér, y cada una con el instinto que se le concedió para que la lleve al suyo. Este instinto es el que conduce al fuego hacia la Luna; el que promueve los primeros movimientos del corazón de los mortales, y el que concentra y hace compacta a la Tierra. Y este arco se dispara, no tan sólo contra las criaturas desprovistas de inteligencia, sino contra las que tienen inteligencia y amor. La Providencia, que todo lo ordena, hace con su luz que esté tranquilo el cielo en el que gira aquél que tiene mayo velocidad: allí es donde ahora, como a sitio designado, nos lleva la virtud de la cuerda de aquel arco que dirige todo cuanto despide hacia un objeto agradable. Bien es verdad que, así como la forma no guarda muchas veces armonía con las intenciones del arte, porque la materia es sorda para contestar, así de esta dirección se desvía tal vez la criatura, que tiene el poder de inclinarse hacia otro lado, por más que esté impulsada de aquel modo, y cae (como se puede ver caer el fuego desde una nube), si su primer impulso la tuerce hacia la Tierra por un falso placer. No debes, pues, a lo que pienso, admirarte más de tu ascensión, que de ver a un río descender desde lo alto de una montaña hasta su base. Lo maravilloso en ti sería que, libre de todo obstáculo, te hubieras sentado abajo, como lo sería el que la viva llama permaneciese quieta y apegada a la Tierra.

Dicho esto, elevó sus ojos al Cielo.

CANTO SEGUNDO

OH vosotros, que, deseosos de escucharme, habéis seguido en una pequeña barca tras de mi bajel que navega cantando, virad para ver de nuevo vuestras playas! No os internéis en el piélago, porque quizá, perdiéndome yo, quedaríais perdidos. El agua por donde sigo no fué jamás recorrida; Minerva sopla en mi vela, Apolo me conduce y las nueve Musas me enseñan las Osas. Y vosotros los que, en corto número, levantasteis ha tiempo las miradas hacia el pan de los ángeles, del cual se vivo aquí pero sin que nadie quede harto, bien podéis dirigir vuestra nave por el alta mar, siguiendo mi estela sobre el agua que se reúne en breve. Aquellos gloriosos héroes que pasaron a Colcos no se admiraron cuando vieron a Jasón convertido en boyero, como os admiraréis ahora vosotros. La innata y perpetua sed del deiforme reino nos hacía ir tan veloces como veloz veis al mismo cielo. Beatriz miraba hacia arriba, y yo la miraba a ella; y quizá en menos tiempo del en que se coloca un dardo, y se despide del arco y vuela, me vi llegado a un punto donde una cosa admirable atrajo mis miradas: por lo cual, Aquélla para quien no podían estar ocultos mis sentimientos, vuelta hacia mí tan agradable como bella, me dijo:

–Eleva tu agradecida mente hacia Dios, que nos ha transportado a la primera estrella.

Parecíame que se extendiese sobre nosotros una nube lúcida, densa, sólida y bruñida, como un diamante herido por los rayos del Sol. La eterna margarita nos recibió dentro de sí, como el agua que, permaneciendo unida, recibe un rayo de luz. Si yo era cuerpo, y si en la Tierra no se concibe cómo una dimensión pueda admitir a otra, según debe suceder si un cuerpo penetra en otro, debería abrasarnos mucho más el deseo de contemplar aquella esencia, en que se ve cómo Dios y nuestra naturaleza se unieron. Allí se verá esto que creemos por la fe; pero sin demostración alguna, pues será conocido por sí mismo, como la primera verdad en que el hombre cree. Yo respondí:

–Señora, con tanto reconocimiento como cabe en mí, doy gracias a Aquél que me ha alejado del mundo mortal. Pero decidme: ¿qué son las obscuras señales de este cuerpo, que allá abajo en la Tierra dan ocasión a algunos para inventar patrañas sobre Caín?[106]

Sonrióse un poco, y después me dijo:

—Si la opinión de los mortales se extravía donde la llave de los sentidos no puede abrir, no deberían en verdad punzarte desde ahora las flechas de la admiración; pues ves que, si la razón sigue a los sentidos, debe tener muy cortas las alas; pero dime qué es lo que tú piensas con respecto a esto.

Le contesté:

—Lo que aquí arriba me parece de diferente forma, creo que debe ser producido por cuerpos enrarecidos y por cuerpos densos.

Ella repuso:

—Verás de un modo cierto que tu creencia está basada en una idea falsa, si escuchas bien el argumento que voy a oponerte. La octava esfera os muestra muchas luces, las cuales puede verse que presentan aspectos diferentes así en calidad como en cantidad. Si esto fuera efecto solamente del enrarecimiento y la densidad, en todas ellas habría una sola e idéntica virtud, aunque distribuida en más o menos abundancia y proporcionalmente a sus respectivas masas. Siendo diversas las virtudes, necesariamente han de ser fruto de principios formales; y éstos, menos uno, quedarían destruídos por tu raciocinio. Además, si el enrarecimiento fuese la causa de aquellas manchas acerca de las cuales me preguntas, entonces o el planeta estaría en algunos puntos privado de su materia de parte a parte, o bien del modo que en un cuerpo alternan lo graso y magro, así el volumen de éste se compondría de hojas diferentes. Si fuese cierto lo primero, se manifestaría en los eclipses de Sol, porque la luz de éste pasaría a través de la Luna, como atraviesa por cualquier cuerpo enrarecido. Esto no es así: por lo tanto hemos de examinar el otro supuesto; y si llego también a anularlo, verás demostrado lo falso de tu opinión. Si ese cuerpo enrarecido no llega de un lado a otro de la Luna, es preciso que termine en algún punto donde su contrario no deje pasar la luz, y que el otro rayo reverbere desde allí, como el color se refleja en un cristal que está forrado de estaño. Pero tú dirás que el rayo aparece aquí más obscuro que en otras partes, porque se refracta desde mayor profundidad. De esta réplica puede librarte la experiencia, si haces uso de ella alguna vez, por ser la fuente de donde manan los arroyos de vuestras artes. Toma tres espejos: coloca dos de ellos delante de ti a igual distancia, y el otro un poco más lejos: después fija tus ojos entre los dos primeros. Vuelto así hacia ellos, dispon que a tu espalda se eleve una luz que ilumine los tres espejos, y vuelva a ti reflejada por todos: entonces, aun cuando la luz reflejada sea menos intensa en el más distante, verás que resplandece igualmente en los tres. Desvanecido ya el primer error de tu entendimiento, como a impulso de los cálidos rayos se desvanecen el color y el frío primitivos de la nieve, quiero mostrarte ahora una luz tan viva, que apenas aparezca sentirás sus destellos. Dentro del Cielo de la divina paz se mueve un cuerpo, en cuya virtud reside el ser de todo su contenido. El Cielo siguiente, que tiene tantas estrellas, distribuye aquel sér entre diversas esencias, distintas de él y que en él están contenidas. Los demás cielos, por varios y diferentes modos, disponen para sus fines aquellas cosas distintas que hay en cada uno, y sus influencias. Estos órganos del mundo van así descendiendo de grado en grado, como ahora ves, de suerte que adquieren del superior la virtud que comunican al inferior. Repara bien cómo voy por este camino hacia la verdad que deseas, a fin de que después sepas por ti solo vencer toda dificultad. El movimiento y la virtud de las sagradas esferas deben proceder de los bienaventurados motores, como del artífice procede la obra del martillo. Aquel cielo, al que tantas luces hermosean, recibe forma y virtud de la inteligencia profunda que lo mueve, y se transforma en su sello. Y así como el alma dentro de vuestro polvo se extiende a los diferentes miembros, aptos para distintas facultades, así la inteligencia despliega por las estrellas su bondad multiplicada, girando sobre su unidad. Cada virtud se une de distinto modo con el precioso cuerpo a quien vivifica, y en el cual se infunde como en vosotros la vida. Por la plácida naturaleza de donde se deriva, esa virtud mezclada a los cuerpos celestes brilla en ellos, como la alegría en una pupila ardiente. De ella procede la diferencia que se observa de luz a luz, y no de los cuerpos densos y enrarecidos; ella es el principio formal que produce lo obscuro y lo claro, según su bondad.

CANTO TERCERO

AQUEL Sol que primeramente abrasó de amor mi corazón[107] me había descubierto, con sus pruebas y refutaciones, el dulce aspecto de una hermosa verdad; y yo, para confesarme desengañado y persuadido, levanté la cabeza, tanto como era necesario a fin de declararlo resueltamente. Pero apareció una visión, la cual haciéndose perceptible me atrajo de tal modo hacia sí, que ya no me acordé de mi confesión. Así como a través de cristales tersos y transparentes o de aguas nítidas y tranquilas, aunque no tan profundas que se obscurezca el fondo, llegan a nuestra vista las imágenes tan debilitadas, que una perla en una frente blanca no la distinguirían más débilmente nuestros ojos, así vi yo muchos rostros prontos a hablarme; por lo cual caí en el error contrario a aquel que inflamó el amor entre un hombre y una fuente.[108] En cuanto las distinguí, creyendo que fuesen imágenes reflejadas en un[392] espejo, volví los ojos para ver los cuerpos a que correspondían; y como nada vi, los dirigí de nuevo hacia delante, fijándolos en mi dulce Guía, que sonriéndose despedía vívidos destellos de sus santos ojos.

—No te asombres porque me sonría de tu pueril pensamiento—me dijo—; pues no se apoya todavía tu pie sobre la verdad, y como de costumbre, te inclina a las ilusiones. Esas que ves son verdaderas substancias, relegadas aquí por haber faltado a su votos. Por consiguiente, habla con ellas, y oye y cree lo que te digan; pues la verdadera luz que las regocija no permite que se tuerzan sus pasos.

Y yo me dirigí a la sombra que parecía más dispuesta a hablar, y empecé a decirle, como hombre a quien su mismo deseo le quita el valor.

—¡Oh espíritu bien creado, que bajo los rayos de la vida eterna sientes la dulzura que no se comprende nunca si no se ha gustado! Me será muy grato que te dignes decirme tu nombre y cuál es vuestra suerte.

A lo que contestó pronta y con risueños ojos:

—Nuestra caridad nunca cierra sus puertas a un deseo justo, siendo como aquella que quiere que se le asemeje toda su corte. Yo fuí en el mundo una virgen religiosa; y si tu mente me contempla bien, no me ocultará a tus recuerdos el ser hoy la más bella, sino que reconocerás que yo soy Piccarda: colocada aquí con estos otros bienaventurados, soy como ellos bienaventurada en la esfera más lenta. Nuestros afectos a quienes sólo inflama el amor del Espíritu Santo, se regocijan en el orden designado por él, y nos ha cabido en suerte este sitio que parece tan bajo, porque descuidamos nuestros votos, y en parte no fueron observados.

A lo que le contesté:

—En vuestros admirables rostros resplandece no sé qué de divino, que cambia el primer aspecto que de vosotras se ha conservado. Por eso no fuí más presto en recordar; pero ahora viene en mi ayuda lo que tú me dices, de suerte que me es más fácil reconocerte. Mas dime: vosotras que sois aquí felices ¿deseáis estar en otro lugar más elevado para ver más o para haceros más amigas?

Sonrióse un poco mirando a las otras sombras, y en seguida me respondió tan placentera, que parecía arder en el primer fuego del amor:

—Hermano, la virtud de la caridad calma nuestra voluntad, y esa virtud nos hace querer solamente lo que tenemos, y no apetecer nada más. Si deseáramos estar más elevadas, nuestro anhelo estaría en desacuerdo con la voluntad de Aquél que nos reúne aquí; desacuerdo que no admiten las esferas celestiales, como verás si consideras bien que aquí es condición necesaria estar unidas a Dios por medio de la caridad, y la naturaleza de esta misma caridad. También es esencial a nuestra existencia bienaventurada uniformar la propia voluntad a la de Dios, de modo que nuestras mismas voluntades se refundan en una. Así es que al estar como estamos distribuídas de grado en grado por este reino, place a todo él, porque place al Rey cuya voluntad forma la nuestra. En su voluntad está nuestra paz; ella es el mar adonde va a parar todo lo que ha creado, o lo que hace la naturaleza.

Entonces comprendí claramente por qué en el Cielo todo es Paraíso, por más que la gracia del Supremo Bien no llueva en todas partes por igual. Pero, así como suele suceder que un manjar nos sacie, y que sintamos aún apetito por otro, de suerte que pedimos éste y rechazamos aquél, así hice yo con el gesto y la palabra para saber por ella cuál fué el tejido cuya lanzadera no continuó manejando hasta el fin.

—Una virtud perfecta, un mérito eminente colocan en un cielo más alto a una mujer[109] —me dijo—, según cuya regla se lleva allá abajo en vuestro mundo el hábito y el velo monacal, a fin de que hasta la muerte se viva noche y día con aquel esposo, a quien es grato todo voto que la caridad hace conforme a su deseo. Por seguirla, huí del mundo jovencita aún, y me encerré en su hábito, y prometí observar la regla de su orden. Posteriormente, algunos hombres, más habituados al mal que al bien, me arrebataron de la dulce clausura. ¡Dios sabe cuál fué después mi vida!... Lo que digo de mí, entiende que lo digo asimismo de esta otra alma esplendente que te se muestra a mi derecha, y en quien brilla toda la luz de nuestra esfera: monja fué, y también le arrebataron de la cabeza la sombra de las sagradas tocas; pero cuando volvió al mundo, contra su gusto y contra ley, no se despojó jamás del velo de su corazón. Esa es la luz de la gran Constanza, que del segundo príncipe poderoso de la casa de Suabia engendró al tercero, última potencia de esta raza.

Así me habló y empezó después a cantar "Ave María," y cantando desapareció, como una cosa pesada a través del agua profunda. Mi vista, que la siguió tanto cuanto le fué posible, después que la perdió, se volvió hacia el objeto de su mayor deseo, y se fijó enteramente en Beatriz; pero ésta lanzó tales fulgores sobre mi mirada, que no los pude sufrir en el primer momento, por cuya causa tardé más en preguntarle.

CANTO CUARTO

UN hombre libre de elegir entre dos manjares igualmente distantes de él y que exciten del mismo modo su apetito, moriría de hambre antes de llevarse a la boca uno de ambos. De igual suerte permanecería inmóvil un cordero entre dos hambrientos lobos, temiéndoles igualmente, o un perro entre dos gamos. Por esta razón no me culpo ni me alabo de haber callado, teniéndome en suspenso igualmente dos dudas; pues mi silencio era necesario. Yo callaba; pero tenía pintado en el rostro mi deseo, y en él aparecía más clara mi pregunta que si la hubiera expresado por medio de palabras. Beatriz hizo lo que Daniel al librar a Nabucodonosor de aquella cólera que le había hecho cruel injustamente, y me dijo:

—Bien veo cómo te atrae uno y otro deseo, de modo que tu curiosidad se liga a sí misma de tal suerte, que no se manifiesta con palabras. Tú raciocinas así: si la buena voluntad persevera, ¿por qué razón la violencia ajena ha de disminuir la medida de mi mérito? También te ofrece motivo de duda el que las almas al parecer vuelvan a las estrellas, según la sentencia de Platón. Tales son las cuestiones que pesan igualmente sobre tu voluntad; pero antes me ocuparé en lo que tiene más hiel. El serafín que más goce de Dios, Moisés, Samuel, cualquiera de los dos Juanes que quieras escoger, María misma, no tienen su asiento en un cielo distinto de aquel donde moran esos espíritus que aquí te han aparecido, ni su estado de beatitud tiene fijada más ni menos duración, sino que todos embellecen el primer círculo, y gozan de una vida diferentemente feliz, según que sienten más o menos el Espíritu eterno. Aquí se te aparecieron, no porque les haya tocado en suerte esta esfera, sino para significar que ocupan en la celestial la parte menos elevada. Así es preciso hablar a vuestro espíritu, porque sólo comprende por medio de los sentidos lo que hace después digno de la inteligencia. Por eso la Escritura, atemperándose a vuestras facultades, atribuye a Dios pies y manos, mientras que ella lo ve de otro modo; y la Santa Iglesia os representa bajo formas humanas a Gabriel y a Miguel y al que sanó a Tobías. Lo que Timeo dice acerca de las almas no es figurado, como aquí se ve, pues parece que siente lo que afirma. Dice que el alma vuelve a su estrella, creyendo que se desprendió de ella cuando la naturaleza la unió a su forma. Tal vez su opinión sea diferente de lo que expresan sus palabras, y es posible que la intención de éstas no sea irrisoria. Si quiere decir que la influencia operada por las estrellas se convierte en honor o en vituperio de las mismas, quizá haya dado su flecha en el blanco de una verdad. Este principio, mal comprendido, extravió a casi todo el mundo, haciendo que corriese a invocar a Júpiter, a Mercurio y a Marte. La otra duda que te agita tiene menos veneno, porque su malignidad no te podría alejar de mí. Que nuestra justicia parezca injusta a los ojos de los mortales, es un argumento de fe y no de herética malicia; pero como puede vuestro discernimiento penetrar bien esta verdad, te dejaré satisfecho según deseas. Si hay verdadera violencia cuando el que la sufre no se adhiere en nada a aquel que la comete, aquellas almas no pueden servirse de ella como excusa; porque la voluntad, si no quiere, no se aquieta, sino que hace lo que naturalmente hace el fuego, aunque la tuerzan mil veces con violencia. Por lo cual, si la voluntad se doblega poco o mucho, sigue a la fuerza; y así hicieron aquéllas, pues pudieron haber vuelto al sagrado lugar. Si su voluntad hubiera sido firme, como lo fué la de Lorenzo sobre las parrillas, y como la de Mucio al ser tan severo con su mano, ella misma las habría vuelto al camino de donde las habían separado, en cuanto se vieron libres; pero una voluntad tan sólida es muy rara. Por estas palabras, si es que las has recogido como debes, queda destruído el argumento que te hubiera importunado aún muchas veces. Pero se atraviesa otra dificultad ante tus ojos, y tal que por ti mismo no sabrías salir de ella; antes bien te rendirías fatigado. He dado como cierto a tu mente que el alma bienaventurada no podía mentir, porque está siempre próxima a la primera Verdad; y luego habrás podido oír por Piccarda, que Constanza había guardado su inclinación al velo, de manera que parece contradecirme. Muchas veces, hermano, sucede que por huír de un peligro, se hace con repugnancia aquello que no debería hacerse; como Alcmeón, que, a instancias de su padre, mató a su propia madre, y por no faltar a la piedad, se hizo desapiadado. Con respecto a este punto, quiero que sepas que, si la fuerza y la voluntad obran de acuerdo, resulta que no pueden excusarse las faltas. La voluntad en absoluto no consiente el daño; pero lo consiente en cuanto teme caer en mayor pena oponiéndose a él. Cuando Piccarda, pues, se expresa como lo ha hecho, entiende que habla de la voluntad absoluta, y yo de la otra; de suerte que ambas decíamos la verdad.

Tales fueron las ondulaciones del santo arroyo que salía de la fuente de donde fluye toda verdad, y que aquietaron todos mis deseos.

—¡Oh amada del primer Amante!, ¡oh divina—dije en seguida—, cuyas palabras me inundan comunicándome tal calor que me reaniman cada vez más! No es tan profunda mi afección, que baste a devolveros gracia por gracia; pero que responda por mí Aquél que todo lo ve y lo puede. Bien veo que nuestra inteligencia no queda nunca satisfecha, si no la ilumina aquella Verdad, fuera de la cual no se difunde ninguna otra. En cuanto ha podido alcanzarla, descansa en ella como la fiera en su cubil; y puedo indudablemente conseguirla; de lo contrario, todos nuestros deseos serían vanos. De este deseo de saber nace, como un retoño, la duda al pie de la verdad; siendo esto un impulso de la naturaleza que guía de grado en grado nuestra inteligencia al conocimiento de Dios. Esto mismo me invita, esto mismo me anima, Señora, a pediros reverentemente que me aclaréis otra verdad que encuentro obscura. Quiero saber si el hombre puede satisfaceros, con respecto a los votos quebrantados, por medio de otras buenas acciones que no sean pocas en vuestra balanza.

Beatriz me miró con los ojos llenos de amorosos destellos, y tan divinos, que sintiendo mi fuerza vencida, me volví y quedé como anonadado con los ojos bajos.

CANTO QUINTO

SI te parezco más radiante en el fuego de este amor de lo que suele verse en la tierra, hasta el punto de superar la fuerza de tus ojos, no debes asombrarte, porque esto procede de una vista perfecta, que, distinguiendo bien los objetos, se dirige con más rapidez hacia el bien. Veo claramente cómo resplandece ya en tu inteligencia la eterna luz, que contemplada una sola vez enciende un perpetuo amor. Y si otra cosa seduce el vuestro, sólo es un vestigio mal conocido del resplandor que aquí brilla. Tú quieres saber si con otras buenas acciones puede satisfacerse el voto no cumplido, de modo que el alma esté segura de todo debate con la justicia divina.

Así empezó Beatriz este canto, y como hombre que no interrumpe su razonamiento, continuó de este modo su santa enseñanza:

—El mayor dón que Dios, en su liberalidad, nos hizo al crearnos, como más conforme a su bondad, y el que más aprecia, fué el del libre albedrío de que estuvieron y están dotadas únicamente las criaturas inteligentes. Ahora conocerás, si raciocinas según este principio, el alto valor del voto, si éste es tal que Dios consienta cuando tú consientes; porque al cerrarse el pacto entre Dios y el hombre, se le sacrifica ese tesoro de que hablo, y se le sacrifica por su propio acto. Así, pues, ¿qué se podrá dar en cambio de esto? Si crees que puedes hacer buen uso de lo que ya has ofrecido, es como si quisieras hacer una buena obra con una cosa mal adquirida. Ya conoces, pues, la importancia del punto principal: pero como la Santa Iglesia da sobre esto sus dispensas, lo cual parece contrario a la verdad que te he descubierto, es preciso que continúes sentado un poco a la mesa, porque el pesado alimento que has tomado requiere alguna ayuda para ser digerido. Abre el espíritu a lo que te presento y enciérralo en ti mismo, pues no proporciona ciencia alguna el oír sin retener. Dos cosas son necesarias en la esencia de este sacrificio: una es la materia del voto, y otra el pacto que se forma con Dios. Este último no se borra jamás, si no es observado, y acerca de ello te he hablado antes en términos precisos. Por esta causa fué necesario que los Hebreos continuasen ofreciendo, aunque alguna de sus ofrendas fuese permutada, como debes saber. Respecto a la que te he dado a conocer como materia del voto, puede ser tal que no se cometa yerro alguno al cambiarla en otra materia: pero que ninguno por su propia autoridad mude el fardo de su espalda, sin la vuelta de la llave blanca y de la llave amarilla: crea que todo cambio es insensato, si la cosa abandonada no se contiene en la elegida, como el cuatro está contenido en el seis. Todo lo que pese tanto por su valor, que incline hacia su lado la balanza, no puede reemplazarse con otra cosa. Que los mortales no tomen a broma el voto. Sed fieles, y al comprometeros no seáis ciegos como lo fué Jephté en su primera ofrenda, porque más le valiera haber dicho: "Hice mal," que hacer otra cosa peor al cumplir su voto: tan insensato como a él puedes suponer al gran jefe de los Griegos,[110] quien obligó a Ifigenia a llorar su hermoso rostro, e hizo llorar por ella a sabios e ignorantes, cuando oyeron hablar de tal sacrificio. Cristianos, sed más pausados en vuestras acciones; no seáis como la pluma a todo viento, ni creáis que toda agua pueda lavaros. Tenéis el Antiguo y el Nuevo Testamento, y el Pastor de la Iglesia que os guía: baste esto para vuestra salvación. Si os dice otra cosa el espíritu del mal, sed hombres, y no locas ovejas, de suerte que el judío no se ría de vosotros entre vosotros. No hagáis como el cordero, que deja la leche de su madre, y sencillo y alegre, combate a su placer consigo mismo.

Así me habló Beatriz, según lo escribo: después se volvió anhelante hacia aquella parte donde el mundo es más vivo. Su silencio y la mudanza de su semblante impusieron silencio a mi ávido espíritu, que tenía ya preparadas nuevas preguntas. Y como la saeta que da en el blanco antes de que haya quedado en reposo la cuerda, así corríamos hacia el segundo reino[111]. Allí vi yo tan contenta a mi Dama cuando penetró en la luz de aquel cielo, que el planeta se volvió más resplandeciente. Y si la estrella se transformó y rió, ¿cuánto más alegre estaría yo, que por mi naturaleza soy en todos sentidos transmutable? Así como en un vivero, que está tranquilo y puro, acuden solícitos los peces al objeto procedente del exterior, por creerlo su pasto, así vi yo más de mil almas esplendorosas acudir hacia nosotros, y a cada cual de ellas se oía exclamar: "¡He ahí quien acrecentará nuestros amores!" Y tan pronto como cada una se nos acercaba, conocíase su júbilo por el claro fulgor que de ella salía. Piensa, lector, cuál sería tu impaciente anhelo de saber, si lo que aquí empieza no siguiese adelante, y por ti comprenderás cuánto sería mi deseo de conocer la condición de estas almas, en cuanto se presentaron a mi vista.

—¡Oh bien nacido, a quien está concedida la gracia de ver los tronos del triunfo eterno, antes de haber abandonado la milicia de los vivos!

Nosotros nos abrasamos en el fuego que se extiende por todo el cielo: así, pues, si deseas que te iluminemos acerca de nuestra suerte, puedes saciarte según tu deseo.

Así me dijo uno de aquellos espíritus piadosos, y Beatriz añadió:

—Di, di con toda confianza, y créeles como a Dioses.

—Veo bien cómo anidas en tu propia luz, y que la despides por tus ojos, para que resplandezcan cuando ríes; pero no sé quién eres, ni por qué ocupas, ¡oh alma digna!, el grado de la esfera que se oculta a los mortales con los rayos de otro.

Esto dije dirigiéndome al alma resplandeciente que me había hablado; por lo cual se volvió más luminosa de lo que antes era. Lo mismo que el Sol, que a sí mismo se oculta por su excesiva luz, cuando el calor ha destruído los densos vapores que la amortiguaban, así aquella santa figura se ocultó a causa de su alegría en su mismo fulgor, y encerrada de aquel modo me contestó como se verá en el canto siguiente.

CANTO SEXTO

DESPUES que Constantino volvió el águila contra el curso del Cielo que antes siguiera tras el antiguo esposo de Lavinia, cien y cien años y más permaneció el ave de Dios en el extremo de Europa, próxima a los montes de que primitivamente había salido; y bajo la sombra de las sagradas plumas gobernó allí el mundo pasando de mano en mano, hasta que en estos cambios llegó a las mías. César fuí; soy Justiniano, que por voluntad del primer Amor, de que ahora disfruto en el cielo, suprimí de las leyes lo superfluo y lo inútil: antes de haberme dedicado a esta obra, creí que había en Cristo una sola naturaleza y no más, y estaba contento con tal creencia; pero el bendito Agapito, que fué Sumo Pastor, me encaminó con sus palabras a la verdadera fe; yo le creí, y ahora veo claramente cuanto él me decía, así como tú ves en toda contradicción una parte falsa y otra verdadera. En cuanto caminé al par de la Iglesia, plugo a Dios por su gracia inspirarme la grande obra, y me dediqué completamente a ella: confié las armas a mi Belisario, a quien se unió de tal modo la diestra del cielo, que ésta fué para mí una señal de que debía descansar en él. Aquí termina, pues, mi respuesta a tu primera pregunta; pero su condición me obliga a añadir algunas explicaciones. Para que veas con cuán poca razón se levantan contra la sacrosanta enseña los que se la apropian y los que se le oponen, considera cuántas virtudes la han hecho digna de reverencia, desde el día en que Palanto murió para darle el imperio. Tú sabes que aquel signo fijó su mansión en Alba por más de trescientos años, hasta el día en que por él combatieron tres contra tres[112]. Sabes lo que hizo bajo siete reyes, desde el robo de las Sabinas hasta el dolor de Lucrecia, conquistando los países circunvecinos. Sabes lo que hizo llevado por los egregios romanos contra Breno, contra Pirro, contra otros príncipes solos y coligados, por lo cual Torcuato, y Quintio que recibió un sobrenombre por su descuidada cabellera[113], los Decios y los Fabios, conquistaron un renombre que me complazco en admirar. El abatió el orgullo de los árabes que tras de Aníbal pasaron las rocas alpestres de donde tú, Po, te desprendes. A su sombra triunfaron, siendo aún muy jóvenes, Escipión y Pompeyo; y su dominio pareció amargo a aquella colina bajo la cual naciste[114]. Después, cerca del tiempo en que todo el cielo quiso reducir el mundo al estado sereno de que es modelo, César tomó aquel signo por la voluntad del pueblo romano; y lo que hizo desde el Var hasta el Rhin, lo vieron el Isere y el Loira, y lo vió el Sena, y todos los ríos que afluyen al Ródano. Lo que hizo cuando César salió de Ravena y pasó el Rubicón fué con tan levantado vuelo, que no lo podrían seguir la lengua ni la pluma. Hacia España dirigió sus tropas, después hacia Durazzo, y a Farsalia hirió de tal modo, que hasta en las cálidas orillas del Nilo se sintió el dolor. Volvió a ver a Antandro y al Simois de donde había salido, y el sitio donde reposa Héctor; después se alejó de nuevo, con detrimento de Tolomeo. Desde allí cayó como un rayo sobre Juba, y luego se dirigió hacia vuestro Occidente, donde oía la trompa pompeyana. Lo que aquel signo hizo en manos del que lo llevó en seguida lo ladran Bruto y Casio en el Infierno; y de ello se lamentan Módena y Perusa. También llora la triste Cleopatra, que, huyendo ante él, recibió de un áspid muerte cruel y súbita. Con él corrió en seguida al mar Rojo; con él estableció en el mundo paz tan grande que se cerró el templo de Jano. Pero lo que el signo de que hablo había hecho antes, y lo que debía hacer después por el reino mortal que le está sometido, es en la apariencia poco y obscuro, si con mirada clara y con afecto puro se le considera después en manos del tercer César; porque la viva justicia que me inspira le concedió, puesto en manos de aquel a quien me refiero, la gloria de vengar la cólera divina[115]. Admírate, pues, ante lo que voy a repetirte. Con Tito corrió en seguida a tomar venganza de la venganza del pecado antiguo. Cuando el diente lombardo mordió a la Santa Iglesia, venciendo Carlo-Magno bajo sus alas, acudió a socorrerla. En adelante puedes juzgar a los que he acusado más arriba y sus faltas, que son la causa de todos vuestros males. El uno opone a la enseña común las amarillas lises, y el otro se la apropia, no pensando más que en su partido, de suerte que es difícil comprender cuál comete mayor falta. Lleven los gibelinos, lleven a cabo sus empresas bajo otra enseña; que mal sigue ésta a los que ponen un obstáculo entre ella y la justicia; y que este nuevo Carlos no la abata con sus güelfos, pues debe temer las garras que a más feroces leones arrancaron la piel. Muchas veces han tenido que llorar los hijos las faltas de los padres; y no se crea que Dios cambie sus armas por las lises. Esta pequeña estrella está poblada de buenos espíritus, que fueron activos en la Tierra, para dejar en ella memoria de su honor y su fama; y cuando los deseos se elevan hacia tales objetos desviándose del Cielo, es preciso que los rayos del verdadero amor se eleven también con menos viveza; pero nuestra beatitud consiste en la medida de las recompensas con nuestros méritos, porque no la vemos mayor ni menor que éstos. La viva justicia endulza, pues, de tal modo en nosotros el deseo, que nunca puede dirigirse éste a ninguna malicia. Diversas voces despiden dulce armonía; así también los diversos grados de gloria de nuestra vida producen una dulce armonía entre estas esferas. Dentro de la presente margarita fulgura la luz de Romeo[116], cuya hermosa y grande obra fué tan mal agradecida. Pero los Provenzales que se declararon en contra suya no se han reído por mucho tiempo; porque mal camina quien convierte en desgracia propia los beneficios que ha recibido de otro. Raimundo Berenguer tuvo cuatro hijas; todas fueron reinas, y esto lo hizo Romeo, persona humilde y errante peregrino; pero después algunas palabras envidiosas movieron a aquél a pedir cuentas a este justo, que le dió siete y cinco por diez, por lo cual partió pobre y anciano; y si el mundo hubiera sabido cuál era su corazón al mendigar pedazo a pedazo su vida, le ensalzaría más de lo que ahora le ensalza.

CANTO SEPTIMO

GLORIA a ti, Santo Dios de los Ejércitos, que esparces tu claridad sobre los felices fuegos, esto es, sobre las almas dichosas de este reino." Así oí que cantaba, volviéndose hacia su esfera, aquella substancia, sobre la cual resplandece un doble fulgor. Ella y las otras emprendieron su danza, y cual centellas velocísimas se me ocultaron con su repentino alejamiento. Yo dudaba y decía entre mí: "Dile, dile a mi Dama que calme mi sed con sus dulces palabras." Pero aquel respeto que se apodera completamente de mí tan sólo al oír B o ICE,[117] me hacía inclinar la cabeza como un hombre que dormita. Beatriz no consintió que yo estuviese así mucho tiempo; e irradiando sobre mí una sonrisa que haría feliz a un hombre en el fuego, empezó a decirme:

–Según mi parecer infalible, estás pensando cómo fué justamente castigada la justa venganza; pero yo despejaré en breve tu espíritu: escucha, pues, que mis palabras te ofrecerán el dón de una gran verdad. Por no haber soportado un útil freno a su voluntad aquel hombre que no nació[118], al condenarse, condenó a toda su descendencia; por lo cual la especie humana yació enferma por muchos siglos en medio de un grande error, hasta que el Verbo de Dios se dignó descender adonde, por un sólo acto de su eterno amor, unió a sí en persona la naturaleza, que se había alejado de su Hacedor. Ahora mira atentamente lo que digo: Esta naturaleza unida a su Hacedor, tal cual fué creada, era sincera y buena; pero por sí misma fué desterrada del Paraíso, porque se salió del camino de la verdad y de su vida. La pena, pues, que la Cruz hizo sufrir a la naturaleza humana de Jesucristo, si se mide por esa misma naturaleza, fué más justa que otra cualquiera; pero tampoco hubo otra tan injusta, si se atiende a la Persona divina que la sufrió, y a la que estaba unida aquella naturaleza. Por lo tanto, aquel hecho produjo efectos diferentes; porque la misma muerte fué grata a Dios y a los Judíos; por ella tembló la Tierra, y por ella se abrió el Cielo. No te debe ya parecer tan incomprensible cuando te digan que un tribunal justo ha castigado una justa venganza. Mas ahora veo tu mente comprimida, de idea en idea, en un nudo, del que espera con ansia verse libre. Tú dices: "Comprendo bien lo que oigo; pero no veo bien por qué Dios quisiera valerse de este medio para nuestra redención." Este decreto, hermano, está velado a los ojos de todo aquel cuyo espíritu no haya crecido en la llama de la caridad. Y en efecto, como se examina mucho este punto, y se le comprende poco, te diré por qué fué elegido aquel medio como el más digno. La divina bondad, que rechaza de sí todo rencor, ardiendo en sí misma centellea de tal modo, que hace brotar las bellezas eternas. Lo que procede inmediatamente de ella sin otra cooperación no tiene fin; porque nada hace cambiar su sello una vez impreso. Lo que sin cooperación procede de ella es completamente libre, porque no está sujeto a la influencia de las cosas secundarias; y cuanto más se le asemeja, más le place, pues el amor divino que irradia sobre todo, se manifiesta con mayor brillo en lo que se le parece más. La criatura humana disfruta la ventaja de todos estos dones; pero si le falta uno solo, es preciso que decaiga su nobleza. Sólo el pecado es el que le arrebata su libertad y su semejanza con el Sumo Bien; por lo cual refleja muy poco su luz, y no vuelve a adquirir su dignidad, si no llena de nuevo el vacío que dejó la culpa, expiando sus malos placeres por medio de justas penas. Cuando vuestra naturaleza entera pecó en su germen, se vió despojada de estas dignidades y lanzada del Paraíso, y no hubiera podido recobrarlas (si lo examinas sutilmente) por ningún camino, sin pasar por uno de estos vados: o porque Dios, en su bondad, perdonara el pecado, o porque el hombre por sí mismo redimiera su falta. Fija ahora tus miradas en el abismo del Consejo eterno, y está tan atento como puedas a mis palabras. El hombre no podía jamás, en sus límites naturales, dar satisfacción, por no poder después humillarse con su obediencia tanto cuanto pretendió elevarse con su desobediencia; y esta es la causa porque el hombre fué exceptuado de poder dar satisfacción por sí mismo. Era preciso, pues, que Dios condujera al hombre a la vida sempiterna por sus propias vías, bien por una, o bien por ambas. Pero, como la obra es tanto más grata al obrero, cuanto más representa la bondad del corazón de donde ha salido, la divina bondad, que imprime al mundo su imagen, se regocijó de proceder por todas sus vías para elevaros hasta ella. Entro el primer día y la última noche no hubo ni habrá jamás un procedimiento tan sublime y magnífico, de cualquier modo que se le considere; porque al entregarse Dios a sí mismo, haciendo al hombre apto para levantarse de su caída, fué más liberal que si le hubiese perdonado por su clemencia; y todos los demás medios eran insuficientes ante la justicia, si el Hijo de Dios no se hubiera humillado hasta encarnarse. Ahora, para colmar bien todos tus deseos, vuelvo atrás, a fin de aclararte algún punto de modo que lo veas como yo. Tú dices: "Yo veo el aire, veo el fuego, el agua, la tierra y todas sus mezclas llegar a corromperse y durar poco; y estas cosas, sin embargo, fueron creadas: ahora bien, si lo que has dicho es cierto, deberían estar al abrigo de la corrupción." Los ángeles, hermano, y el país libre y puro en que estás, pueden decirse creados tales como son, en su eterno sér; pero los elementos que has nombrado, y aquellas cosas que de ellos se componen, tienen su forma de una potencia creada. Creada fué la materia de que están hechos: creada fué la virtud generatriz de las formas en estas estrellas que giran en torno suyo. El rayo y el movimiento de las santas luces sacan de la complexión potencial el alma de todos los brutos y plantas; pero vuestra vida aspira directamente la divina bondad, la cual la enamora de sí de modo que siempre la desea. De aquí puedes deducir aún vuestra resurrección, si reflexionas cómo fué creada la carne humana, cuando fueron creados los primeros padres.

CANTO OCTAVO

SOLIA creer el mundo en su peligro, que de los rayos de la bella Ciprina, que gira en el tercer epiciclo, emanaba el loco amor: por esto las naciones antiguas, en su antiguo error, no solamente la honraban por medio de sacrificios y de ruegos votivos, sino que también honraban a Dione y a Cupido, a aquélla como madre, y a éste como hijo suyo, de quien decían que estaba sentado en el regazo de Dido. Y de ésta que he citado al empezar mi canto dieron nombre a la estrella que el Sol mira placentero, ya contemplando sus pestañas, ya su cabellera[119].

Yo no advertí mi ascensión a ella; pero me cercioré de que estaba en su interior, cuando vi a mi Dama adquirir más hermosura. Y así como se ve la chispa en la llama, y se distinguen dos voces entre sí, cuando la una sostiene una nota y la otra ejecuta varias modulaciones, del mismo modo vi en aquella luz otros resplandores que se movían en círculo más o menos ágiles, con arreglo, según creo, a sus dichosas visiones eternas. De fría nube no salieron jamás, visibles o invisibles, vientos tan veloces, que no parecieran entorpecidos y lentos a quien hubiese visto llegar hasta nosotros aquellos divinos fulgores, dejando la órbita comenzada antes en el Cielo de los serafines. Y dentro de los que se nos aparecieron delante resonaba "Hosanna," tan dulce que nunca me ha abandonado el deseo de volverlo a oír. Entonces se acercó uno de ellos a nosotros, y empezó a decir solo:

—Todos estamos prontos en tu obsequio, para que te regocijes en nosotros. Todos giramos con los príncipes celestiales dentro de la misma órbita, con el mismo movimiento circular y con idéntico deseo que aquellos de quienes has dicho ya en el mundo: "Vosotros que movéis el tercer cielo con vuestra inteligencia"[120], y estamos tan llenos de amor, que por agradarte, no nos será menos dulce un momento de reposo.

Después que mis ojos se fijaron reverentes en mi Dama, y que ella les dió la seguridad de su contentamiento, los volví hacia la resplandeciente alma que tanto se me había ofrecido, y:

—Di, ¿quién fuiste?—fué mi respuesta, impregnada del mayor afecto.

¡Oh, cuánto más brillante y bella se volvió cuando le hablé, a causa del nuevo gozo que acrecentó sus alegrías! Embellecida de este modo, me dijo:

—Poco tiempo me tuvo allá abajo el mundo[1121]: si yo hubiera permanecido más en él, no habrían sucedido muchos de los males que allí suceden. La alegría que despide en torno mío estos fulgores, me cubre como al gusano su capullo, y me oculta a tus ojos. Tú me has amado mucho, y tuviste motivo para ello; porque si yo hubiera estado allá abajo más tiempo, te habría dado en prueba de mi amor algo más que las hojas. Aquella ribera izquierda, que baña el Ródano después de haberse unido con el Sorgues, me esperaba, andando el tiempo, para recibirme por su señor; así como también aquella punta de la Ausonia que comprende los pueblos de Bari, Gaeta y Crotona, desde donde el Tronto y el Verde desembocan en el mar. Brillaba ya en mi frente la corona de aquella tierra que riega el Danubio después de abandonar las riberas tudescas; y la bella Trinacria, que entre los promontorios Pachino y Peloro, sobre el golfo que el Euro azota con más violencia, se cubre de humo caliginoso, no a causa de Tifeo, sino por el azufre que se exhala de su suelo, habría esperado aún sus reyes nacidos por mí de Carlos y de Rodolfo, si el mal gobierno que rebela siempre a los pueblos sumisos, no hubiese excitado a Palermo a gritar: "¡Muera! ¡muera!" Y si mi hermano hubiera previsto esto, huiría ya la avara pobreza de Cataluña para no ofender a aquellos pueblos. Necesita, en verdad, proveer por sí mismo o por otros, a fin de que su barca no tenga más carga de la que pueda soportar. Su índole, que de liberal se ha hecho avara, necesitaría ministros que no se cuidasen sólo de llenar sus arcas.

—El gran contento que me infunden tus palabras, ¡oh señor mío!, me es mucho más grato al considerar que aquí, donde está el principio y el fin de todo bien, lo ves como yo lo veo; y también gozo pensando que en presencia de Dios conoces mi felicidad. Ya que me has dado esta alegría, aclárame (pues hablando me has hecho dudar) cómo de una semilla dulce puede salir un fruto amargo.

Esto le dije, y él me contestó:

—Si puedo demostrarte una verdad, volverás el rostro a lo que preguntas, como ahora le vuelves la espalda. El Bien que da movimiento y alegría a todo el reino por donde asciendes, hace que su providencia sea virtud influyente de estos grandes cuerpos; y en la Mente perfecta por sí misma, no sólo se ha provisto a la naturaleza de cada cosa, sino también a la conservación y estabilidad de todas juntas: por lo cual, todo cuanto desciende disparando de este arco, va dispuesto hacia un fin determinado, como la flecha se dirige al blanco. Si esto no fuese así, el cielo sobre que caminas produciría sus efectos de tal modo, que no serían obras de arte, sino ruinas; y eso no puede ser, a no admitir que son defectuosas las inteligencias que mueven estos astros, y defectuoso también el Sér primero, que no las hizo perfectas. ¿Quieres que te aclare más esta verdad?

—No es menester—contesté—; pues considero imposible que la naturaleza llegue a faltar en aquello que es necesario.

El Alma continuó:

—Dime, pues: ¿sería peor la existencia del hombre en la Tierra, si no viviera en sociedad?

—Sí—repuse—; y no pregunto la razón de eso.

—¿Y puede ser tal cosa, si allá abajo no vive cada cual de diferente modo por la diversidad de oficios? No puede ser, si vuestro maestro escribió la verdad.

Así, procediendo de una en otra deducción, llegó a ésta; y después concluyó:

—Luego es preciso que sean diversas las raíces de vuestras aptitudes; por lo cual uno nace Solón y otro Jerjes, uno Melquisedec y otro aquel que perdió a su hijo, al volar éste por el aire.[122] La influencia de los círculos celestes, que imprime su sello a la cera mortal, hace bien su oficio; pero no distingue una morada de otra. De aquí proviene que Esaú se aparte de Jacob desde el vientre materno, y que Quirino descienda de un padre tan vil, que se atribuye su origen a Marte. La naturaleza engendrada sería siempre semejante a la naturaleza que engendra, si la Providencia divina no predominase. Ahora tienes ya delante lo que antes detrás; mas para que sepas que me complazco en instruirte, quiero proveerte aún de un corolario. La naturaleza es siempre estéril, si la fortuna le es contraria, como toda simiente esparcida fuera del clima que le conviene. Y si el mundo allá abajo se apoyara en los cimientos que pone la naturaleza, habría por cierto mejores habitantes en él; pero vosotros destináis para el templo al que nació para ceñir la espada, y hacéis rey al que debía ser predicador: así es que vuestros pasos se separan siempre del camino recto.

CANTO NONO

CUANDO tu Carlos, hermosa Clemencia, hubo aclarado mis dudas, me refirió los fraudes de que había de ser víctima su descendencia, pero añadió: "Calla, y deja transcurrir los años." Así es que yo no puedo decir más, sino que tras de vuestros daños vendrá el llanto originado por un justo castigo.

La santa y viva luz se había vuelto ya hacia el Sol que la inunda, como hacia el bien que a todo alcanza. ¡Oh almas engañadas, locas e impías, que apartáis vuestros corazones de semejante bien, dirigiendo hacia la vanidad vuestros pensamientos! He aquí que otro de aquellos esplendores se dirigió hacia mí, expresando, con la claridad que esparcía, su deseo de complacerme. Los ojos de Beatriz, que estaban fijos en mí, como antes, me aseguraron del dulce asentimiento que daba a mi deseo.

—¡Oh espíritu bienaventurado!—dije—; satisface cuanto antes mi anhelo, y pruébame que lo que pienso puede reflejarse en ti.

Entonces la luz, a quien aún no conocía, desde su interior donde antes cantaba, respondió a mis palabras como quien se complace en ser cortés con otro:

—En aquella parte de la depravada tierra de Italia que está situada entre Rialto y las fuentes del Brenta y del Piava, se eleva una colina no muy alta, de donde descendió una llamarada que causó un gran desastre en toda la comarca. Ella y yo salimos de la misma raíz: Cunizza fué llamada; y aquí brillo, porque me venció la luz de esta estrella; pero con alegría me perdono a mí misma la causa de mi muerte, y no me pesa, lo cual quizá parecerá difícil de comprender a vuestro vulgo. Esta alma próxima a mí, que es una espléndida y preciosa joya de nuestro cielo, dejó en la Tierra una gran fama; y antes que su gloria se pierda, este centésimo año se quintuplicará. Ya ves si el hombre debe hacerse ilustre a fin de que su primera vida deje sobre la tierra una segunda. Esto es lo que no piensa la turba presente que habita entre el Tagliamento y el Adigio, sin que le sirvan de escarmiento los males de que es víctima. Pero pronto sucederá que Padua y sus habitantes, por ser obstinados contra el deber, enrojecerán el agua de la laguna que baña a Vicenza, y allí donde el Sile y el Cagnano se unen hay quien domina y va con la cabeza erguida,[123] cuando ya se componen las redes que han de cogerle. También llorará Feltro la felonía de su impío pastor, que será tal, que ninguno por otra semejante ha sido encerrado en Malta. Será necesario un recipiente muy ancho para recibir la sangre ferraresa, y cansado quedará el que quiera pesar onza a onza la que derramará tan cortés sacerdote por mostrarse hombre de partido, siendo por otra parte tales dones conformes a las costumbres de tal país. Allá arriba hay unos espejos, que vosotros llamáis Tronos, de donde se reflejan hasta nosotros los juicios de Dios; así es que tenemos por buenas y verídicas nuestras palabras.

Al llegar aquí, el alma guardó silencio, y habiéndose vuelto a colocar en la órbita como estaba anteriormente, me dió a conocer que no pensaba ya en mí. La otra alma dichosa, a quien ya conocía, se me presentó tan resplandeciente como una piedra preciosa herida por los rayos del Sol. Allá arriba la alegría produce un vivo esplendor, como entre nosotros produce la risa; pero en el Infierno la sombra de los condenados se obscurece cada vez más, a medida que se entristece su espíritu.

—Dios lo ve todo, y tu vista se identifica en El—exclamé—, ¡oh feliz espíritu!, de suerte que ningún deseo puede ocultarse a ti. Así, pues, ¿por qué tu voz, que deleita siempre al Cielo con el canto de aquellas llamas piadosas que se forman una ancha vestidura con sus seis alas, no satisface mis deseos? No esperaría yo por cierto tus preguntas, si viera en tu interior como tú ves en el mío.

Entonces contestó con estas palabras:

—El mayor valle en que se vierten las aguas, después de aquel mar que circunda la Tierra, se aleja tanto contra el curso del Sol entre las desacordes playas, que aquel círculo que antes era su horizonte se convierte en meridiano. Yo fuí uno de los ribereños de aquel valle, entre el Ebro y el Macra, que por un corto trecho separa el genovés del toscano. Casi a la misma distancia a Oriente y Occidente se asienta Bugia y la tierra de donde fuí, en cuyo puerto se vertió un día la sangre de sus habitantes.[124] Folco me llamó aquella gente, que conocía mi nombre, y este cielo recibe mi luz, como recibí yo su influjo amoroso; pues en tanto que me lo permitió la edad, no ardieron cual yo en aquel fuego la hija de Belo, causando enojos a Siqueo y a Creusa; ni aquella Rodopea que fué abandonada por Demofón, ni Alcides cuando tuvo a Iole encerrada en su pecho. Aquí empero no hay arrepentimiento, sino regocijo; no de las culpas, que jamás vuelven a la memoria, sino de la sabiduría que ordenó este cielo y provee sus influjos. Aquí se contempla el arte que adorna y embellece tantas cosas creadas, y se descubre el bien por el cual el mundo de arriba obra directamente sobre el de abajo. Mas a fin de que queden satisfechos todos los deseos que te han nacido en esta esfera, es preciso que lleve más adelante mis instrucciones. Tú quieres saber quién está en esa luz que centellea cerca de mí, como un rayo de Sol en el agua pura y cristalina. Sabe, pues, que en su interior es dichosa Rahab, y unida a nuestro coro, brilla en él con el esplendor más eminente. Ascendió a este cielo, en el que termina la sombra que proyecta vuestro mundo, antes que ninguna otra alma se viese libre por el triunfo de Cristo. Era justo dejarla en algún cielo como trofeo de la alta victoria que El alcanzó con ambas palmas; porque aquella mujer favoreció las primeras hazañas de Josué en la Tierra Santa, que tan poco excita la memoria del Papa. Tu ciudad, que debió su origen a aquel que fué el primero en volver las espaldas a su Hacedor y cuya envidia ocasionó tantas lágrimas, produce y esparce las malditas flores, que han descarriado a las ovejas y los corderos, porque han convertido en lobo al pastor. Por eso están abandonados el Evangelio y los grandes doctores, y tan sólo se estudian las Decretales, según lo indica lo usado de sus márgenes. A eso se dedican el Papa y los cardenales: sus pensamientos no llegan a Nazareth, allí donde Gabriel abrió las alas; pero el Vaticano y demás sitios elegidos de Roma, que han sido el cementerio de la milicia que siguió a Pedro, pronto se verán libres del adulterio.

CANTO DECIMO

EL inefable poder primero, juntamente con su hijo y con el amor que de uno y otro eternamente procede, hizo con tanto orden todo cuanto concibe la inteligencia y ven los ojos, que no es posible a nadie contemplarlo sin gustar de sus bellezas. Eleva, pues, lector, conmigo tus ojos hacia las altas esferas, por aquella parte en que un movimiento se encuentra con otro, y empieza a recrearte en la obra de aquel Maestro, que la ama tanto en su interior, que jamás separa de ella sus miradas. Observa cómo desde allí se desvía el círculo oblicuo, conductor de los planetas, para satisfacer al mundo que le llama. Y si el camino de aquéllos no fuese inclinado, más de una influencia en el cielo sería vana, y como muerta aquí abajo toda potencia. Y si al girar se alejaran más o menos de la línea recta, dejaría mucho que desear arriba y abajo el orden del mundo. Ahora, lector, permanece tranquilo en tu asiento, meditando acerca de estas cosas que aquí sólo se bosquejan, si quieres que te causen mayor deleite antes que tedio. Te he puesto delante el alimento; tómalo ya por ti mismo, porque el asunto de que escribo reclama para sí todos mis cuidados.

El mayor ministro de la naturaleza, que imprime en el mundo la virtud del Cielo y mide el tiempo con su luz, giraba, juntamente con aquella parte de que te he hablado antes, por las espirales en que cada día se nos presenta más temprano. Yo estaba en él, sin haber notado mi ascensión, sino como nota el hombre una idea después que se le ocurre. ¡Oh Beatriz! ¡Cuán esplendorosa no debía de estar por sí misma, ella que de tal modo me hacía pasar de bien a mejor tan súbitamente, que su acción no se sujetaba al transcurso del tiempo! Lo que por dentro era el Sol, donde yo entraba, y lo que aparecía, no por medio de colores, sino de luz, jamás pudiera imaginarse, aun cuando para explicarlo llamase en mi auxilio el ingenio, el arte y todos sus recursos; pero puede creérseme, y debe desearse verlo. Y si nuestra fantasía no alcanza a tanta altura, no es maravilla; pues nadie ha visto un resplandor que supere al del Sol. Como él era allí la cuarta familia[125] del Padre Supremo, que siempre sacia sus deseos, mostrándole cómo engendra al Hijo, y cómo procede el Espíritu. Y Beatriz exclamó:

—Da gracias, da gracias al Sol de los ángeles, que por su bondad te ha elevado a este Sol sensible.

Jamás ha habido un corazón humano tan dispuesto a la devoción y a entregarse a Dios tan vivamente con todo su agradecimiento, como el mío al oír aquellas palabras; y puse en El de tal modo todo mi amor, que Beatriz se eclipsó en el olvido. No le desagradó; antes por el contrario, se sonrió; y el esplendor de sus ojos sonrientes dividió en muchos mi pensamiento absorto en uno solo. Vi muchos espíritus vivos y triunfantes, más gratos aún por su voz que relucientes a la vista, los cuales, tomándonos por centro, nos formaron una corona de sí mismos. No de otro modo vemos a veces a la hija de Latona rodeada de un cerco, cuando el aire, impregnado de vapores, retiene las substancias de que aquél se compone. En la corte del cielo, de donde vuelvo, se encuentran muchas joyas, tan raras y bellas, que no es posible hallarlas fuera de aquel reino; y una de estas joyas era el encanto de aquellos fulgores: el que no se provea de alas para volar hasta allí, espere tener noticias de aquel canto como si las preguntase a un mudo.

Después que, cantando de esta suerte, aquellos ardientes soles dieron tres vueltas en derredor nuestro, como las estrellas próximas a los fijos polos, me parecieron semejantes a las mujeres, que, sin dejar el baile, se detienen escuchando con atención, hasta que han conocido cuáles son las nuevas notas. Y oí que del interior de una de aquellas luces salían estas palabras:

—Ya que el rayo de la gracia, en que se enciende el verdadero amor, y que después crece amando, resplandece en ti tan multiplicado, que te conduce hacia arriba por aquella escala de donde nadie desciende sin volver a subir de nuevo, el que negase a tu sed el vino de su redoma se vería en el mismo estado de violencia en que está el agua impedida de correr hasta el mar. Tú quieres saber de qué flores se compone esta guirnalda, que acaricia en torno a la hermosa Dama que te da ánimo para subir al cielo. Yo fuí uno de los corderos del santo rebaño que condujo Domingo por el camino en que el alma se fortifica si no se extravía. Este, que está el más próximo a mi derecha, fué mi maestro y mi hermano; es Alberto de Colonia, y yo Tomás de Aquino. Si quieres saber quiénes son los demás, sigue mis palabras con tus miradas, dando la vuelta a la bienaventurada corona. Aquel otro esplendor brota de la sonrisa de Graciano, tan útil por sus escritos a uno y otro fuero, que mereció el Paraíso. El otro que le sigue fué Pedro,[126] que, como la pobre viuda, ofreció su tesoro a la Santa Iglesia. La quinta luz,[127] que es la más bella entre nosotros, se abrasa en tal amor, que todo el mundo tiene abajo sed de sus noticias. Dentro de ella está el alto espíritu, donde se albergó tan profunda sabiduría, que si la verdad es verdad, ninguno otro ascendió a tanto saber. Después contempla la luz de aquel cirio, que ha sido el que en vida vió mejor la naturaleza y el ministerio de los ángeles.[128] En aquella diminuta luz sonríe el abogado de los tiempos cristianos, cuya doctrina aprovechó Agustín.[129] Si diriges ahora la mirada de tu entendimiento de luz en luz, siguiendo mis elogios, debes ya tener sed de conocer la octava. Dentro de ella se recrea en la vista del soberano Bien el alma santa que pone de manifiesto las falacias del mundo a quien atentamente escucha sus doctrinas. El cuerpo de donde fué separada yace en Cieldauro,[130] y desde el martirio y el destierro ha venido a disfrutar de esta paz celestial. Ve más allá fulgurar el ardiente espíritu de Isidoro, el de Beda y el de Ricardo,[131] que en sus contemplaciones fué más que hombre. Esa, de quien se separa tu mirada para fijarse en mí, es la luz de un espíritu que, considerando tranquilamente la vanidad del mundo, deseó morir. Es la luz eterna de Sigieri,[132] que ejerciendo el profesorado en la calle de la Paja, excitó la envidia por sus verdaderos silogismos.

En seguida, como el reloj que nos llama a la hora en que la Esposa de Dios principia a cantar maitines a su Esposo, a fin de que la ame, y cuyas ruedas mueven unas a otras, y apresuran a la que va delante hasta que ese oye "tin tin" con notas tan dulces, que el espíritu felizmente dispuesto se inflama de amor; así vi yo en la gloriosa esfera moverse y responder las voces a las voces con una armonía tan llena de dulzura, que sólo puede conocerse allá donde la dicha se eterniza.

CANTO UNDECIMO

OH insensatos afanes de los mortales!, ¡cuán débiles son las razones que os inducen a bajar el vuelo y a rozar la Tierra con vuestras alas! Mientras unos se dedicaban al foro, y otros se entregaban a los aforismos de la medicina; y éstos seguían el sacerdocio, y aquéllos se esforzaban en reinar por la fuerza de las armas, haciendo creer en su derecho por medio de sofismas; y algunos rodaban, y otros se consagraban a los negocios civiles; y muchos se enervaban en los placeres de la carne, y bastantes por fin se daban a la ociosidad, yo, libre de todas estas cosas, había subido con Beatriz hasta el cielo, donde tan gloriosamente fuí acogido. Después que cada uno de aquellos espíritus hubo vuelto al punto del círculo en que antes estaba, tan inmóvil como la bujía de un candelero, la luz[133] que me había hablado anteriormente se hizo más esplendorosa y risueña, y dentro de ella oí una voz que comenzó a decir de esta manera:

—Así como yo me enciendo a los rayos de la luz eterna, del mismo modo, mirándola, conozco la causa de donde proceden tus pensamientos. Tú dudas, y quieres que mi boca emplee palabras tan claras y ostensibles, que pongan al alcance de tu inteligencia las que pronuncié antes cuando dije: "Camino en que el alma se fortifica;" y las otras: "Ningún otro ascendió." En cuanto a éstas, es preciso hacer una distinción. La Providencia, que gobierna al mundo con el consejo en que se abisma la mirada de todo sér creado antes de penetrar en el fondo, a fin de que la Esposa de Aquél, que con su bendita sangre se unió a ella en altas voces, corriese hacia su amado segura de sí misma y siéndole más fiel, envió en su ayuda dos príncipes, que para entrambos objetos le sirvieran de guías. El uno fué todo seráfico en su ardor; el otro, por su sabiduría, resplandeció en la Tierra con la luz de los querubines.[134] Hablaré de uno solo; pues elogiando a cualquiera de ellos indistintamente, se habla de los dos, porque sus obras tendieron a un mismo fin. Entre el Tupino y el agua que desciende del collado elegido por el beato Ubaldo, baja un fértil declive de un alto monte, del cual Perusa siente venir el calor y el frío por la parte de Porta Sole, y tras de cuyo monte lloran oprimidas Nocera y Gualdo. En el sitio donde aquella pendiente es menos rápida, vino al mundo un Sol, resplandeciendo como éste a veces cuando asoma sobre las márgenes del Ganges. Quien hable de ese lugar, no le llame Asís, pues diría muy poco: si quiere hablar con propiedad, llámele Oriente. Aun no distaba mucho de su nacimiento, cuando aquel Sol comenzó a hacer que la Tierra sintiese algún consuelo con su gran virtud; pues siendo todavía muy joven, incurrió en la cólera de su padre por inclinarse a una dama,[135] a quien, como a la muerte, nadie acoge con gusto; y ante la corte espiritual "et coram patre" se unió a ella, amándola después más y más cada día. Ella, privada de su primer marido,[136] permaneció despreciada y obscura mil cien años y más, sin que nadie lo solicitase hasta que vino éste. De nada le valió que se oyera decir cómo aquel que hizo temer a todo el mundo la encontró alegre con Amiclates, cuando llamó a su puerta: ni le valió haber sido constante y animosa hasta el punto de ser crucificada con Cristo, mientras María estaba al pie de la Cruz. Mas, para no continuar en un estilo demasiado obscuro, reconoce en mis difusas palabras que estos dos amantes son Francisco y la Pobreza. Su concordia y sus placenteros semblantes, su amor maravilloso y sus dulces miradas inspiraban santos pensamientos a otros; de tal modo que el venerable Bernardo fué el primero que se descalzó para correr en pos de tanta paz, y aun corriendo le parecía llegar tarde. ¡Oh riqueza ignorada! ¡Oh verdadero bien! Egidio se descalza, se descalza también Silvestre por seguir al Esposo; tanto es lo que les agrada la Esposa. Desde allí partió aquel padre y maestro con su mujer y con aquella familia, ceñida ya del humilde cordón; y sin que una vil cobardía le hiciese bajar la frente por ser hijo de Pedro Bernardone, ni por su apariencia asombrosamente despreciable, manifestó con gran dignidad sus rígidas intenciones a Inocencio, de quien recibió la primera aprobación de su orden. Luego que fué aumentado en torno suyo la pobre gente, cuya admirable vida se cantaría mejor entre las glorias del Cielo, el Eterno Espíritu, valiéndose de Honorio, coronó de nuevo el santo propósito de aquel archimandrita; y cuando éste, sediento del martirio, predicó en presencia del soberbio Soldán la doctrina de Cristo y de los que le siguieron, encontrando aquella gente poco dispuesta a la conversión, para no permanecer inactivo, volvió a recoger el fruto de las plantas de Italia. Sobre un áspero monte, entre el Tíber y el Arno, recibió de Cristo el último sello, que sus miembros llevaron durante dos años. Cuando plugo a Aquél que le había elegido para tan gran tarea elevarle a la recompensa que mereció por haberse humillado, recomendó a sus hermanos, como a herederos legítimos, el cuidado de su más querida Esposa, y que la amaran con fe:

y en el seno de ella quiso el alma preclara desprenderse para volver a su reino, sin permitir que a su cuerpo se le diese otra sepultura. Piensa ahora cuál fué el digno colega de Francisco, encargado de mantener la barca de Pedro en alta mar y dirigirla hacia su objeto: ese fué, pues, nuestro patriarca; por lo cual, el que le sigue, según él manda, puede decir que adquiere buena mercancía. Pero su rebaño se ha vuelto tan codicioso de nuevo alimento, que no puede menos de esparcirse por distintos prados; y cuanto más lejos de él van sus vagabundas ovejas, más exhaustas de leche vuelven al redil. Algunas de ellas, temiendo el peligro, se agrupan junto al pastor; pero son tan pocas, que no se necesita mucho paño para sus capas. Así pues, si mis palabras no son obscuras, si me has escuchado con atención, y si tu mente recuerda lo que te he dicho, tu deseo debe estar en parte satisfecho; porque habrás visto la causa de que la planta se desgaje, y comprenderás la distinción que hice al decir: "Donde el alma se fortifica, si no se extravía."

CANTO DUODECIMO

EN cuanto la bendita llama hubo dicho su última palabra, empezó a girar la santa rueda, y aún no había dado una vuelta entera, cuando otra la encerró en un círculo, uniendo movimiento a movimiento y canto a canto: y eran éstos tales que, articulados por los dulces órganos de aquellos espíritus, sobrepujaban a los de nuestras Musas y nuestras Sirenas, tanto como la luz directa supera a sus reflejos. Cual se ve a dos arcos paralelos y del mismo color encorvarse sobre una ligera nube, cuando Juno envía a su mensajera (naciendo el de fuera del de dentro, al modo de la voz de aquella ninfa[137] que consumió el amor, como el Sol consume los vapores), y cuyos arcos son un presagio para los hombres, a causa del pacto que Dios hizo con Noé, de que el mundo no volverá a sufrir otro diluvio, de igual suerte aquellas dos guirnaldas de sempiternas rosas daban vueltas en torno de nosotros, correspondiendo en todo la guirnalda exterior a la interior. Cuando cesaron simultánea y unánimemente las danzas y los fulgurantes y mutuos destellos de aquellas luces gozosas y placenteras, semejantes a los ojos que se abren y se cierran al mismo tiempo, dóciles a la voluntad del que los mueve, del seno de una de las nuevas luces salió una voz,[138] la cual hizo que me volviese hacia donde estaba, como la aguja hacia el polo: aquella voz empezó a decir:

—El amor que me embellece me obliga a tratar del otro jefe por quien se habla tan bien del mío.[139] Es justo que donde se hace mención del uno, se haga también del otro; pues habiendo militado ambos por una misma causa, debe brillar su gloria juntamente. El ejército de Cristo, al que tan caro costó armar de nuevo, seguía su enseña lento, receloso y escaso, cuando el Emperador que siempre reina acudió en ayuda de su milicia, que se hallaba en peligro, no porque ésta fuera digna de ello, sino por un efecto de su gracia; y según se ha dicho, socorrió a su Esposa con dos campeones, ante cuyas obras y palabras se reunió el descarriado pueblo. En aquella parte donde el dulce céfiro acude a hacer germinar las nuevas plantas de que se reviste Europa,[140] no muy lejos de los embates de las olas, tras de las cuales, por su larga extensión, el Sol se oculta a veces a todos los hombres, se asienta la afortunada Calahorra, bajo la protección del grande escudo, en que el león está subyugado y subyuga a su vez. En ella nació el apasionado amante de la fe cristiana, el santo atleta, benigno para los suyos, y cruel para sus enemigos. Apenas fué creada, su alma se llenó de virtud tan viva, que en el seno mismo de su madre inspiró a ésta el dón de profecía. Cuando se celebraron los esponsales entre él y la fe en la sagrada pila, donde se dotaron de mutua salud, la mujer que dió por él su asentimiento vió en sueños el admirable fruto que debía salir de él y de sus herederos; y para que fuese más visible lo que ya era, descendió del cielo un espíritu, y le dió el nombre de Aquél que le poseía por completo. Domingo se llamó; y habló de él como del labrador que Cristo escogió para que le ayudase a cultivar su huerto. Pareció en efecto enviado y familiar de Cristo; porque el primer deseo que se manifestó en él fué el de seguir el primer consejo de Cristo. Muchas veces su nodriza lo encontró despierto y arrodillado en el suelo, como diciendo: "He venido para esto." ¡Oh padre verdaderamente Feliz!, ¡oh madre verdaderamente Juana!, si la interpretación de sus nombres es la que se les da. En poco tiempo llegó a ser un gran doctor, no por esa vanidad mundana por la que se afanan hoy todos tras del Ostiense y de Tadeo, sino por amor hacia el verdadero maná; entonces se puso a custodiar la viña que pierde en breve su verdura, si el viñador es malo; y habiendo acudido a la Sede, que en otro tiempo fué más benigna de lo que es ahora para los pobres justos, no por culpa suya, sino del que en ella se sienta y la mancilla, no pidió la facultad de dispensar dos o tres por seis; no pidió el primer beneficio vacante; "non decimas, quæ sunt pauperum Dei;" sino que pidió licencia para combatir los errores del mundo, y en defensa de la semilla de que nacieron las veinticuatro plantas que te rodean. Después, con su doctrina y su voluntad juntamente, corrió a desempeñar su misión apostólica, cual torrente que se desprende de un elevado origen; y su ímpetu atacó con más vigor los retoños de la herejía allí donde era mayor la resistencia. De él salieron en breve varios arroyos, con los que se regó el jardín católico, de modo que sus arbustos adquirieron más vida. Si tal fué una de las ruedas del carro en que se defendió la Santa Iglesia, venciendo en el campo las discordias civiles, bastante debes conocer ya la excelencia de la otra rueda de que te ha hablado Tomás con tantos elogios antes de mi llegada. Pero el carril trazado por la parte superior de la circunferencia de esta última rueda está abandonado, de suerte que ahora se halla el mal donde antes el bien. La familia que seguía fielmente las huellas de Francisco ha cambiado tanto su marcha, que pone la punta del pie donde él ponía los talones: pero pronto verá la cosecha que ha producido tan mal cultivo, cuando la cizaña se queje de que no se la lleve al granero. Convengo en que quien examinase hoja por hoja nuestro libro aún encontraría una página en que leería: "Yo soy el que acostumbro;" pero no procederá de Casale ni Acquasparta, de donde vienen algunos que, o huyen el rigor de la regla, o aumentan desmesuradamente su austeridad. Yo soy el alma de Buenaventura de Bagnoregio, que en mis grandes cargos pospuse siempre los cuidados temporales a los espirituales. Iluminato y Agustín están aquí: éstos fueron de los primeros pobres descalzos que, llevando el cordón, se hicieron amigos de Dios. Con ellos están Hugo de San Víctor, y Pedro Mangiadore, y Pedro Hispano, el cual brilló allá abajo por sus doce libros; el profeta Natán, y el metropolitano Crisóstomo, y Anselmo, y aquel Donato que se dignó poner su mano en la primera de las artes.[141] Aquí está también Rabano, y a mi lado brilla Joaquín, abad de Calabria, que estuvo dotado de espíritu profético. He debido alabar a aquel gran paladín de la Iglesia, por moverme a ello la ardiente simpatía y las discretas palabras de fray Tomás, que, así como a mí, han conmovido a todas estas almas.

CANTO DECIMOTERCIO

QUIEN deseare conocer bien lo que yo vi ahora, imagínese (y, mientras hablo, retenga la imagen como si fuese esculpida en fuerte roca) las quince estrellas, que en diversas regiones iluminan el cielo con tanta viveza, que vencen toda la densidad del aire: imagínese aquel Carro, al cual le basta el espacio de nuestro cielo para girar de noche y día, sin desaparecer nunca de aquella bocina, que comienza en la punta del eje en torno del cual se mueve la primera esfera; y piense que estas estrellas forman juntas en el cielo dos signos semejantes al que formó la hija de Minos cuando sintió el frío de la muerte:[142] figúrese uno de ellos despidiendo sus resplandores dentro del otro, y ambos a dos girando de manera que vayan en sentido inverso; y así tendrá como una sombra de la verdadera constelación y de la doble danza que circulaba en el sitio donde yo me encontraba; pues lo que vi es tan superior a lo que acostumbramos a ver, como el lento curso del Chiana es inferior al movimiento del más alto y veloz de los cielos. Allí se cantaba, no a Baco ni Peán, sino a tres Personas en una Naturaleza Divina, y ésta y la humana en una sola Persona. Tan luego como en las danzas y los cantos invirtieron el debido tiempo, aquellas santas luces se fijaron en nosotros, felicitándose de pasar de uno a otro cuidado. Después rompió el silencio de los espíritus acordes la luz que me había referido la admirable vida del Pobre de Dios, y dijo:

—Estando ya trillada una parte del trigo y guardado el grano, el dulce amor que te profeso me invita a trillar la otra parte. Tú crees que en el pecho de donde fué sacada la costilla para formar la hermosa boca cuyo paladar costó caro a todo el mundo, y en aquel otro que, atravesado de una lanzada, satisfizo tanto, que venció el peso de toda culpa cometida antes y después, el gran poder creador de uno y otro infundió cuanta ciencia es asequible a la naturaleza humana: por esto te admiras de lo que dije antes, al manifestar que el bienaventurado que está contenido en la quinta luz[143] fué sin segundo. Abre, pues, los ojos de la inteligencia a lo que voy a exponerte, y verás cómo tu creencia y mis palabras son con respecto a la verdad como el centro es respecto de todos los puntos del círculo. Lo que no muere, y lo que puede morir, no es más que un destello de la idea que nuestro Señor engendra por efecto de su bondad; porque aquella viva luz que sale del radiante Padre, y no se separa de él ni del Amor que se interpone entre ambos, por un efecto de su bondad, comunica su irradiación a nueve cielos, como transmitida de espejo en espejo, pero permaneciendo una eternamente. De allí desciende hasta las últimas potencias, disminuyendo de tal modo su fuerza por grados, que últimamente sólo produce breves contingencias. Por estas contingencias entiendo las cosas engendradas, que el Cielo en su movimiento produce con germen o sin él. La materia de éstas, y la mano que le da forma, no causan siempre los mismos efectos; por lo cual dichas cosas, que llevan el sello de la idea divina, aparecen más o menos perfectas. De aquí se sigue que una misma especie de árboles dé frutos buenos o malos, y que vosotros nazcáis con diferente ingenio. Si la materia fuese enteramente perfecta, y el Cielo estuviese también en su virtud suprema, la luz de la idea divina se mostraría en todo su esplendor. Pero la naturaleza da siempre una forma imperfecta, semejante en sus obras al artista que domina prácticamente su arte, y cuya mano tiembla. Si, pues, el ferviente amor dispone la materia, e imprime en ella la clara luz del ideal divino, entonces las cosas contingentes alcanzan la perfección. Así es como fué hecha la tierra digna de toda perfección animal, y así es cómo concibió la Virgen. Por lo tanto, apruebo tu opinión, porque la humana naturaleza no fué ni será jamás lo que ha sido en esas dos personas. Pero si yo no siguiese ahora adelante, empezarías por exclamar: "¿Cómo es, pues, que aquél no tuvo igual?" Para que aparezca bien lo que ahora no aparece, piensa quién era, y la razón que tuvo para pedir cuando se le dijo: "Pide." No he hablado de modo que no hayas podido comprender que aquél fué un rey, que pidió la sabiduría, a fin de ser un verdadero rey, y no por saber cuál es el número de los motores celestiales; o si lo necesario con lo contingente produce lo necesario; o bien "si est dare primum motum esse," ni si en un semicírculo puede colocarse un triángulo que no tenga un ángulo recto: así pues, si has comprendido bien lo que he dicho y lo que digo, conocerás que la sabiduría real era la ciencia sin par en que se clavaba la flecha de mi intención. Si claramente miras, verás que la palabra "Ascendió" sólo hacía referencia a los reyes, que son muchos, pero pocos los buenos. Acoge mis palabras con esta distinción; y así podrás conservar tu creencia sobre el primer padre y nuestro Amado. Esto debe hacerte andar siempre con pies de plomo, para que, cual hombre cansado, los muevas lentamente hacia el sí y el no que no distingues con claridad; pues necio es entre los necios el que sin distinción afirma o niega, ya en uno, ya en otro caso; porque acontece a menudo que una opinión precipitada se extravía, y después el amor propio ofusca nuestro entendimiento. El que va en busca de la verdad, sin conocer el arte de encontrarla, hace el viaje peor que en vano, porque no vuelve tal como fué; de lo cual son en el mundo pruebas ostensibles Parménides, Meliso, Briso y otros muchos que marchaban y no sabían adónde. Así hicieron Sabelio y Arrio, y aquellos necios que fueron como espadas para las Escrituras, torciendo el recto sentido de sus palabras. Los hombres no deben aventurarse a juzgar, como hace el que aprecia las mieses en el campo sin estar granadas; porque he visto primero el zarzal áspero y punzante durante todo el invierno, y luego cubrirse de rosas en su cima; y he visto a la nave surcar el mar recta y veloz durante su viaje, y perecer a la entrada del puerto. No crean doña Berta y seor Martino,[144] por haber visto a uno robando, y a otro haciendo ofrendas, verlos del mismo modo en la mente de Dios, porque aquél puede elevarse y éste caer.

CANTO DECIMOCUARTO

EL agua contenida en un vaso redondo se mueve del centro a la circunferencia o de ésta al centro, según que la agiten por dentro o por fuera. Ocurrióseme de pronto esto que digo en cuanto calló el alma gloriosa de Santo Tomás, por la semejanza que nacía de sus palabras y de las de Beatriz, a quien plugo decir, después de aquél:

—Este necesita, aunque no os lo indique ni con la voz ni con el pensamiento, llegar a la raíz de otra verdad. Decidle si la luz con que se adorna vuestra substancia permanecerá con vosotros eternamente tal como es ahora; y si así es, decidle cómo podrá suceder que no os ofenda la vista cuando os rehagáis visiblemente.

Así como en un arranque de alegría los que dan vueltas danzando elevan la voz y manifiestan en sus gestos su regocijo, del mismo modo, ante aquel ruego piadoso y expresivo, los santos círculos demostraron nuevo gozo en su danza y en su admirable canto. El que se lamenta de que haya de morir aquí abajo para vivir después en el cielo, no ha visto el placer que la lluvia eterna de la sacrosanta luz produce en los bienaventurados. Aquel uno y dos y tres que vive siempre, y siempre reina en tres y dos y uno, no circunscrito y circunscribiéndolo todo, era cantado tres veces por cada uno de aquellos espíritus con tal melodía, que oírlos sería justa recompensa para todo mérito. Yo oí en la luz más resplandeciente del menor círculo una voz modesta,[145] quizá como la del Angel al dirigirse a María que respondió:

—Mientras dure la fiesta del Paraíso, otro tanto tiempo irradiará nuestro amor en torno de nuestra vestidura. Su claridad corresponde al ardor que nos inflama; el ardor, a nuestras celestiales visiones; y éstas son tanto más claras, cuanto mayor es la gracia que cada uno tiene según su valor. Cuando nos revistamos de la carne gloriosa y santa, nuestra persona será mucho más grata a Dios y a nosotros, porque estará completa: entonces se aumentará lo que de su gratuita luz nos da el Sumo Bien, luz que nos permite contemplarle; y entonces deberá aumentarse también nuestra santa visión, el ardor que ésta produce y el rayo que del ardor desciende; pero así como el carbón que origina la llama la sobrepuja en deslumbrante blancura, de tal modo que aparece en medio de ella, de igual suerte este fulgor que ya nos rodea, será vencido en apariencia por la carne, que todavía está cubierta por la tierra; y un esplendor tan grande no podrá ofendernos, porque los órganos del cuerpo serán bastante fuertes para todo lo que pueda deleitarnos.

Uno y otro coro me parecieron tan prontos y unánimes en decir "Amén," que manifestaron bien claramente el deseo de revestir sus cuerpos mortales; no por ellos quizá, sino por sus madres, por sus padres, y por los demás seres que les fueron queridos antes de convertirse en sempiternas llamas. Y he aquí que en derredor de tales claridades nació una nueva luz sobre la que allí había, semejante a un horizonte luminoso; y así como al anochecer empiezan a entreverse en el Cielo nuevas apariciones, que parecen ser y no ser, así me pareció empezar a ver allí nuevas substancias. ¡Oh verdadero centelleo del Espíritu Santo! ¡Cuán brillante se presentó de improviso a mis ojos que, vencidos, no pudieron soportarlo! Pero se me mostró Beatriz tan bella y sonriente, que a su aspecto hubo de quedar esta visión entre las demás que no he podido retener en la memoria: entonces mis ojos recobraron fuerzas para alzarse de nuevo, y me vi transportado a mayor gloria sólo con mi Dama. Por el ígneo fulgor de la estrella, que me parecía más rojo que de costumbre, eché de ver que había subido a un punto más elevado; y con el lenguaje que es común a todos, de todo corazón ofrecí a Dios el holocausto debido por esta nueva gracia. No se había extinguido aún en mi pecho el ardor del sacrificio, cuando conocí que éste había sido felizmente bien aceptado; pues se me aparecieron unos resplandores tan deslumbrantes y rojos dentro de dos rayos luminosos, que exclamé: "¡Oh Helios, cuánto los embelleces!"

Salpicados de grandes y pequeños luminares, lo mismo de Galaxia, cuya blancura extendida entre los polos del mundo hace dudar a los más sabios, aquellos rayos formaban en el fondo de Marte el venerable signo que produce la intersección de los cuadrantes en un círculo. Aquí el ingenio es inferior a mi memoria; en aquella cruz resplandecía Cristo de suerte, que no puedo encontrar una comparación digna; pero el que toma su cruz y sigue a Cristo me perdonará una vez más lo que omito, cuando vea centellear a Cristo en aquel albor. De uno a otro extremo de los brazos de la cruz y de arriba abajo se agitaban luces, que lanzaban vívidos destellos cada vez que se unían o pasaban más allá, tal como se ven en la Tierra los átomos agitándose en línea recta o curva, ágiles o lentos, cambiando sin cesar de aspecto, en el rayo de luz que corta la sombra que el hombre, por medio de su inteligencia y de su arte, se procura contra el Sol; y así como el laúd o el arpa forman con sus numerosas cuerdas una dulce armonía, aun para el que no distingue cada nota, del mismo modo aquellas luces que allí se me aparecieron produjeron alrededor de la cruz una melodía, que me arrebataba a pesar de no comprender el himno. Bien conocí que encerraba altas alabanzas, porque llegaron hasta mí estas palabras: "Resucita y vence," pero como el que oye sin entender. Y aquella melodía me arrobaba tanto, que hasta entonces no hubo cosa alguna que me ligara con tan dulces vínculos. Quizá parezcan demasiado atrevidas mis palabras, creyendo que pospongo a otras delicias el placer de los bellos ojos, en cuya contemplación se calman todos mis deseos; pero quien sepa que las vivas marcas de toda belleza la imprimen mayor a medida que están más elevadas, y considere que allí no me había vuelto aun hacia ellos, podrá excusarme de lo que me acuso para excusarme, y conocerá que digo la verdad; pues el santo placer de aquella mirada no está excluído aquí, supuesto que se hace más puro a medida que nos elevamos.

CANTO DECIMOQUINTO

LA benigna voluntad, en la que se manifiesta siempre el amor cuyas aspiraciones son rectas, como la codicia se manifiesta en la voluntad inicua, impuso silencio a aquella dulce armonía e hizo reposar las santas cuerdas que por la diestra de Dios están templadas. ¿Cómo se habían de hacer sordas a súplicas justas aquellas substancias, que, para infundirme el deseo de dirigirles alguna pregunta, estuvieron acordes en callarse? Justo es que se lamente sin tregua el que, por amor a cosas que no pueden durar eternamente, se desprende de aquel amor. Como en noche serena discurre acá o allá por el cielo tranquilo y puro un repentino fuego, atrayendo las miradas hasta entonces indiferentes, y parecido a una estrella que cambia de sitio, sólo que ninguna desaparece de la parte donde aquél se enciende y dura poco, así desde el extremo del brazo derecho al pie de la cruz se corrió un astro de la constelación que aquí resplandece;[146] pero el diamante no se separó de su ángulo, sino que siguió la faja luminosa, asemejándose a una luz que pasa por detrás del alabastro. No menos afectuosa que aquel espíritu se mostró la sombra de Anquises cuando reconoció a su hijo en los Campos Elíseos, si hemos de dar crédito a nuestro mayor Poeta.

—¡Oh sangre mía!, ¡oh superabundante gracia de Dios! ¿Quién, como tú, ha visto abiertas dos veces ante sí las puertas del Cielo?

Así dijo aquella luz; por lo cual fijé en ella toda mi atención: después volví el rostro hacia mi Dama, y por una y otra parte quedé asombrado; pues en sus ojos brillaba tal sonrisa, que creí llegar con los míos al fondo de mi gracia y de mi Paraíso. Luego aquel espíritu, al que era tan grato ver y oír, añadió a sus primeras palabras cosas que no comprendí; tan profundos fueron sus conceptos: no porque fuese su intento el ocultármelos, sino por necesidad a causa de ser éstos superiores a la inteligencia de los mortales. Cuando el arco de su ardiente afecto estuvo menos tirante para que sus palabras descendiesen hasta el límite concedido a nuestra inteligencia, la primera cosa que oí fué:

—Bendito seas Tú, trino y uno, que tan propicio eres a mi descendencia.

Y continuó diciendo:

—Hijo mío: gracias a ésa que te ha revestido de plumas para emprender tan alto vuelo, has satisfecho dentro de esta luz en que te hablo un plácido y largo deseo de verte, originado en mí de haber leído tu venida en el gran libro donde no se cambia jamás lo blanco en negro, ni lo negro en blanco. Tú crees que tu pensamiento ha llegado hasta mí por medio de aquel que es el primero, así como de la unidad, de todos conocida, se forman el cinco y el seis; y por eso ni me preguntas quién soy, ni por qué te parezco más gozoso que otro alguno de esta alegre cohorte. Crees la verdad; porque, en esta vida, los espíritus que disfrutan, así de mayor como de menor gloria, miran en el espejo en que aparece el pensamiento antes de nacer. Pero a fin de que el sagrado amor que observo con perpetua atención, y que excita en mí un dulce deseo, se satisfaga mejor, manifiesta con voz segura, franca y placentera, cuál es tu voluntad, cuál tu deseo, pues mi respuesta está ya preparada.

Yo me volví hacia Beatriz; y ella, que me había oído antes de que yo hablara, se sonrió de un modo que hizo crecer las alas de mi deseo. Después empecé de este modo:

—Desde que se os patentizó la Igualdad primera, el afecto y la inteligencia tienen un peso igual en cada uno de vosotros; porque en ese Sol, que os ilumina y abrasa con su luz y su calor, son tan iguales ambas virtudes, que toda semejanza es poca. Pero el entendimiento y la voluntad de los mortales, por la razón que os es ya manifiesta, vuelan con diferentes alas. Así es que yo, que soy mortal, me veo en esta desigualdad, y únicamente puedo dar gracias con el corazón a tan paternal acogida. Te suplico, pues, encarecidamente, ¡oh vivo topacio, que enriqueces esa preciosa joya!, que me hagas sabedor de tu nombre.

—¡Oh vástago mío, en quien me complacía mientras te esperaba! Yo fuí tu raíz.

De esta suerte dió principio a su respuesta. Después añadió:

—Aquel de quien ha tomado su nombre tu prosapia, y que por espacio de ciento y más años ha estado girando por el primer círculo del monte, fué mi hijo y tu bisabuelo: bien necesita que con tus obras disminuyas su prolongada fatiga. Florencia, dentro del antiguo recinto donde oye sonar aún tercia y nona, estaba en paz, sobria y púdica. No tenía gargantillas, ni coronas, ni mujeres ostentosamente calzadas, ni cinturones más llamativos a la vista que la persona que los lleva. Al nacer, no causaba miedo la hija al padre, porque la época del matrimonio y el dote no habían salido aún de los límites regulares. No estaban entonces las casas vacías de moradores; no había llegado aún Sardanápalo a enseñar lo que se puede hacer en una cámara. Montemalo no era aún vencido por Uccellatoio, el cual, así como le excede en la subida, le excederá en la bajada. Yo he visto a Bellincion Berti con cinturón de cuero y hebilla de hueso, y a su mujer separarse del espejo sin colorete en el rostro: he visto a los de Nerli y a los del Vecchio contentarse con ir cubiertos de una simple piel, y a sus mujeres dedicadas a la rueca y al huso. ¡Oh afortunadas! Cada una de ellas conocía el lugar donde había de ser sepultada, y ninguna se había visto abandonada en el lecho por causa de Francia. La una velaba su cuna, y para consolar a su hijo usaba el idioma que constituye la primera alegría de los padres y de las madres: la otra, tirando de la blanca cabellera de su rueca, charlaba con su familia de los troyanos, y de Fiésole y de Roma. En aquellos tiempos se habría mirado como una maravilla a una Cianghella y a un Lapo Salterello, como hoy causarían asombro un Cincinato y una Cornelia. En medio de tanta calma, y de tan hermosa vida por parte de todos y entre tan fieles conciudadanos, me hizo nacer la Virgen María, llamada a grandes gritos, y en vuestro antiguo Baptisterio fuí a un tiempo cristiano y Cacciaguida. Moronto y Eliseo fueron mis hermanos; mi esposa procedía del valle del Po, y de ella viene tu apellido. Después seguí al emperador Conrado, que me concedió el título de caballero; tanto fué lo que le agradé por mis buenas acciones. Tras él fuí contra la maldad de aquella ley, cuyo pueblo usurpa vuestro dominio, por culpa del Pastor. Allí aquella torpe raza me libró del mundo falaz, cuyo amor envilece tantas almas, y desde el martirio llegué a esta paz.

CANTO DECIMOSEXTO

OH nobleza de la sangre! Aunque seas muy poca cosa, nunca me admiraré de que hagas vanagloriarse de ti a la gente aquí abajo, donde nuestros afectos languidecen; pues yo mismo, allá donde el apetito no se tuerce, quiero decir, en el cielo, me vanaglorié de poseerte. A la verdad, eres como un manto que se acorta en breve, de modo que si cada día no se le añade algún pedazo, el tiempo lo va recortando en torno con sus tijeras. Con el "vos," al que Roma fué la primera en someterse y en cuyo empleo no han perseverado tanto sus descendientes, empezaron esta vez mis palabras: por lo cual, Beatriz, que estaba algún tanto apartada, sonrióse, pareciéndose a la que tosió cuando Ginebra cometió la primera falta de que habla la crónica.[147] Yo empecé a decir:

—Vos sois mi padre; vos me infundís aliento para hablar; vos me enaltecéis de modo, que soy más que yo mismo. Por tantos arroyos se inunda de alegría mi mente, que se goza en sí misma al considerar que puede contener tanta sin que la abrume. Decidme, pues, ¡oh mi querido antepasado!, quiénes fueron vuestros predecesores, y cuáles los años en que comenzó vuestra infancia. Decidme lo que era entonces el rebaño de San Juan, y cuáles las personas más dignas de elevados puestos.

Como se aviva la llama del carbón al soplo del viento, así vi yo resplandecer aquella luz ante mis afectuosas palabras; y si pareció más bella a mis ojos, más dulce y suave fué también su acento cuando me dijo, aunque no en nuestro moderno lenguaje:

—Desde el día en que se dijo "Ave," hasta el parto en que mi madre, que hoy es santa, se libró de mi peso, este Planeta fué a inflamarse quinientas cincuenta y tres veces a los pies del León. Mis antepasados y yo nacimos en aquel sitio donde primero encuentra el último distrito el que corre en vuestros juegos anuales. Bástete saber esto con respecto a mis mayores; lo que fueron o de dónde vinieron, es más cuerdo callarlo que decirlo. Todos los que se encontraban entonces en estado de llevar las armas, entre la estatua de Marte y el Baptisterio, formaban la quinta parte de los que ahora viven allí; pero la población, que es al presente una mezcla de gente de Campi, de Certaldo y de Fighine, se veía pura hasta en el último artesano. ¡Oh!, ¡cuánto mejor fuera tener por vecinas a aquellas gentes, y vuestras fronteras en Galluzo y Trespiano, que no tenerlas dentro de vuestros muros, y soportar la fetidez del villano de Aguglión y del de Signa, que tiene ya los ojos muy abiertos para traficar! Si la gente que está más degenerada en el mundo no hubiera sido una madrastra para César, sino benigna como una madre para con su hijo, más de uno que se ha hecho florentino, y cambia y trafica, se habría vuelto a Semifonti, donde andaba su abuelo pordioseando: los Conti estarían aún en Montemurlo; los Cerchi en la jurisdicción de Ancona, y quizá aun en Valdigrieve los Buondelmonti. La confusión de las personas fué siempre el principio de las desgracias de las ciudades, como la mescolanza de los alimentos lo es de las del cuerpo; pues un toro ciego cae más pronto que un cordero ciego; y muchas veces corta más y mejor una espada que cinco. Si consideras cómo han desaparecido Luni y Urbisaglia, y cómo siguen sus huellas Chiusi y Sinigaglia, no te parecerá una cosa difícil de creer el oír cómo se deshacen las familias, puesto que las ciudades mismas tienen un término. Todas vuestras cosas mueren como vosotros; pero se os oculta la muerte de algunas que duran mucho, porque vuestra vida es muy corta; y así como los giros del cielo de la Luna cubren y descubren sin tregua las orillas del mar, lo mismo hace con Florencia la Fortuna: por lo cual no debe asombrarte lo que voy a decir con respecto a los primeros florentinos, cuya fama está envuelta en la obscuridad de los tiempos. He visto ya en decadencia los Ughi, los Catellini, Filippi, Greci, Ormanni y Alberichi, todos ilustres caballeros; he visto también con los de la Sannella a los del Arca y a los Soldanieri, los Ardinghi y los Bostichi, tan grandes como antiguos. Sobre la puerta, cargada al presente con una felonía de tan gran peso, que en breve hará zozobrar vuestra barca, estaban los Ravignani, de quienes descienden el conde Guido, y los que han tomado después el nombre del gran Bellincion. El primogénito de la familia de la Pressa conocía el arte de gobernar bien, y en casa de Galigaio se veían ya los distintivos de la nobleza, que consistían en usar dorados la guarnición y el pomo de la espada. Grande era ya la columna de la Comadreja, e ilustres los Cacchetti, Giuochi, Fifanti, Baruci y Galli, y los que se avergüenzan al recuerdo de la medida. El tronco de que nacieron los Calfucci era ya grande, y ya habían sido promovidos a las sillas curules los Sizii y los Arrigucci. ¡Oh! ¡cuán fuertes he visto a aquéllos, que han sido destruídos por su soberbia! Y sin embargo, las bolas de oro[148] con sus altos hechos hacían florecer a Florencia; así como también los padres de aquellos que siempre que está vacante vuestra iglesia engordan mientras se hallan reunidos en consistorio. La presuntuosa familia[149] que persigue como un dragón al que huye, y se humilla como un cordero ante el que le enseña los dientes o la bolsa, venía ya engrandeciéndose; pero su origen era bajo: por esto no agradó a Ubertino Donato que su suegro le hiciera emparentar con ella. Los Caponsacco habían descendido ya de Fiésole, y habitaban en el Mercado, y ya Giuda e Infangato eran buenos ciudadanos. Voy a decirte una cosa increíble y verdadera: en el pequeño círculo que formaba la ciudad, se entraba por una puerta que debía su nombre a la familia de la Pera. Todos los que llevan las bellas insignias del gran Barón, cuyo nombre y cuya gloria se renuevan en la fiesta de Santo Tomás, recibieron de él sus títulos de caballero y sus privilegios; si bien hoy se ha colocado en el partido del pueblo aquel que rodea sus insignias de un círculo de oro. Ya los Gualterotti y los Importuni vivían tranquilos en el Borgo, y más lo habrían estado sin nuevos vecinos. La casa de que ha nacido vuestro llanto, por el justo rencor que os ha destruído y dado fin a vuestra agradable vida, era honrada con todos los suyos. ¡Oh Buondelmonte!, ¡cuán mal hiciste en no aliarte con ella por medio del matrimonio para consuelo de los demás! Muchos de los que hoy están tristes estarían alegres, si Dios te hubiese entregado a Ema la primera vez que viniste a la ciudad. Pero era preciso que ante aquella piedra rota que guarda el puente sacrificara Florencia una víctima en sus últimos días de paz. Con tales familias y con otras muchas he visto a Florencia en medio de tan gran reposo, que no tenía motivo para llorar. Con estas familias he visto a su pueblo tan glorioso y justo, que jamás el lirio fué llevado al revés en la lanza, ni se había vuelto aún rojo a causa de las discordias.

CANTO DECIMOSEPTIMO

ESTABA yo afanoso como aquel cuyo ejemplo hace que los padres sean un poco condescendientes con sus hijos, cuando acudió a Climene para cerciorarse de lo que acerca de él había oído; y bien lo conocían Beatriz y aquella luz que por mí había cambiado antes de sitio; por lo cual me dijo mi Dama:

—Exhala el ardor de tu deseo de tal modo que salga bien expresado con la fuerza que lo sientes; no para que nosotros lo conozcamos mejor por tus palabras, sino para que te atrevas a manifestar tu sed, a fin de que otros te den de beber.

—¡Oh mi querida planta, que te elevas tanto, que mirando al punto a quien todos los tiempos son presentes, ves las cosas contingentes antes de que sean en sí, como ven las inteligencias terrestres que dos ángulos obtusos no pueden caber en un triángulo! Mientras acompañado de Virgilio subía yo por el monte donde se curan las almas, y cuando bajaba por el mundo de los muertos, se me dijeron palabras graves acerca de mi vida futura; y aunque me considere como un tetrágono ante los golpes de la desgracia, quisiera saber cuál es la suerte que me está reservada; pues el dardo previsto hiere con menos fuerza.

Así dije a la misma luz que me había hablado antes, manifestando mi deseo como lo quiso Beatriz. Aquel amoroso progenitor mío, encerrado y patente a un mismo tiempo en su esplendor risueño, me contestó, no en los términos ambiguos con que eran engañados los necios gentiles antes de que fuese inmolado el Cordero de Dios que redimió los pecados, sino con palabras claras y en latín correcto:

—Las contingencias a cuyo conocimiento no alcanzan los límites de vuestra materia, están todas presentes a la vista de Dios. De aquí no se infiere, sin embargo, su necesidad, sino como es preciso que se pinte en los ojos de quien la mira, la nave que desciende por una corriente. Desde la mente divina llega a mi vista, como a los oídos la dulce armonía del órgano, el tiempo que para ti se prepara. Del mismo modo que Hipólito partió de Atenas por la crueldad y perfidia de su madrastra, tendrás que salir de Florencia. Esto es lo que se quiere, y lo que se busca y pronto será hecho por los que lo meditan allá donde diariamente se vende a Cristo. Las culpas caerán sobre los vencidos, como es costumbre; pero el castigo dará testimonio de la verdad, que lo envía al que lo merece. Tú abandonarás todas las cosas que más entrañablemente amas, y este es el primer dardo que arroja el arco del destierro. Tú probarás cuán amargo es el pan ajeno, y cuán duro camino el que conduce a subir y bajar las escaleras de otros. Y lo que más gravará tus espaldas será la compañía estúpida y malvada con la cual caerás en este valle; porque ingrata, loca e impía, se revolverá contra tí; si bien poco después, ella y no tú, verá destrozada su frente. Su conducta probará su bestialidad, de suerte que para ti será más laudable haberte separado completamente de ella. Tu primer refugio y tu primer albergue serán la cortesía del Gran Lombardo, que sobre la escala lleva el ave santa,[150] el cual te mirará tan benignamente, que entre ambos el dar precederá al pedir, al contrario de lo que sucede entre los demás. Sí, verás a aquel que al nacer fué tan inspirado por esta fuerte estrella, que sus hechos serán siempre admirados. Los pueblos no han reparado en él aún a causa de su corta edad, pues sólo hace nueve años que giran en derredor suyo estas esferas. Pero antes de que el Gascón engañe al gran Enrique,[151] aparecerán los destellos de su virtud en su desprecio al dinero y a las fatigas. Sus magnificencias serán tan conocidas, que ni aun sus mismos enemigos podrán dejar de referirlas. Espera en él y en sus beneficios; por él muchos hombres serán transformados, y los ricos y los pobres cambiarán de condición. Lleva grabado en tu mente cuanto te predigo acerca de él; pero no lo manifiestes a nadie.

Y me refirió después cosas, que parecerán increíbles aun a aquellos que las presencien. Después añadió:

—Hijo mío, tales son las interpretaciones de lo que se te ha dicho; tales las asechanzas que se te ocultarán por pocos años. No quiero, sin embargo, que odies a tus conciudadanos; pues tu vida se prolongará más aún de lo que tarde el castigo de su perfidia.

Cuando, por su silencio, demostró el alma santa que había concluído de poner la trama en la tela que le presenté urdida, empecé a decir, como el que en sus dudas desea el consejo de una persona entendida, recta y amante:

—Bien veo, padre mío, cómo corre el tiempo hacia mí para darme uno de esos golpes, tanto más graves, cuanto más desprevenido se vive; por lo cual es bueno que me arme de previsión, a fin de que, si se me priva del lugar que más quiero, no pierda los demás por causa de mis versos.

Allá abajo, en el mundo eternamente amargo, y en el monte desde cuya hermosa cumbre me elevaron los ojos de mi Dama, y después en el cielo, de luz en luz, he oído cosas, que si las repitiera, serían para muchos de un sabor desagradable; y si soy cobarde amigo de la verdad, temo perder la fama entre los que llamarán a este tiempo el tiempo antiguo.

La luz en que sonreía el tesoro que yo había encontrado allí, empezó por brillar como un espejo de oro a los rayos del Sol, y después respondió:

–Sólo una conciencia manchada por su propia vergüenza o por la ajena encontrará aspereza en tus palabras: no obstante esto, aparte de ti toda mentira manifiesta por completo tu visión, y deja que se rasque el que tenga sarna; pues si tu voz es desagradable al gustarla por primera vez, dejará un alimento vivificante cuando sea digerida. Tu grito hará lo que el viento, que azota más las más elevadas cumbres, lo cual no será una pequeña prueba de honor. Por eso tan sólo se te han mostrado en estas esferas, en el monte y en el doloroso valle las almas que han gozado de cierto renombre; porque el ánimo del que escucha no fija su atención ni presta fe a ejemplos sacados de una raíz oculta y desconocida, ni a otras cosas que no se manifiesten claramente.

CANTO DECIMOCTAVO

AQUEL espíritu bienaventurado se recreaba ya en sus reflexiones, y yo saboreaba las mías, atemperando lo amargo con lo dulce, cuando la Dama que me conducía hasta Dios me dijo:

—Cambia de ideas; piensa que yo estoy al lado de Aquél que alivia todas las contrariedades.

Yo me volví hacia la voz amorosa de mi consuelo, y desisto de expresar cuál fué el amor que vi entonces en sus santos ojos; no sólo porque desconfíe de mis palabras, sino porque la mente no puede repetir lo que es superior a ella, si otro poder no le ayuda. Sólo puedo decir con respecto a este punto que, contemplándola, mi ánimo se vió libre de todo otro deseo: pues el placer eterno, que irradiaba directamente sobre Beatriz, me hacía dichoso al verlo reflejado en su hermoso rostro. Pero ella, desviándome de esta contemplación con la luz de una sonrisa, me dijo:

—Vuélvete y escucha; que no está solamente en mis ojos el paraíso.

Así como algunas veces se ve la pasión en la fisonomía, si aquélla es tanta que el alma entera le está sometida, del mismo modo en los destellos del fulgor santo, hacia el cual me volví, conocí el deseo de continuar nuestra plática. Y en efecto, empezó diciendo:

—En esta quinta rama del árbol que recibe la vida por la copa, y fructifica siempre y nunca pierde sus hojas, son bienaventurados los espíritus que allá abajo, antes de venir al cielo, alcanzaron tan gran renombre, que toda musa se enriquecería con sus acciones: mira los brazos de la cruz, y los que te iré nombrando harán en ellos lo que el relámpago en la nube.

Apenas nombró a Josué, vi pasar un fulgor por la cruz, y el oír pronunciar aquel nombre y ver deslizarse su resplandor fué todo uno. Al nombre del Gran Macabeo, vi moverse otra luz dando vueltas a causa de su alegría. Del mismo modo, a los nombres de Carlo-Magno y de Orlando, mi atenta mirada siguió a dos luces, como sigue la vista el vuelo del halcón. Después pasaron ante mis ojos por aquella cruz Guillermo y Rinoardo, el duque Godofredo y Roberto Guiscardo. En seguida, el alma que me había hablado se movió del mismo modo y se reunió a los anteriores, demostrándome lo artista que era entre los cantores del cielo.

Volvíme hacia la derecha para conocer en Beatriz lo que debía hacer, bien por sus palabras o por sus ademanes; y vi sus ojos tan serenos, tan gozosos, que su rostro sobrepujaba a todos los otros, y hasta a su anterior aspecto. Y así como el hombre que obra bien, por el mayor placer que siente, advierte de día en día el aumento de su virtud, así yo, viendo más resplandeciente aquel milagro de belleza, reparé que se había hecho más extenso el círculo de mi rotación juntamente con el cielo; y en breve espacio de tiempo que muda de color el rostro de una doncella cuando depone el peso de la vergüenza, presentóse a mis ojos, al volverme, una transmutación semejante, por efecto de la blancura de la sexta y templada estrella, que me había recibido en su interior. Yo vi en aquella antorcha de Jove los destellos del amor que en ella existía, representando a mis ojos nuestro alfabeto; y así como las aves que se elevan sobre un río, regocijándose al llegar al sitio donde encuentran su alimento, forman a veces una hilera circular, y otras veces la prolongan, de igual suerte revoloteaban cantando las santas criaturas dentro de aquellas luces, y describiendo D, I o L con sus movimientos.[152] Primeramente ajustaban su baile al canto; después, representando uno de aquellos caracteres, se detenían un momento y guardaban silencio.

¡Oh divina Pegásea,[153] que glorificas y prolongas la vida de los ingenios, haciendo que perpetúen la memoria de las ciudades y de los reinos! Ilumíname a fin de que describa sus figuras tales cuales las he visto, y de que aparezca tu poder en estos cortos versos.

Las luces formaron, pues, cinco veces siete vocales y consonantes, y yo observé aquellas figuras conforme me fueron apareciendo. "Diligite justitiam" fué el primer verbo y el primer nombre que representaron; "qui judicatis terram" fueron las últimas palabras. Después, en la M del quinto vocablo se quedaron formadas de modo que la estrella de Júpiter en aquel punto parecía de plata moteada de oro. Entonces vi descender otras luces sobre la parte superior de la M y detenerse allí cantando, según creo, el bien que hacia sí las atrae. Después, así como del choque de dos tizones ardientes salen innumerables chispas, de donde los necios deducen augurios, parecióme que se elevaban más de mil luces, remontándose unas más y otras menos, según las distribuye el Sol que las enciende; y cuando cada cual quedó fijo en su puesto, vi que aquellas luces formaban distintamente la cabeza y el cuello de un águila. Aquel que pinta esto no tiene quien le guíe, antes bien él guía todas las cosas, y de él procede esa virtud que mueve a los animales a dar una forma apropiada a sus nidos. Los demás bienaventurados, que anteriormente parecían contentarse con formar sobre la M una corona de lises, por medio de un pequeño movimiento concluyeron la figura del águila.

—¡Oh dulce estrella!, ¡cuántas y qué resplandecientes almas me demostraron allí que nuestra justicia es un efecto del cielo que tú adornas! Por eso suplico a la Mente, principio de tu movimiento y de tu fuerza, que repare de dónde sale el humo que obscurece tus rayos, a fin de que se irrite otra vez contra los compradores y vendedores del templo que se fortificó con los milagros y la sangre de los mártires. ¡Oh milicia celestial a quien contemplo! Ruega por los que existen en la Tierra extraviados por el mal ejemplo. Era ya antigua costumbre hacer la guerra con la espada; hoy se hace arrebatando por doquiera el pan que a nadie niega nuestro piadoso Padre. Pero tú, que escribes solamente para borrar, piensa que aún están vivos Pedro y Pablo, los cuales murieron por la viña que de tal modo echas a perder. Con razón puedes decir: "Tengo tan fijos mis deseos en aquél que quiso vivir solo, y que a consecuencia de un baile fué arrastrado al martirio,[154] que no conozco al Pescador ni a Pablo."

CANTO DECIMONONO

ANTE mi aparecía, con las alas abiertas, la bella imagen que en su dulce fruición hacía dichosas a las almas reunidas. Cada una de éstas parecía un pequeño rubí, en el que brillaba tan encendido un rayo de Sol, que reflejaba a mis ojos la imagen del mismo Sol. Y lo que necesito describir ahora no lo anunció la voz jamás, ni lo escribió la tinta, ni lo concibió la imaginación. Porque vi, y aun oí hablar al pico del águila y decir con su voz "Yo" y "Mio," cuando su intención era decir: "Nos" y "Nuestro." Y empezó así:

—Por haber sido justo y piadoso estoy aquí exaltado hasta esta gloria, que no se deja vencer por el deseo; y en la Tierra dejé tal memoria de mí, que los hombres más perversos la recomiendan, pero no siguen su ejemplo.

Así como de muchas brasas sale un solo calor, así también de aquella imagen, formada por muchos amores, salía una sola voz. Entonces respondí:

—¡Oh perpetuas flores de la dicha eterna, que como un solo perfume me hacéis sentir todos vuestros aromas! Poned fin con vuestras palabras al gran ayuno que me ha tenido hambriento durante largo tiempo, por no encontrar en la Tierra alimento alguno. Bien sé que, si la justicia divina se refleja en otras esferas como en un espejo, en la vuestra no se ve a través de un velo. Sabéis cuán atento me preparo a escucharos; sabéis también cuál es aquella duda que para mí se convierte en tan antiguo ayuno.

Así como el halcón a quien quitan la caperuza mueve la cabeza, y bate las alas en señal de contento, demostrando sus deseos e irguiéndose con gallardía, lo mismo ví hacer al águila que estaba formada de alabanzas de la divina Gracia, las cuales cantaban como sabe cantar el que se deleita allá arriba. Después comenzó de esta suerte:

—Aquel que abarcó con su compás hasta las extremidades del mundo, y encerró en su abertura tantas cosas ocultas y manifiestas, no pudo dejar sobre todo el universo una huella tan profunda de su poder, que su entendimiento no fuese infinitamente superior al de todos los entendimientos creados, como lo prueba el que el primer soberbio, que era la criatura más excelente, por no esperar la luz de la gracia divina, cayó del Cielo antes de ser confirmado en ella. De aquí resulta que las criaturas menos perfectas que aquélla son pequeños receptáculos para contener aquel bien sin fin, único que puede medirse a sí mismo. Aun nuestra vista, que es casi un rayo de la mente divina de que están llenas todas las cosas, no puede, por su naturaleza, ser tan penetrante que discierna su principio sino bajo una apariencia muy lejana de la verdad. La vista que recibe vuestro mundo sólo penetra en la justicia sempiterna como el ojo se interna en el mar; que aunque vea el fondo cerca de la orilla, no lo ve en el inmenso piélago; y sin embargo, el fondo existe, pero su profundidad misma lo oculta. No existe luz si no procede del Sér tranquilo que no se turba nunca; fuera de él no hay más que tinieblas, o sombras de la carne o su veneno. Bastante he descorrido el velo que te ocultaba la viva justicia, sobre la que hacías tan frecuentes preguntas, pues tú decías: "Un hombre nace en la orilla del Indo, y allí no hay quien hable de Cristo, ni quien lea o escriba con respecto a él; todas sus acciones y deseos son buenos, y en cuanto puede ver la razón humana, no ha pecado ni en obras ni en palabras: si muere sin bautismo y sin fe, ¿dónde está la justicia que le condena? ¿Dónde su falta, si no cree?" Ahora bien: ¿quién eres tú, que quieres tomar asiento en el tribunal para juzgar a mil millas de distancia con un palmo de vista? En verdad que quien hablando conmigo sutiliza por ver los rayos de la justicia divina, tendría razón para dudar de su rectitud, si no estuviese sobre vosotros la Escritura. ¡Oh animales terrestres!, ¡oh inteligencias burdas! La primera voluntad, que es buena por sí misma, que es el Sumo Bien, no se ha separado jamás de sí misma. Solamente es justo lo que a ella se conforma; ningún bien creado la atrae; pero ella produce este bien con sus rayos.

Cual cigüeña que se revuelve sobre el nido, después de haber alimentado a sus hijos, y así como uno de éstos, ya alimentado, la mira, del mismo modo empezó la bella imagen a agitarse sobre mí, e igualmente elevé mis ojos hacia ella, que movía sus alas, impelidas por tantos espíritus. Al dar vueltas, cantaba y decía: "Mis notas son tan incomprensibles para tí, como el juicio eterno para vosotros los mortales." Luego que aquellos refulgentes ardores del Espíritu Santo se detuvieron, sin dejar de formar el signo que hizo a los Romanos temibles en el mundo,[155] el mismo signo continuó diciendo:

—A este reino no ha subido jamás quien no creyó en Cristo, ni antes ni después de que éste fuera enclavado en el santo leño: pero mira; muchos que exclaman "Cristo, Cristo," estarán menos próximos a él en el día del juicio, que algunos de los que no han conocido a Cristo; y a tales cristianos causará vergüenza el Etíope, cuando se dividan los dos colegios, uno enteramente rico, y otro miserable. ¿Qué no podrán decir los Persas a vuestros reyes, cuando vean abierto aquel volumen en el que se escriben todos sus desprecios? Allí se verá, entre las obras de Alberto, la que en breve agitará la pluma, y por la cual quedará desierto el reino de Praga. Allí se verá el daño que ocasiona junto al Sena, falsificando la moneda, el que morirá herido por un jabalí.[156] Allí se verá la insaciable soberbia que enloquece del tal modo al escocés y al inglés, que no pueden sufrir el verse contenidos en los límites de sus Estados.[157] Se verá la lujuria y la molicie del de España, y del de Bohemia, que jamás conoció ni quiso conocer el valor.[158] Allí se verá también marcada con una I la bondad del Cojo de Jerusalén,[159] mientras que lo contrario a ella tendrá por marca una M. Se verá la avaricia y la vileza de aquel que guarda la isla del fuego, donde terminaron los prolongados días de Anquises;[160] y para demostrar su mezquindad, se emplearán muchas abreviaturas en su escrito, a fin de que en poco espacio se contengan muchas palabras. Y a la vista de todos aparecerán las vergonzosas obras del tío y del hermano,[161] que han envilecido tan egregia estirpe y dos coronas. Allí serán conocidos el de Portugal y el de Noruega,[162] y el de Rascia, que alteró los cuños de Venecia.[163] ¡Oh Hungría feliz, si no se deja guiar mal! ¡Oh dichosa Navarra, si se defendiese con el monte que la rodea! Todos deben creer que ya, en presagio de esto, Nicosia y Famagusta se lamentan y claman contra su bestia, que no discrepa de las otras.

CANTO VIGESIMO

CUANDO Aquél que ilumina el mundo entero desciende de nuestro hemisferio, de tal modo que el día se extingue en todas partes, el cielo encendido antes por él solo, aparece súbitamente sembrado de luces, en las cuales se refleja una sola. Y aquel estado del cielo me vino a la imaginación, cuando la enseña del mundo y de sus jefes cerró su bendito pico; porque brillando mucho más todos aquellos vivos resplandores, entonaron suaves cantos, que han desaparecido de mi memoria. ¡Oh dulce amor, que bajo aquella riente luz te ocultas! ¡Cuán ardiente me parecías en medio de aquellos efluvios sonoros, que sólo respiran santos pensamientos!

Después que las preciosas y brillantes joyas de que vi adornada la sexta estrella cesaron en sus cantos angélicos, me pareció oír el murmullo de un río que límpido desciende de roca en roca, mostrando la fecundidad de su elevado manantial. Y así como el sonido adquiere su forma en el cuello de la cítara, y en los orificios de la zampoña el soplo del que la toca, así también subió de improviso aquel murmullo por el cuello del Aguila, como si éste estuviese perforado. Prodújose allí una voz, que salió por su pico en forma de palabras, según las esperaba mi corazón, donde las escribí:

—Debes ahora mirar fijamente—empezó a decir—aquella parte de mí misma que en las águilas mortales contempla y soporta la luz del Sol; porque entre los fuegos que componen mi figura, los que hacen centellear el ojo de mi cabeza tienen un grado de luz mayor que todos los demás. Aquel que, haciendo las veces de pupila, luce en medio, fué el cantor del Espíritu Santo, que transportó el arca de ciudad en ciudad: ahora conoce el mérito de su canto en la parte que fué obra de su propia voluntad, por la remuneración que proporcionalmente ha recibido. De los cinco que forman el arco de mi ceja, el que está más próximo al pico consoló a la viuda de la pérdida de su hijo;[164] ahora conoce cuán caro cuesta no seguir a Cristo, por la experiencia que tiene de esta dulce vida y de la opuesta. El que le sigue en la parte superior de la circunferencia de que hablo, dilató su muerte para hacer verdadera penitencia:[165] ahora conoce que los eternos juicios de Dios son invariables, aunque una ferviente oración consiga allá abajo que suceda mañana lo que debería suceder hoy. El otro que sigue se hizo griego conmigo y con las leyes para ceder su puesto al Pastor, guiado por una buena intención que produjo malos frutos:[166] ahora conoce que el mal resultado de su buena acción no le es nocivo, por más que haya sido causa de la destrucción del mundo. Aquel que ves en el declive del arco fué Guillermo, a quien llora la Tierra que se lamenta de Carlos y Federico vivos:[167] ahora conoce el amor del cielo hacia un rey justo, y así lo manifiesta por el resplandor de que está rodeado. ¿Quién creería en el mundo lleno de errores, que el troyano Rifeo fuera en este arco la quinta de las luces santas? Aunque su vista no penetre hasta el fondo de la divina gracia, demasiado conoce ahora lo que en ella no puede ver el mundo.

Como la alondra que en el aire se cierne cantando, y después calla, contenta de la última melodía que la satisface, tal me pareció la imagen, satisfecha del eterno placer, por cuya voluntad todas las cosas son lo que son: y aun cuando yo hiciese allí visibles mis dudas como el vidrio manifiesta por su transparencia el color de que se ha revestido su superficie, esas mismas dudas no me permitieron esperar la respuesta callando, sino que con su fuerza hicieron salir de mi boca estas palabras: "¿Qué cosas son esas?": por lo cual conocí en los nuevos destellos que despedían aquellas almas dichosas la alegría que les causaba responder a mis preguntas. Después, con el ojo más inflamado, me respondió el bendito signo, para no tenerme por más tiempo entregado a mi asombro:

—Veo que crees estas cosas, porque yo las digo; pero no comprendes cómo pueden ser: de suerte que, aunque creídas, no por eso están menos ocultas. Tú haces como aquel que aprende a conocer las cosas por su nombre, pero que no puede ver su esencia, si otro no se la manifiesta. "Regnum coelorum" cede a la violencia del ardiente deseo y de la viva esperanza, cuyos afectos vencen a la divina voluntad; pero no a la manera que el hombre prevalece sobre el hombre, sino que la vencen porque quiere ser vencida; y vencida, vence con su benignidad. Te causan asombro la primera y la quinta almas que forman el arco de la ceja, porque ves adornada con ellas la región de los Angeles. No salieron paganas de sus cuerpos, como crees, sino cristianas, teniendo fe viva, la una en los pies que debían ser crucificados, y la otra en los que ya lo habían sido. Una de ellas, saliendo del Infierno donde nadie se convierte a Dios con buen deseo, volvió a habitar su cuerpo en recompensa de una viva esperanza; de una viva esperanza, que rogó fervientemente a Dios para resucitarla, a fin de que su voluntad pudiera ser movida. El alma gloriosa de que se habla, vuelta a su carne en que permaneció poco tiempo, creyó en Aquél que podía ayudarla; y al creer, se abrasó de tal modo en el fuego de un verdadero amor, que después de su segunda muerte fué digna de venir a participar de estos goces. La otra, merced a una gracia que mana de una fuente tan profunda, que no ha habido criatura cuya mirada pudiera penetrar hasta su manantial, cifró allá abajo todo su amor en la justicia; por lo cual de gracia en gracia Dios abrió sus ojos a nuestra redención futura, y creyendo en ella, no soportó por más tiempo la fetidez del paganismo, reprendiendo por su causa a las gentes pervertidas. Aquellas tres mujeres que viste junto a la rueda derecha del carro, le bautizaron más de mil años antes de que se instituyera el bautismo. ¡Oh predestinación!, ¡cuán remota está tu raíz de la vista de aquellos que no ven toda la causa primera! Y vosotros, mortales, sed circunspectos en vuestros juicios; pues nosotros, que vemos a Dios, no conocemos aún todos sus elegidos: y sin embargo, no es grata semejante ignorancia; porque nuestra beatitud se perfecciona con este bien, y queremos lo que Dios quiere.

Tal fué el suave remedio que me dió aquella imagen divina para aclarar mi vista. Y así como un buen tocador de cítara hace acompañamiento a un buen cantor con la vibración de las cuerdas, adquiriendo de este modo mayor atractivo el canto, así mientras hablaba, recuerdo que vi a los benditos resplandores agitar sus llamas al compás de las palabras, como los párpados que se mueven acordes y al mismo tiempo.

CANTO VIGESIMOPRIMERO

MIS ojos se habían fijado de nuevo en el rostro de mi Dama, y el ánimo con ellos se había separado de todo otro objeto. Ella no sonreía:

—Pero si yo riese—empezó a decirme—, te quedarías como Semele, cuando fué reducida a cenizas; pues mi belleza, que, según has visto, brilla más cuanto más asciende por las gradas del eterno palacio, si no se moderase, resplandecería tanto, que tu fuerza mortal perecería ante su fulgor como la rama destrozada por el rayo. Nos hemos elevado al séptimo esplendor[168] que, colocado bajo el pecho del ardiente León, difunde ahora sobre la Tierra sus rayos mezclados con el fuerte influjo de aquél. Fija la mente en pos de tus miradas, y haz de tus ojos un espejo para la imagen que se te aparecerá en este espejo.

Quien supiese cuán dulcemente se recreaba mi vista en el semblante dichoso de Beatriz, cuando invitado por ella la dirigí hacia otro objeto, conocería lo grato que me sería obedecer a mi Guía celestial, considerando que el placer de obedecerla contrabalanceaba al que yo sentía contemplándola. Dentro del cristal que, rodeando al mundo, lleva el nombre de su querido señor, bajo cuyo imperio permaneció muerto todo mal, vi una escala del color del oro en que se refleja un rayo de Sol, y tan elevada, que mis ojos no podían seguirla. Vi además bajar por sus escalones tantos resplandores, que pensé que todas las luces que brillaban en el cielo estaban esparcidas allí. Y así, como, por una costumbre natural, las cornejas se agitan reunidas al romper el día para dar calor a sus ateridas alas, y mientras se alejan algunas sin volver, otras regresan al punto de donde se remontaban, y otras revolotean sobre él, lo mismo me pareció que hacían aquellos fulgores que habían ido descendiendo hasta que se detuvieron en un escalón determinado. El que se quedó más cerca de nosotros empezó a resplandecer tanto, que yo decía entre mí: "Conozco el amor que me anuncias." Pero Aquélla, de quien espero la orden para hablar o callar, permaneció inmóvil: así es que, a pesar mío, hice bien en no preguntar nada. Por lo cual, ella, que leía en la vista de Aquél que lo ve todo el deseo que yo ocultaba, me dijo:

—Puedes manifestar tu ardiente anhelo.

Entonces empecé de esta suerte:

—Mis méritos no me hacen digno de tu respuesta; pero en nombre de aquella que me permite interrogarte, alma bienaventurada, que te ocultas en tu alegría, dame a conocer la causa que tanto te aproxima a mí, y dime por qué no se oye en esta esfera la dulce sinfonía del Paraíso, que tan devotamente resuena en las de abajo.

—Tu oído es tan débil como tu vista—me contestó—; aquí no se canta por la misma razón que Beatriz no sonríe. He descendido tanto por las gradas de la escala santa, sólo para recrearte con mis palabras y con la luz de que estoy revestida. No es un mayor afecto lo que me ha hecho más solícita; pues en toda esta escala hay un amor tan ferviente y más que el mío, según te lo manifiestan los destellos de esas almas; pero la alta caridad, que nos convierte en siervas atentas a la voluntad que rige al mundo, nos designa el sitio en que, según puedes ver, estamos colocadas.

—Bien veo—dije yo—, ¡oh sagrada lámpara!, que un amor libre basta en esta corte para hacer lo que quiere la eterna Providencia; mas lo que me parece sumamente difícil de comprender es por qué fuiste tú entre todas tus compañeras la destinada a este cargo.

Aun no había pronunciado la última palabra, cuando la luz, haciendo un eje de su centro, giró con la rapidez de una rueda. Después me respondió la amorosa alma que estaba dentro de ella:

—La luz divina se fija en mí penetrando en la que me envuelve, y su virtud, unida a mi vista, me eleva tanto sobre mí misma, que veo la suma esencia de que aquélla emana. De aquí proviene la alegría con que brillo; porque a la claridad de mi visión junto la de la luz que me rodea. Pero el alma que más brilla en el cielo, el serafín que tiene más fijos los ojos en Dios no podrá satisfacer tus preguntas; porque lo que deseas saber penetra tan profundamente en el abismo del decreto eterno, que está muy apartado de toda vista creada; y cuando vuelvas al mundo mortal, refiere lo que te digo, a fin de que nadie presuma llegar al fondo de tal arcano. La mente, que aquí es luz, en la Tierra es humo; considera, pues, cómo podrá comprender allá abajo lo que aquí no comprende, por más que el cielo la enaltezca.

Sus palabras me contuvieron de tal modo, que abandoné la cuestión, y me limité a rogarle humildemente que me dijese quién era.

—Entre las dos costas de Italia, y no muy lejos de tu patria, se elevan unos peñascos, tanto que los truenos retumban a mucha menos altura.

Aquellos peñascos forman una eminencia que se llama Catria, al pie de la cual hay un yermo consagrado únicamente al culto del verdadero Dios.

Así empezó a hablar por tercera vez; y continuando luego, añadió:

—De tal modo me dediqué allí al servicio de Dios, que sólo con legumbres y zumo de olivas pasaba fácilmente fríos y calores, satisfecho con mis ideas contemplativas. Aquel claustro producía fértilmente para esta parte de los cielos, y ahora está tan vacío, que será preciso que en breve lo sepa el mundo. En aquel sitio estuve yo, Pedro Damián; y Pedro el Pecador en la casa de Nuestra Señora, a orillas del Adriático. Escasa era ya mi vida mortal, cuando fuí llamado y obligado a recibir aquel capelo que sólo se transmite de malo a peor. Vinieron en otro tiempo Cefas y el Vaso de elección del Espíritu Santo,[169] flacos y descalzos, aceptando su alimento de cualquier mano. Ahora los modernos pastores quieren que de uno y otro lado los apoyen, ¡tan pesados son!, y que les lleven en litera, y que vaya detrás quien les sostenga la cola. Cubren con sus mantos sus cabalgaduras, de suerte que van dos bestias bajo una sola piel. ¡Oh paciencia de Dios, que tanto soportas!

Al sonido de estas palabras, vi muchas llamas que bajaban girando de escalón en escalón, y a cada vuelta se hacían más bellas. Vinieron a detenerse alrededor de aquella luz, y prorrumpieron en un clamor tan alto, que nada en el mundo puede asemejársele: su estruendo me ensordeció de tal modo, que no comprendí lo que dijeron.

CANTO VEGESIMOSEGUNDO

MUDO de estupor me volví hacia mi Guía, como un niño que se acoge siempre a quien le inspira más confianza: y aquélla, como la madre que socorre prontamente al hijo azorado y pálido con su voz consoladora, me dijo:

—¿No sabes que estás en el cielo? ¿No sabes que todo el cielo es santo, y que lo que en él se hace procede de un buen celo? Si el grito que acabas de oír te ha conmovido tanto, ahora puedes pensar cómo te habría perturbado aquel suave cántico unido a mi sonrisa. Y si hubieras comprendido lo que se rogó al exhalar ese grito, conocerías la venganza que verás antes de tu muerte. La espada de aquí arriba no hiere nunca demasiado pronto, ni demasiado tarde, como suele parecerles a los que la esperan con temor o con deseo. Pero ahora vuélvete hacia otro lado, y verás muchos espíritus ilustres, si diriges tus miradas según te indico.

Volví los ojos como ella quiso, y vi cien pequeñas esferas, que se embellecían unas a otras con sus mutuos rayos. Yo estaba como aquel que reprime en sí el agudo estímulo del deseo, y no se aventura a preguntar, temiendo excederse, cuando la mayor y más brillante de aquellas perlas se adelantó para contentar mi curiosidad: después oí en su interior:

—Si vieses, como yo, la caridad que arde entre nosotros, habrías expresado ya tus deseos; pero a fin de que, por demasiado esperar, no tardes en llegar al alto fin de tu viaje, contestaré al pensamiento que no te atreves a proferir. La cumbre de aquel monte en cuya falda está Casino fué frecuentada en otro tiempo por gentes engañadas y mal dispuestas. Yo soy el que llevó allí el nombre de Aquél que enseñó en la Tierra la verdad que tanto nos enaltece;[170] y lució sobre mí tanta gracia, que aparté a las ciudades circunvecinas del impío culto que sedujo al mundo. Esos otros fuegos fueron todos hombres contemplativos, abrasados en aquel ardor que hace nacer las flores y los frutos santos. Aquí están Macario y Romualdo; aquí están mis hermanos, que se encerraron en el claustro y conservaron un corazón perseverante.

Lo contesté:

—El afecto que demuestras hablando conmigo, y la benevolencia que veo y observo en todas vuestras luces, me inspiran la misma confianza que inspira el Sol a la rosa cuando se abre tanto cuanto le es posible. Por eso te ruego, padre, que si soy digno de tal merced, me concedas la gracia de ver tu imagen descubierta.

—Hermano—me respondió—: tu elevado deseo se realizará en la última esfera, donde se realizan todos los otros y los míos, y donde todos son perfectos, maduros y enteros: en aquella sola esfera, todas sus partes permanecen inmóviles, porque no está en un sitio, ni gira entre dos polos, y nuestra escala llega hasta ella, lo que hace que la pierdas de vista. El patriarca Jacob la vió prolongarse hasta arriba, cuando se le apareció tan llena de ángeles; pero ahora no retira nadie sus pies de la tierra para subirla, y mi regla sólo sirve abajo para gastar papel. Los muros que eran una abadía se han convertido en cavernas; y las cogullas en sacos de mala harina. La más sórdida usura no es tan contraria a la voluntad de Dios, como lo es el fruto de esas riquezas que tanto enloquecen el corazón de los monjes, porque todo lo que la Iglesia guarda pertenece a aquellos que piden por Dios, y no a los parientes o a otros más indignos. La carne de los mortales es tan flexible, que las buenas obras no duran el tiempo que transcurre desde el nacimiento de la encina hasta la formación de la bellota. Pedro empezó su fecunda tarea sin oro ni plata; yo con oraciones y con ayunos; Francisco basó su orden en la humildad: y si atiendes al principio de cada orden, y consideras después adonde han llegado, verás lo blanco cambiado en negro. Más admiración causó en verdad ver al Jordán retrocediendo y al mar huír cuando Dios quiso, que la causará ver remediados estos males.

Así me dijo, y después se reunió a sus demás compañeros, que a su vez se reconcentraron, y como un torbellino se elevaron a lo alto. La dulce Dama con un solo ademán me impulsó a subir tras ellos por aquella escala: tanto fué lo que su virtud venció mi grave naturaleza: y jamás aquí abajo, donde se sube y desciende naturalmente, hubo un movimiento tan rápido que pudiera igualar a mi vuelo. Así pueda volver, ¡oh lector!, a aquel piadoso reino triunfante, por el que lloro con frecuencia mis pecados golpeándome el pecho, como es cierto que vi el signo que sigue al Tauro,[171] y me encontré en él en menos tiempo del que necesitarías para meter y sacar un dedo del fuego. ¡Oh gloriosas estrellas!, ¡oh luz llena de gran virtud, en la que reconozco todo mi ingenio, cualquiera que ésta sea! Con vosotras nacía, y se ocultaba con vosotras aquel que es padre de toda vida mortal,[172] cuando sentí por vez primera el aire toscano; y cuando más tarde se me concedió la gracia de entrar en la alta rueda que os hace girar, me fué también permitido pasar por la región en donde estáis. A vosotras dirige ahora devotamente mi alma sus suspiros, para alcanzar la virtud necesaria en la difícil empresa que la atrae.

—Estás tan cerca de la última salvación—empezó a decirme Beatriz—, que debes tener los ojos claros y penetrantes; así pues, antes de que llegues a ella, mira hacia abajo y contempla cuántos mundos he puesto bajo tus pies, a fin de que tu corazón se presente tan gozoso como pueda ante la triunfante multitud que alegre acude por esta bóveda etérea.

Recorrí con la vista todas las siete esferas, y ví a nuestro globo tan pequeño, que me reí de su vil aspecto: así es que apruebo como mejor parecer el de quien le tiene en poca estima; pudiendo llamarse verdaderamente probo el que sólo piensa en el otro mundo.

Vi a la hija de Latona inflamada, sin aquella sombra que fué causa de que yo la creyera enrarecida y densa. Allí, ¡oh Hiperión!, pudieron soportar mis ojos la luz de tu hijo, y vi cómo se mueven próximas a él y en derredor suyo Maya y Dione. Allí me apareció Júpiter atemperando a su padre y a su hijo;[173] allí distinguí con claridad sus frecuentes cambios de lugar, y todos los siete planetas me manifestaron su magnitud, su velocidad, y la distancia a que respectivamente se encuentran colocados. Aquel pequeño punto que nos hace tan orgullosos se me apareció por completo desde las montañas a los mares, mientras que yo giraba con los eternos Gemelos. Después fijé mis ojos en los hermosos ojos.

CANTO VIGESIMOTERCERO

COMO el ave que, habiendo reposado entre la predilecta enramada junto al nido de sus dulces hijuelos, durante la noche ocultadora de las cosas, y deseando ver tan caros objetos y hallar el sustento para nutrirlos, cuyo penoso trabajo soporta placentera, se adelanta al día, y antes de rayar el alba sube a la cima del abierto follaje, y fijamente mira, esperando con ardoroso anhelo la salida del Sol, así estaba mi Dama, en pie y atenta, vuelto el rostro hacia la región del cielo bajo la cual se muestra el Sol menos presuroso; y en tanto yo, viéndola suspensa y ansiosa, permanecí como el que anhelante querría otra cosa, pero se calma con la esperanza de obtenerla. Poco intervalo medió entre ambos momentos, es decir, entre el de mi expectativa y el de ver de un instante a otro iluminarse más el cielo. Y Beatriz dijo:

—He ahí la legión del triunfo de Cristo, y todo el fruto recogido de la rotación de estas esferas.

Me pareció que ardía todo su semblante; y tenía los ojos tan llenos de alegría, que debo seguir adelante sin más explicación. Cual en los plenilunios serenos Trivia ríe entre las ninfas eternas, que iluminan el cielo por todas partes, así vi yo sobre millares de luces un Sol, que las encendía todas, como hace el nuestro con las que vemos sobre nosotros; y a través de su viva luz aparecía tan clara a mis ojos la divina substancia, que no podían soportarla.

—¡Oh Beatriz—exclamé—, Guía dulce y querida!

Ella me dijo:

—Lo que te abisma es una virtud a la que nada resiste. Allí están la Sabiduría y el Poder que abrieron entre el Cielo y la Tierra las vías por tanto tiempo deseadas.

Así como el fuego de la nube, dilatándose de modo que ésta no puede contenerlo, se escapa de ella, y, contra su naturaleza, se precipita hacia abajo, de igual suerte mi mente, engrandeciéndose más entre aquellas delicias, salió de sí misma, y no sabe recordar lo que fué de ella.

—Abre los ojos y mírame cual soy; has visto cosas que te han dado fuerza suficiente para sostener mi sonrisa.

Yo estaba como aquel que conserva cierta reminiscencia de una visión olvidada, y que se esfuerza en vano por renovarla en su imaginación, cuando oí proferir estas palabras tan dignas de gratitud, que no se borrarán jamás del libro donde se consigna lo pasado. Si ahora resonasen todas aquellas lenguas que Polimnia y sus hermanas hicieron más pingües con su dulcísima leche para venir en mi ayuda, no expresarían la milésima parte de la verdad, al pretender cantar tan santa sonrisa, y el resplandor que comunicaba a aquel santo rostro: por lo mismo, al describir yo el Paraíso, es forzoso que mi sagrado poema salte como un hombre que encuentra cortado su camino. Quien considere el peso del asunto y el hombro mortal que soporta la carga, no censurará el que éste tiemble bajo su gravedad. El derrotero que hiende mi atrevida proa no es a propósito para una pequeña embarcación, ni para el nauta que quiera ahorrarse la fatiga.

—¿Por qué te enamora mi faz de tal suerte, que no te vuelves hacia el hermoso jardín que florece bajo los rayos de Cristo? Allí está la Rosa[174] en que el Verbo divino encarnó; y allí están los lirios[175] por cuyo aroma se descubre el buen camino.

Así dijo Beatriz, y yo, que estaba siempre pronto a seguir sus consejos, me lancé nuevamente a la batalla de mis débiles párpados. Y así como mis ojos, al abrigo de la sombra, han visto alguna vez un prado de flores iluminado por un rayo de Sol que atravesaba por entre desgarrada nube, del mismo modo distinguí entonces una multitud de esplendores, iluminados desde arriba por ardientes rayos, sin ver el origen de donde estos fulgores procedían.

¡Oh benigna virtud que así los iluminas! Sin duda te elevaste por dejar campo libre a mis ojos, que eran demasiado débiles para contemplarte. El nombre de la hermosa flor que invoco siempre, por mañana y tarde, concentró todo mi espíritu en la contemplación del mayor fuego; y cuando mis dos ojos me representaron la belleza y la extensión de la fulgente estrella que vence arriba, como venció abajo, desde el interior del cielo descendió una llamarada, que tenía la forma de un círculo como una corona,[176] y rodeó a la estrella girando en torno suyo. La melodía que más dulcemente se deje oír en la Tierra, y que más atraiga el ánimo, parecería una nube que desgarrada truena, comparada con el sonido de aquella lira de que estaba coronado el bello zafiro con que se engalana el más claro cielo.

—Yo soy el amor angélico, que giro difundiendo la sublime dicha, nacida del vientre que fué morada de nuestro deseo; y giraré, Señora del Cielo, mientras acompañas a tu Hijo, y hagas resplandeciente la suprema esfera en donde habitas.

Así se dejaba oír la circular melodía, y todas las demás luces hacían resonar el nombre de María. El manto real de todas las esferas del mundo, que más se inflama y anima bajo el hálito y las perfecciones de Dios, tenía sobre nosotros tan distante la faz interna, que no me era posible distinguir su aspecto desde el sitio en que me encontraba; por lo cual no tuvieron mis ojos la fuerza necesaria para seguir a la llama coronada, que se elevó en pos de su divina primogenitura. Y semejantes al niño que tiende los brazos hacia su madre después de haberse alimentado con su leche, movido del afecto que aun exteriormente se inflama, cada uno de aquellos fulgores se prolongó hacia arriba, patentizándome así el amor que profesaban a María. Después permanecieron ante mi vista cantando "Regina cœli" tan dulcemente, que jamás ha huído de mí el placer que me causaron.

¡Oh cuánta es la abundancia que se encierra en aquellas arcas riquísimas por haber esparcido en la Tierra buenas semillas! Allí viven y gozan del eterno tesoro que conquistaron en el destierro de Babilonia, donde hicieron dejación del oro. Allí triunfa de su victoria bajo el alto Hijo de Dios y de María, y juntamente con el antiguo y el nuevo concilio, el que tiene las llaves de tal gloria.

CANTO VIGESIMOCUARTO

OH compañía escogida para la gran cena del cordero bendito, el cual os alimenta de tal modo, que vuestro apetito está siempre satisfecho! Ya que por la gracia de Dios éste prueba prematuramente lo que cae de vuestra mesa, antes de que la muerte ponga fin a sus días, pensad en su deseo inmenso, y refrescadlo algún tanto: vosotros bebéis siempre en la fuente de donde procede lo que él piensa.

Esto dijo Beatriz: y aquellas almas gozosas se convirtieron en esferas sobre polos fijos, resplandeciendo vivamente a guisa de cometas. Y como las ruedas en el mecanismo de un reloj se mueven de tal suerte, que a quien las observa le parece que la primera está quieta y la última vuela, así también aquellos glóbulos, danzando diferentemente, me hacían estimar su velocidad o lentitud por el grado de sus resplandores. De aquel conjunto de bellas luces vi salir un fulgor tan alegre y esplendente, que superaba a todos los demás. Tres veces giró en torno de Beatriz, cantando de un modo tan divino, que mi fantasía no ha podido retener su encanto; por lo cual mi pluma pasa adelante sin describirlo, pues para pintar tales pliegues carece de matices, no ya la lengua, sino la misma imaginación.

—¡Oh mi santa hermana, que tan devotamente ruegas, movida de tu ardiente afecto, que me separas de aquella hermosa esfera!

De este modo, luego que se detuvo aquel fuego bendito,[177] dirigió su aliento hacia mi Dama, y le habló como he dicho. Y ella contestó:

—¡Oh luz eterna del gran Barón a quien nuestro Señor dejó las llaves que llevó abajo desde este goce maravilloso! Examina a éste como te plazca con respecto a los puntos fáciles y difíciles de la Fe, que te hizo andar sobre el mar. A ti no se te oculta si él ama bien, y espera bien y cree; porque tienes la vista fija donde todo está patente; pero ya que este reino ha conseguido ciudadanos por medio de la Fe veraz, es bueno que para glorificarla le toque a él hablar de ella.

Así como el bachiller se prepara, y no habla hasta que el maestro propone la cuestión que debe aprobar, pero no resolver, del mismo modo preparaba yo todas mis razones, mientras ella hablaba, para estar pronto a contestar a tal examinador y a tal profesión.

—Dí buen cristiano, explícate: ¿Qué es la Fe?

Al oír esto alcé la frente hacia aquella luz de donde salían tales palabras; después me volví hacia Beatriz, y ella me hizo un rápido ademán para que dejara brotar el agua de mi fuente interior.

La gracia divina que me permite confesarme con tan alto primipilo—exclamé,—haga claros y expresivos mis conceptos.

Después continué:

—Según lo ha escrito, padre, la verídica pluma de tu querido hermano,[178] que contigo hizo entrar a Roma por el buen camino, la Fe es la substancia de las cosas que se esperan, y el argumento de las que no aparecen a nuestra mente: tal me parece su esencia.

Entonces oí:

—Piensas rectamente, si comprendes bien por qué la colocó entre las substancias, y no entre los argumentos.

A lo cual contesté:

—Las profundas cosas que aquí se me manifiestan claras y patentes están tan ocultas a los ojos del mundo, que sólo existen en la creencia sobre que se funda la alta esperanza; por eso toma el nombre de substancia. Con respecto a esta creencia es preciso argumentar sin otra luz; por eso toma el nombre de argumento.

Entonces oí:

—Si todo lo que en la Tierra se aprende por vía de enseñanza, se entendiera de ese modo, la sutileza del sofisma sería en vano.

Tales fueron las palabras que exhaló aquel ardiente amor; y después añadió:

—Ha salido bien la prueba de la liga y el peso de esta moneda; pero dime si la tienes en tu bolsa.

Le respondí:

—Sí, la tengo tan brillante y tan redonda, que no cabe duda sobre su cuño.

En seguida salieron estas palabras de la profunda luz que allí resplandecía:

—Esa querida joya, en la que se funda toda otra virtud, ¿de dónde te proviene?

—La abundante lluvia del Espíritu Santo—le contesté—, que está esparcida sobre las antiguas y las nuevas páginas, es el silogismo que me la ha demostrado tan sutilmente, que comparada con ella me parece obtusa toda otra demostración.

Después oí:

—¿Por qué tienes por palabra divina a la antigua y la nueva proposición, que así te han convencido?

Respondí:

—La prueba que me descubre la verdad consiste en las obras subsiguientes, para las cuales la naturaleza no calentó nunca el hierro ni dió golpes en el yunque.

Se me contestó:

—Dí, ¿quién te asegura que aquellas obras hayan existido? ¿Acaso te lo asegura aquello mismo que se quiere probar con ellas? ¿No tienes otro testimonio?

—Si el mundo se convirtió al cristianismo sin necesidad de milagros—dije yo—esto sólo es un milagro tan grande, que los otros no son la centésima parte de él; porque tú entraste pobre y famélico en el campo a sembrar la buena planta que en otro tiempo fué vid y ahora se ha convertido en zarza.

Terminadas estas palabras, resonó en las esferas de la sublime y elevada corte un "Alabemos a Dios" con la melodía que se canta allá arriba. Y aquel Barón que examinándome así me había llevado de rama en rama hasta acercarnos a las últimas hojas, volvió a empezar de esta manera:

—La gracia que enamora a tu mente hate abierto la boca hasta este punto, como abrirse debía: por tanto apruebo cuanto ha salido de ella; mas ahora es preciso que expliques lo que crees y el origen de tu creencia.

—¡Oh Santo Padre!, ¡oh Espíritu, que ves lo que creíste con tal firmeza, que dirigiéndote hacia el sepulcro venciste a pies más jóvenes!—empecé a decir—: quieres que te manifieste el orden de las cosas en que creo, y además me preguntas el motivo de mi creencia. Pues bien, yo te respondo: Creo en un solo y eterno Dios, que sin ser movido, mueve todo el Cielo con amor y con deseo; y en apoyo de tal creencia, no sólo tengo pruebas físicas y metafísicas, sino que también me las suministra la verdad que de aquí llueve por medio de Moisés, por los profetas, por los salmos, por el Evangelio, y por lo que vosotros escribistéis después de haberos iluminado el ardiente Espíritu. Creo en tres Personas eternas, y las creo una esencia tan trina y una, que admiten a la vez "son" y "es." La profunda naturaleza divina de que ahora trato se ha grabado en mi mente muchas veces por la doctrina evangélica. Tal es el principio, tal la chispa que se dilata hasta convertirse en viva llama, y que brilla en mi interior como estrella en el cielo.

Cual señor que oye lo que lo agrada, y por ello abraza a su siervo, congratulándose por la noticia en cuanto éste se calla, de igual suerte me bendijo cantando y giró tres veces en derredor de mi frente, luego que me callé, aquel apostólico fulgor, por cuyo mandato había yo hablado: tanto fué lo que mis palabras le agradaron.

CANTO VIGESIMOQUINTO

SI alguna vez sucede que el poema sagrado en que han puesto sus manos el Cielo y la Tierra, y que me ha hecho enflaquecer por espacio de muchos años, triunfe de la crueldad que me tiene alejado del bello redil, donde dormí corderillo enemigo de los lobos que le hacen la guerra; entonces volveré como poeta, con otra voz y otros cabellos, y tomaré la corona de laurel sobre mis fuentes bautismales: porque allí entré en la fe que hace las almas familiares a Dios, y por ella me rodeó Pedro de aquel modo la frente. Después se adelantó hacia nosotros un resplandor desde aquella legión de que salió el primero de los vicarios que Cristo dejó en la Tierra; y mi Dama, llena de alegría, me dijo:

—Mira, mira, he ahí el Barón por quien allá abajo visitan a Galicia.[179]

Cual dos palomas que, al reunirse, se demuestran su amor dando vueltas y arrullándose, así vi yo aquellos grandes y gloriosos príncipes acogerse mutuamen[506]te, alabando el alimento de que allá arriba se nutren. Mas, cuando hubieron dado fin a sus gratulaciones, ambos se detuvieron silenciosos "coram me," tan encendidos que humillaban mi rostro. Beatriz dijo entonces riendo:

—¡Oh alma ilustre, que has escrito acerca de la liberalidad de nuestra basílica! Haz resonar la Esperanza en esta altura. Tú sabes que la has simbolizado tantas veces cuantas Jesucristo se os manifestó a los tres en todo su esplendor.

—Levanta la cabeza, y tranquilízate; porque es preciso que lo que llega aquí arriba desde el mundo mortal se madure a nuestros rayos.

Tan consoladoras palabras me fueron dirigidas por el segundo resplandor: entonces elevé los ojos hacia aquellos montes que antes los habían inclinado con su excesivo peso.

—Ya que nuestro Emperador te dispensa la merced de que te encuentres, antes de tu muerte, en la estancia más secreta de su palacio con sus condes, a fin de que habiendo visto la verdad de esta corte, os anime por eso a ti y a los otros la Esperanza que tanto enamora allá abajo, dime en qué consiste ésta; dime cómo florece en tu mente, y de dónde te proviene.

Así habló el segundo resplandor. Y aquella piadosa Dama que guió las plumas de mis alas hacia tan elevado vuelo, respondió antes que yo de esta suerte:

—La Iglesia militante no tiene entre sus hijos otro más provisto de esperanza, como está escrito en el Sol que irradia sobre nuestra multitud: por eso se le ha concedido que desde Egipto venga a ver a Jerusalén, antes de terminar sus combates. Los otros dos puntos sobre que han versado tus preguntas, no por deseo de saber, sino para que él refiera lo grata que te es esta virtud, los dejo a su cargo; que no le serán de difícil resolución, ni le servirán de jactancia: responda, pues, y que la gracia de Dios se lo conceda.

Cual discípulo que responde a su maestro con gusto y prontitud en aquello en que es experto, a fin de revelar su mérito, así respondí yo:

—La Esperanza es una expectación cierta de la vida futura, producida por la gracia divina y los méritos anteriores. Muchas son las estrellas que me comunican esta luz; pero quien primero la derramó en mi corazón fué el supremo cantor[180] del Supremo Señor, "Que esperen en ti los que conocen tu nombre," dice en sus sublimes cánticos; y ¿quién no lo conoce teniendo mi fe? Tú me has inundado después con su oleada en tu Epístola; de modo que ya estoy lleno, y derramo sobre otros vuestra lluvia.

Mientras yo hablaba, en el seno de aquel incendio fulguraba una llama rápida y frecuente como un relámpago. Después me dijo:

—El amor en que me abraso todavía por la virtud que me siguió hasta la palma y hasta mi salida del campo, quiero que te hable, a ti que con ella te deleitas; siéndome por lo mismo grato que me digas lo que la Esperanza te promete.

Yo le contesté:

—Las nuevas y las antiguas Escrituras prefijan el término a que deben aspirar las almas a quienes Dios ha concedido su amistad, y ese término lo veo ahora tal cual es. Isaías dice que cada una de ellas vestirá en su patria un doble ropaje, y su patria es esta dulce vida. Y tu hermano[181] nos manifiesta más claramente esta revelación, allí donde trata de las blancas vestiduras.

Inmediatamente después de pronunciadas estas palabras, se oyó primeramente sobre nosotros: "Sperent in te;" a lo cual respondieron todos los círculos de almas. Luego resplandeció entre ellas una luz tan viva, que si Cáncer tuviera semejante claridad, el invierno tendría un mes de un solo día. Y como la doncella placentera, que se levanta, y va y toma parte en la danza, sólo por festejar a la recién venida, y no por vanidad u otra flaqueza, así vi al esclarecido esplendor acercarse a los otros dos, que seguían dando vueltas cual era necesario a su ardiente amor. Púsose a cantar con ellos las mismas palabras con la misma melodía; y mi Dama fijó en él sus miradas como esposa inmóvil y silenciosa.

—Ese es aquél que descansó sobre el pecho de nuestro Pelícano; es el que fué elegido desde la cruz para el gran cargo.

Así dijo mi Dama; y sus miradas no dejaron de estar más atentas después que antes de pronunciar estas palabras. Como a quien fija los ojos en el Sol esperando verlo eclipsarse un poco, que a fuerza de mirar, concluye por no ver, así me sucedió con aquel último fuego, hasta que me fué dicho:

—¿Por qué te deslumbras para ver una cosa que aquí no existe? Mi cuerpo es tierra en la Tierra, y allí permanecerá con los otros cuerpos hasta tanto que nuestro número se iguale con el eterno propósito. Las dos luces que se elevaron antes son las únicas que existen en este bienaventurado claustro con sus dos vestiduras; y así lo debes repetir en tu mundo.

Dichas estas palabras, cesó el girar del círculo inflamado juntamente con el dulce concierto que formaba la armonía del triple canto; así como, para descansar o huír de un peligro, se detienen al sonido de un silbo los remos que venían azotando el agua.

¡Ah! ¡Cuánta fué la turbación de mi mente cuando me volví para ver a Beatriz, y no pude lograrlo, a pesar de encontrarme cerca de ella y en el dichoso mundo!

CANTO VIGESIMOSEXTO

MIENTRAS yo permanecía indeciso a causa de mi deslumbrada vista, salió la fúlgida llama que la deslumbró una voz, que llamó mi atención diciendo:

—En tanto que recobras la vista que has perdido mirándome, bueno es que hablando conmigo compenses su pérdida. Empieza, pues, y dime adónde se dirige tu alma, y persuádete de que tu vista sólo está ofuscada, pero no destruída; pues la Dama que te conduce por esta región luminosa tiene en su mirada la virtud que tuvo la mano de Ananías.

Yo dije:

—Venga tarde o temprano, según su voluntad, el remedio a mis ojos, que fueron las puertas por donde ella entró con el fuego en que me abraso. El bien que esparce la alegría en esta corte es el "alfa" y el "omega" de cuanto el amor escribe en mí, ya sea leve o fuertemente.

Aquella misma voz que había desvanecido el miedo causado por mi súbito deslumbramiento, excitó nuevamente en mí el deseo de hablar, diciendo:

—Es preciso que te limpies en una criba más fina: es preciso que digas quién dirigió tu arco hacia tal blanco.

—Los argumentos filosóficos—contesté—, y la autoridad que desciende de aquí, han debido infundirme tal amor; porque el bien, por sí mismo, apenas es conocido, enciende tanto más el amor, cuanta mayor bondad encierra. Así pues, la mente de todo el que conoce la verdad en que se funda esta prueba, debe inclinarse a amar con preferencia a ninguna otra cosa aquella esencia,[182] en la cual hay tanta ventaja, que los demás bienes existentes fuera de ella no son más que un rayo de su luz. Esa verdad la ha declarado a mi inteligencia aquel que me demuestra el primer amor de todas las substancias eternas. Me la declaran también las palabras del veraz Hacedor, que dijo a Moisés hablando de sí mismo: "Yo te mostraré reunidas en mí todas las perfecciones." Tú también me la declaras en el principio de tu sublime anuncio, que publica en la Tierra el arcano de arriba más altamente que ningún otro.

Y yo oí:

—Por cuanto te dice la inteligencia humana, de acuerdo con la autoridad divina, reserva para Dios el mayor de tus amores. Pero dime todavía si te sientes atraído hacia él por otras cuerdas, y dime con cuantos dientes te muerde este amor.

No se me ocultó la santa intención del águila de Cristo; pues comprendí hasta dónde quería llevar mi confesión: por eso empecé a decir:

—Todos los estímulos que pueden obligar al corazón a volverse hacia Dios concurren en mi caridad; porque la existencia del mundo y mi existencia, la muerte que El sufrió para que yo viva, y lo que espera todo fiel como yo, juntamente con el conocimiento antedicho, me han sacado del piélago de los amores tortuosos, y me han puesto en la playa del recto amor. Amo las hojas que adornan todo el huerto del Hortelano eterno en la misma proporción del bien que aquél les comunica.

Apenas guardé silencio, resonó por el Cielo un dulcísimo canto; y mi Dama decía con los demás: "¡Santo, Santo, Santo!" Y así como la aparición de una luz penetrante desvanece el sueño, excitando el sentido de la vista, el cual acude a la claridad que atraviesa las membranas; y el despertado la rehuye, aturdido en su repentino desvelo, mientras no le ayuda la facultad estimativa, de igual suerte ahuyentó Beatriz todo entorpecimiento de mis ojos con el rayo de los suyos, que brillaba a más de mil millas: entonces vi mejor que antes, y casi estupefacto pregunté quién era un cuarto resplandor que distinguí con nosotros. Mi Dama me dijo:

—Dentro de esos rayos contempla amorosa a su Hacedor la primera alma creada por la Virtud primera.[183]

Como el follaje que doblega su copa al paso del viento, y después se levanta por la propia virtud que la endereza, tal hice yo, maravillado mientras ella hablaba, e irguiéndome después a impulsos del deseo de preguntar que me abrasaba; por lo que empecé de esta suerte:

—¡Oh fruto, que fuiste producido ya maduro! ¡Oh padre antiguo, de quien toda esposa es hija y nuera! Tan devotamente como puedo te suplico que me hables; tú ves mis deseos, los cuales no te manifiesto por oír más pronto tus palabras.

A veces un animal encubertado se agita de modo que manifiesta por los movimientos de su envoltura aquello que desea: del mismo modo la primer alma me daba a conocer por la luz de que estaba revestida la alegría que le causaba complacerme. Después dijo:

–Sin que me lo hayas expresado, conozco tu deseo mejor que tú aquello de que estés más cierto; porque lo veo en el veraz espejo cuyo parhelio son las demás cosas, y que no es parhelio de ninguna. Quieres oír cuánto tiempo ha que Dios me colocó en el excelso jardín en donde ésa te preparó a subir tan larga escala; por cuánto tiempo deleitó mis ojos; la verdadera causa de la gran ira, y el idioma inventado por mí de que hice uso. Sabe, pues, hijo mío, que el haber probado la fruta del árbol no fué la causa de tan largo destierro, sino solamente el haber infringido la orden. En aquel lugar de donde tu Dama hizo partir a Virgilio, estuve deseando esta compañía por espacio de cuatro mil trescientas dos revoluciones del Sol; y mientras permanecí en la Tierra, le vi volver a todas las luces de su carrera novecientas treinta veces. La lengua que hablé se extinguió completamente antes que las gentes de Nemrod se dedicaran a la obra interminable; porque ningún efecto racional fué jamás duradero, a causa de la voluntad humana, que se renueva según la posición y la influencia de los astros. Es cosa muy natural que el hombre hable; pero la naturaleza deja a vuestra discreción que lo hagáis de este o del otro modo. Antes que yo descendiese a las angustias infernales, se daba en la Tierra el nombre de I[184] al Sumo Bien de quien procede la alegría que me circunda; ELI se le llamó después y así debía ser; porque el uso de los mortales es como la hoja de una rama, que desaparece para ceder su puesto a otra nueva. En el monte que se eleva más sobre las ondas estuve yo, con vida pura y deshonesta, desde la primera hora hasta la que es segunda después de la hora sexta, cuando el Sol pasa de uno a otro cuadrante.

CANTO VIGESIMOSEPTIMO

GLORIA al Padre, gloria al Hijo, gloria al Espíritu Santo," entonó todo el Paraíso con tan dulce canto, que me embriagaba. Lo que veía me parecía una sonrisa del Universo, pues mi embriaguez penetraba por el oído y por la vista. ¡Oh gozo!, ¡oh inefable alegría!, ¡oh vida entera de amor y de paz!, ¡oh riqueza segura y sin deseo! Ante mis ojos estaban encendidas las cuatro antorchas, y aquella que había venido primero empezó a lanzar más vivos destellos, transformándose su aspecto cual aparecería el de Júpiter, si éste y Marte fueran aves y trocasen su plumaje. La Providencia, que distribuye aquí a su placer los oficios de cada uno, había impuesto silencio a todo el coro de los bienaventurados, cuando oí estas palabras:

—No te admires al ver que mi semblante se demuda; pues verás demudarse el de todos éstos mientras hablo. Aquel que usurpa en la Tierra mi puesto, mi puesto, mi puesto, que está vacante a los ojos del Hijo de Dios, ha hecho de mi cementerio una sentina de sangre y podredumbre, que al perverso caído desde aquí[185] sirve allá abajo de complacencia.

Entonces vi cubrirse todo el cielo de aquel color que comunica el Sol por mañana y tarde a las nubes opuestas a él; y cual mujer honesta que, segura de sí misma, se ruboriza tan sólo al escuchar las faltas ajenas, así vi yo a Beatriz cambiar de aspecto: un eclipse semejante creo que hubo en el cielo cuando la pasión del Poder Supremo. Después, con voz tan alterada, que no fué mayor la alteración de su semblante, continuó en estos términos:

—Mi sangre, así como la de Lino y la de Cleto,[186] no alimentó a la Esposa de Cristo para acostumbrarla a adquirir oro, sino para que adquiriese aquella vida virtuosa por la que Sixto y Pío, Calixto y Urbano derramaron su sangre después de muchas lágrimas. No fué nuestra intención que una parte del pueblo cristiano estuviese sentada a la derecha y otra a la izquierda de nuestro sucesor, ni que las llaves que me fueron concedidas se convirtieran en una enseña de guerra para combatir contra los bautizados, ni que estuviese representada mi imagen en un sello para servir a privilegios vendidos y falsos, de que con frecuencia me avergüenzo e irrito. En todos los prados se ven allá abajo lobos rapaces disfrazados de pastores. ¡Oh justicia de Dios!, ¿por qué duermes? Los de Cahors y los de Gascuña se preparan a beber nuestra sangre. ¡Oh buen principio, en que fin tan vil has de venir a parar! Pero la alta Providencia, que por medio de Escipión defendió en Roma la gloria del mundo, lo socorrerá en breve según imagino. Y tú, hijo, que todavía has de volver abajo, llevado por el peso de tu cuerpo mortal, abre allí la boca y no ocultes lo que yo no oculto.

Así como nuestro aire despide hacia la Tierra copos de helados vapores, cuando el cuerno de la Cabra del cielo toca al Sol,[187] de igual modo vi elevarse aquel éter puro, y despedir hacia lo alto los vapores triunfantes que allí se habían detenido con nosotros. Mi vista seguía sus semblantes, y los siguió hasta que la mucha distancia me impidió ir más adelante: por lo cual mi Dama, reparando que había cesado de mirar hacia arriba, me dijo:

—Baja la vista y advierte cuánto has girado.

Entonces vi que, desde la hora en que miré por primera vez a la Tierra, había yo recorrido todo el arco formado por el primer clima desde la mitad hasta el fin; de modo que veía más allá de Cádiz el insensato paso de Ulises, y a esta parte casi divisaba la playa donde Europa se convirtió en dulce carga:[188] y aun habría descubierto mayor espacio de este globulillo, a no ser porque el Sol me precedía bajo mis pies un signo y algo más. El amoroso espíritu con que adoro siempre a mi Dama ardía más que nunca en deseos de volver nuevamente hacia ella los ojos; y las bellezas que la naturaleza o el arte han producido para cautivar la vista y atraer los espíritus, ya en cuerpos humanos, ya en pinturas, todas juntas serían nada en comparación del placer divino que me iluminó cuando me volví hacia su faz riente: la fuerza que me infundió su mirada me apartó del bello nido de Leda,[189] y me transportó al cielo más veloz.[190] Sus partes vivísimas y excelsas son tan uniformes, que no sabré decir cuál de ellas escogió Beatriz para mi entrada en él; pero ella, que veía mi deseo, empezó a decirme, sonriéndose tan placentera, que parecía regocijarse Dios en su semblante:

—En esta esfera empieza, como en su meta, el movimiento, que naturalmente cesa en el centro, mientras todo lo demás gira en torno suyo; y este cielo no tiene otro sitio donde adquirir movimiento más que la mente divina, en la cual se enciende el amor que le impulsa y la influencia que vierte sobre las demás cosas. La luz y el amor la circundan, así como él circunda a los otros cielos inferiores; y ese círculo de luz y de amor lo dirige y lo comprende tan sólo Aquél que rodea con él a este cielo. Su movimiento no está determinado por otro alguno; pero los demás están medidos por éste, lo mismo que diez por la mitad y el quinto. Ahora puedes comprender cómo el tiempo tiene sus raíces en este tiesto, y en los otros las hojas. ¡Oh concupiscencia, que de tal modo sumerges en ti a los mortales, que a ninguno le es posible sacar los ojos fuera de tus ondas! Mucho florece la voluntad en los hombres; pero la continua lluvia convierte las verdaderas ciruelas en endrinas. La fe y la inocencia sólo se encuentran en los niños; y después cada una de ellas huye antes de que el vello cubra sus mejillas. Hay quien ayuna balbuceando todavía, y luego que tiene la lengua suelta, devora cualquier alimento en cualquier época; y también hay quien, balbuciente aún, ama y escucha a su madre, y cuando llega a hablar claramente, desea verla sepultada. No de otro modo la piel de la bella hija del que os trae la mañana y os deja la noche, siendo blanca al principio, se ennegrece después.[191] Y a fin de que no te maravilles, sabe que en la Tierra no hay quien gobierne; por lo cual va tan descarriada la raza humana. Pero antes de que el mes de enero deje de pertenecer al invierno, a causa del centésimo de que allá abajo no hacen caso, estos círculos superiores rugirán de tal suerte, que la borrasca, por tanto tiempo esperada, volverá las popas donde ahora están las proas, haciendo que la flota navegue directamente, y que el verdadero fruto venga en pos de la flor.

CANTO VIGESIMOCTAVO

DESPUES que aquella que eleva mi alma al Paraíso me manifestó la verdad contrapuesta a la vida actual de los míseros mortales, recuerda mi memoria que, así como el que ve en un espejo la llama de una antorcha encendida detrás de él, antes de haberla visto o pensado en ella, se vuelve para cerciorarse de si el cristal le dice la verdad, y ve que los dos están acordes, como la nota musical con el compás, así hice yo al contemplar los hermosos ojos en donde tejió amor la cuerda que me sujetó: y cuando me volví, y se vieron heridos los míos por lo que aparece en aquel cielo toda vez que se observe con atención su movimiento, distinguí un punto que despedía tan penetrante luz, que es preciso cerrar los ojos iluminados por ella, a causa de su aguda intensidad. La estrella que más pequeña parece desde la Tierra, colocada a su lado, como una estrella cerca de otra, parecería una luna. Casi tanto como el cerco de un astro parece distar de la luz que le traza, cuando el vapor que lo forma es más denso, distaba del centro de aquel punto un círculo de fuego, girando tan rápidamente, que hubiera vencido en celeridad al movimiento de aquel Cielo que más velozmente gira ciñendo al mundo. Este círculo estaba rodeado por otro, y éste por un tercero, y el tercero por el cuarto, por el quinto el cuarto, y después por el sexto el quinto; sobre éstos seguía el séptimo, de tan gran extensión, que la mensajera de Juno[192] sería demasiado estrecha para contenerlo por completo. Lo mismo sucedía con el octavo y el noveno,[193] y cada cual de ellos se movía con más lentitud según su mayor distancia del Uno, teniendo la llama más clara el que menos distaba de la luz purísima; porque, según creo, participa más de su verdad. Mi Dama, que me veía presa de una viva curiosidad, me dijo:

–De aquel punto depende el Cielo y toda la naturaleza. Mira aquel círculo que está más próximo a él, y sabe que su movimiento es tan rápido a causa del ardiente amor que le impulsa.

Le contesté:

–Si el mundo estuviera dispuesto en el orden en que veo esas ruedas, tu explicación me hubiera satisfecho; pero en el mundo sensible se pueden ver las cosas tanto más rápidas cuanto más apartadas están de su centro: así es que, si mi deseo debe tener fin en este maravilloso y angélico templo, cuyos únicos confines son el amor y la luz, necesito todavía oír cómo es que el modelo y la copia no van del mismo modo; porque yo en vano reflexiono en ello.

—Si tus dedos no bastan para deshacer ese nudo, no es maravilla: ¡tan sólido se ha hecho por no haber sido tocado!

Así dijo mi Dama; después añadió:

—Medita lo que voy a decirte, si quieres quedar satisfecho, y aguza sobre ello el ingenio. Los círculos corpóreos son anchos y estrechos, según la mayor o menor virtud que se difunde por todas partes. Cuanto mayor es su bondad, más saludables son los efectos que produce; y el cuerpo mayor contiene mayor bondad, con tal que sean todas sus partes igualmente perfectas. Ahora bien, este círculo en que estamos, que arrastra consigo todo el alto universo, corresponde al que más ama y más sabe; por lo cual, si te fijas en la virtud y no en la extensión de las substancias que te aparecen dispuestas en círculos, verás una relación admirable y gradual entre cada Cielo y su inteligencia.

Puro y sereno, como queda el hemisferio del aire cuando Bóreas sopla con la menos impetuosa de sus mejillas, limpiando y disolviendo la niebla que antes lo obscurecía todo, y haciendo que el cielo ostente las bellezas de toda su comitiva, quedé yo cuando mi Dama me satisfizo con sus claras respuestas, viendo entonces la verdad tan brillante como las estrellas en el cielo. Cuando hubo terminado sus palabras, empezaron a chispear los círculos, como chispea el hierro candente; y aquel centelleo, que parecía un incendio, era imitado por cada chispa de por sí, siendo éstas tantas, que su número se multiplicaba mil veces más que el producido por la multiplicación de las casillas de un tablero de ajedrez.[194] Yo oía cantar "Hosanna," de coro en coro, en alabanza del punto fijo, que los tiene y siempre los tendrá en el lugar donde siempre han estado: y aquella que veía las dudas de mi mente dijo:

—Los primeros círculos te han mostrado los Serafines y los Querubines. Siguen con tal velocidad su amorosa cadena para asemejarse al punto cuanto pueden, y pueden tanto más, cuanto más altos están para verle. Aquellos otros amores, que van en torno de ellos, se llaman Tronos de la presencia divina, en los cuales termina el primer ternario; y debes saber que es tanto mayor su gozo, cuanto más penetra su vista en la Verdad, en que se calma toda inteligencia. Aquí puede conocerse que la beatitud se funda en el acto de ver, y no en el de amar a Dios, lo cual viene después; y siendo las obras meritorias engendradas por la gracia y la buena voluntad, la medida de la contemplación procede así de grado en grado. El otro ternario, que germina en esta primavera eterna de modo que no le despoja el Aries nocturno, canta perpetuamente "Hosanna" con tres melodías, que resuenan en los tres órdenes de alegría de que se compone. En esa jerarquía están las tres diosas: primera, Dominaciones; segunda, Virtudes, y el tercer orden es el de las Potestades. Después, en los dos penúltimos círculos giran los Principados y los Arcángeles: el último se compone todo de angélicos festejos. Todos estos órdenes tienen sus miradas fijas arriba, y ejercen abajo tal influencia, que así como ellos son atraídos por Dios, atraen lo que está debajo de ellos. Con tal ardor se puso Dionisio[195] a contemplar esos órdenes, que los nombró y distinguió como yo. Pero Gregorio[196] se separó de él después; así es que en cuanto abrió los ojos en este cielo, se ha reído de sí mismo. Y si un mortal ha revelado en la Tierra una verdad tan secreta, no quiero que te admires; porque el que la vió aquí arriba[197] se la descubrió, con otras muchas cosas referentes a las verdades de estos círculos.

CANTO VIGESIMONONO

SILENCIOSA y con el rostro risueño permaneció Beatriz, mirando fijamente al punto que me había deslumbrado, tanto espacio de tiempo como el que media desde el momento en que el cenit mantiene en equilibrio a los dos hijos de Latona, cuando éstos, cobijados respectivamente por Aries y Libra, se forman una misma zona del horizonte, hasta que uno y otro rompen aquel cinto cambiando de hemisferio.[198] Después empezó así:

—Yo te diré sin preguntar lo que deseas oír, porque lo he visto desde allí donde converge todo "ubi" y todo "quando." No con objeto de adquirir para sí ningún bien (que esto no puede ser), sino a fin de que su esplendor, reflejándose en las criaturas, pudiera decir: "Existo," el Eterno Amor, en su eternidad, antes que el tiempo fuese, y de un modo incomprensible a toda otra inteligencia, se difundió según le plugo, creando nuevos amores. No es decir que antes permaneciera ocioso y como inerte; pues el proceder del espíritu de Dios sobre estas aguas no tuvo antes ni después. La forma y la materia pura salieron juntamente con una existencia sin defecto, como salen tres flechas de un arco de tres cuerdas; y así como la luz brilla en el vidrio, en el ámbar o en el cristal, de manera que entre el llegar y el ser toda no media intervalo alguno, así también aquel triforme efecto irradió a la vez de su Señor, sin distinción entre su principio y su existencia perfecta. Simultáneamente fué también creado y establecido el orden de las substancias; y aquellas en que se produjo el acto puro fueron colocadas en la cima del mundo. A la parte inferior fué destinada la potencia pura; y en el medio unió a la potencia y a la acción un vínculo que nunca se desata. Jerónimo escribió que los ángeles fueron creados muchos siglos antes de que fuera hecho el otro mundo; pero esta verdad está escrita en varios pasajes de los escritores del Espíritu Santo, y la podrás observar si bien la examinas, como que hasta la misma razón la ve en parte; pues no podría comprender que los motores permanecieran tanto tiempo sin su perfección. Ahora sabes ya dónde, cómo y cuándo fueron creados estos amores; de modo que están extinguidos tres ardores de tu deseo. No contarías de uno a veinte con la prontitud con que una parte de los ángeles turbó el mundo de vuestros elementos. La otra parte quedó aquí, y empezó la obra que contemplas, con tanto placer que nunca cesa de girar. La causa de la caída fué el maldito orgullo de aquel que viste en el centro de la Tierra, pesando sobre él toda la gravedad del mundo. Esos que ves aquí fueron modestos, reconociendo la bondad que los había hecho dispuestos a tan altas miras; por lo cual sus inteligencias fueron de tal modo exaltadas por la gracia que ilumina y por su mérito, que poseen una plena y firme voluntad. Y no quiero que dudes, sino que tengas completa certidumbre de que es meritorio recibir la gracia en proporción del amor con que se la pide y acoge. En adelante, puedes contemplar a tu placer y sin otra ayuda este consistorio, si has entendido mis palabras: pero como en la Tierra y en vuestras escuelas se lee que la naturaleza angélica es tal que entiende, recuerda y quiere, te diré más todavía para que veas en toda su pureza la verdad que abajo se confunde, equivocando semejante doctrina. Estas substancias, después de haberse recreado en el rostro de Dios, no separaron su mirada de éste para quien nada hay oculto; así es que su vista no está interceptada por ningún nuevo objeto, y en consecuencia, no necesitan la memoria para recordar un concepto separado de su pensamiento. Allá abajo, pues, se sueña sin dormir, creyendo unos y no creyendo otros decir la verdad; pero en éstos hay más falta y más vergüenza. Los que allá abajo os dedicáis a filosofar, no vais por un mismo sendero; tanto es lo que os arrastra el afán de parecer sabios e ingeniosos: y aun esto se tolera aquí con menos rigor que el desprecio de la Sagrada Escritura o su torcida interpretación. No pensáis en la sangre que cuesta sembrarla por el mundo, y lo grato que es a Dios el que uniforma humildemente sus ideas a las de aquélla. Sólo por parecer docto, cada cual se ingenia y se esfuerza en invenciones, que sirven de texto a los predicadores, mientras que el Evangelio se calla. Uno dice que la Luna retrocedió cuando la pasión de Cristo, y se interpuso a fin de que la luz del Sol no pudiera bajar a la Tierra; otros que la luz se ocultó por sí misma, razón por la cual este eclipse fué tan sensible para los Españoles y los Indios, como para los Judíos. No tiene Florencia tantos Lapi y Bindi[199] como fábulas se pronuncian durante un año y por todas partes en el púlpito; así es que las ovejas ignorantes vuelven del pasto repletas de viento, sin que les sirva de excusa no haber visto el daño. Cristo no dijo a su primer convento: "Andad y predicad patrañas al mundo," sino que les dió por base la verdad: y ésta sonó en sus bocas de tal modo, que al combatir para encender la Fe, solamente se valieron del Evangelio como de escudo y lanza. Ahora, para predicar, se abusa de las argucias y bufonadas; con tal de excitar la hilaridad, la cogulla se hincha y no se desea otra cosa. Pero en la punta de esa cogulla anida tal pájaro,[200] que si el vulgo lo viese, no admitiría las indulgencias de aquellos en quienes confía; por las cuales ha crecido tanto la necedad en la Tierra, que sin pedir pruebas de su autenticidad, se agolparía la gente a cualquier promesa de ellas. Con esto engorda el puerco de San Antonio, y engordan otros muchos que son peores que puercos, pagando en moneda sin cuño. Mas, poniendo fin a esta larga digresión, vuelve ya tus ojos hacia la vía recta, de modo que el camino y el tiempo se abrevien. La naturaleza de los ángeles aumenta tanto su número de grado en grado, que no hay palabra ni inteligencia mortal que pueda llegar a significar ese número; y si examinas bien lo que reveló Daniel, verás que en sus millares no se manifiesta un número determinado. La primera luz que ilumina toda la naturaleza angélica penetra en ella de tantos modos cuantos son los esplendores a que se une. Así pues, como el afecto es proporcionado a la intensidad de la visión beatífica, la dulzura del amor es en los ángeles diversamente fervorosa o tibia. Contempla en adelante la altura y la extensión del Poder Eterno; pues ha formado para sí tantos espejos en los que se reparte, quedando siempre uno e indivisible como antes de haberlos creado.

CANTO TRIGESIMO

ACASO arde la hora sexta distante seis mil millas de nosotros, y este mundo inclina ya su sombra casi horizontalmente, cuando el centro del cielo que vemos más profundo empieza a ponerse de modo, que algunas estrellas van perdiéndose de vista desde la Tierra; y a medida que viene adelantando la clarísima sierva del Sol, el cielo apaga de una en una sus luces hasta la más bella. No de otra suerte desapareció poco a poco a mi vista el triunfo de los coros angélicos, que siempre festeja en torno de aquel punto que me deslumbró, pareciéndome contenido en lo mismo que él contiene; por lo cual, no viendo ya nada, esto unido al amor me obligó a volver los ojos hacia Beatriz. Si todo cuanto hasta aquí se ha dicho acerca de ella estuviera reunido en una sola alabanza, sería poco para llenar el objeto. La belleza que en ella vi no sólo está fuera del alcance de nuestra inteligencia, sino que creo con certeza que su Hacedor es el único que la comprende toda. Me confieso vencido por este pasaje de mi poema más de lo que con respecto a otro punto lo fué jamás autor trágico o cómico; porque así como el Sol ofusca la vista más trémula, del mismo modo el recuerdo de la dulce sonrisa paraliza mi mente. Desde el primer día que vi su rostro en esta vida, hasta mi actual contemplación, no se ha interrumpido la continuación de mi canto; pero ahora es preciso que mi poema desista de seguir cantando la belleza de mi Dama, como hace todo artista que llega al último esfuerzo en su arte. Tal cual la dejo para que la anuncie una trompa de mayor sonido que la mía, que conduce al término su difícil tarea, Beatriz repuso con el gesto y la voz de una guía solícita:

—Hemos salido fuera del mayor de los cuerpos celestes, para subir al cielo que es pura luz;[201] luz intelectual, llena de amor, amor de verdadero bien, lleno de gozo; gozo superior a toda dulzura. Aquí verás una y otra milicia del Paraíso, y una de ellas bajo aquel aspecto con que la contemplarás en el juicio final.

Como súbito relámpago que disipa las potencias visivas, privando al ojo de la facultad de distinguir los mayores objetos, así me circundó una luz resplandeciente, dejándome velado de tal suerte con su fulgor, que nada descubría.

—El Amor que tranquiliza este cielo, acoge siempre con semejante saludo al que entra en él, a fin de disponer al cirio para recibir su llama.

No bien hube oído estas palabras, cuando me sentí elevar de un modo superior a mis fuerzas, y adquirí una nueva vista de tal vigor, que no hay luz alguna tan brillante que no pudieran soportarla mis ojos. Y vi en forma de río una luz áurea, que despedía espléndidos fulgores entre dos orillas adornadas de admirable primavera. De este río salían vivas centellas, que por todas partes llovían sobre las flores, pareciendo rubíes engastados en oro. Después, como embriagadas con aquellos aromas, volvían a sumergirse en el maravilloso raudal; pero si una entraba en él, otra salía.

—El alto deseo que ahora te inflama y estimula para comprender lo que estás viendo, me place tanto más cuanto es más vehemente; pero es preciso que bebas de esa agua antes que sacies tanta sed.

Así me dijo el Sol de mis ojos. Luego añadió:

—El río y los topacios, que entran y salen, y la sonrisa de las hierbas son nada más que sombras y prefacios de la verdad: no es decir que estas cosas sean en sí de difícil comprensión; pues el defecto está en ti, que no tienes aún la vista bastante elevada.

Ningún niño se tira de cabeza tan presuroso al pecho de su madre cuando despierta más tarde de lo acostumbrado, como yo, para mejorar los espejos de mis ojos, me incliné sobre la onda luminosa, que corre a fin de que se perfeccione la vista; y apenas se bañó en ella la extremidad de mis párpados, me pareció que la larga corriente se había vuelto redonda. Después, así como la gente enmascarada parece otra cosa muy distinta en cuanto se despoja de la falsa apariencia bajo la cual se ocultaba, así me pareció que adquirían mayor alegría las flores y las centellas; de modo que vi distintamente las dos cortes del cielo. ¡Oh esplendor de Dios, merced al cual vi el gran triunfo del reino de la verdad! Dame fuerzas para decir cómo lo vi.

Hay allá arriba una luz, que hace visible el Creador a toda criatura que sólo funda su paz en contemplarle; y se extiende en forma circular por tanto espacio, que su circunferencia sería para el Sol un cinturón demasiado anchuroso. Toda su apariencia procede de un rayo reflejado sobre la cumbre del Primer Móvil, que de él adquiere movimiento y potencia; y así como una colina se contempla en el agua que baña su base, cual si quisiera mirarse adornada cuando es más rica de verdor y flores, así, suspendidas en torno, en torno de la luz, vi reflejarse en más de mil gradas todas las almas que desde nuestro mundo han vuelto allá arriba. Y si la última grada concentra en sí tanta luz, ¡cuál no será el esplendor de esta rosa en sus últimas hojas! Mi vista no se perdía en la anchura ni en la elevación de esta rosa, sino que abarcaba toda la cantidad y la calidad de aquella alegría. Allí, el estar cerca o lejos, no da ni quita; porque donde Dios gobierna sin interposición de causas secundarias, no ejerce ninguna acción la ley natural. Hacia el centro de la rosa sempiterna, que se dilata, se eleva gradualmente y exhala un perfume de alabanzas al Sol que allí produce una eterna primavera, me atrajo Beatriz como el que calla al mismo tiempo que quiere hablar, y dijo:

—¡Mira cuán grande es la reunión de blancas estolas! ¡Mira qué gran circuito tiene nuestra ciudad! ¡Mira nuestros escaños tan llenos, que ya son pocos los llamados a ocuparlos! En aquel gran asiento donde tienes los ojos fijos a causa de la corona que está colocada sobre él, antes que tú cenes en estas bodas se sentará el alma de gran Enrique, que será augusta en la Tierra,[202] el cual irá a reformar la Italia antes que se halle preparada para ello. La ciega codicia que os enferma, os ha hecho semejantes al niño que muere de hambre y rechaza a su nodriza. Entonces será prefecto en el foro divino un hombre,[203] que abierta y ocultamente no irá por el mismo camino que aquél; pero poco tiempo le tolerará Dios en su santo cargo; porque será arrojado donde está Simón Mago por sus merecimientos, y hará que el de Alagna[204] se hunda más.

CANTO TRIGESIMOPRIMERO

EN forma, pues, de blanca rosa se ofrecía a mi vista la milicia santa que Cristo con su sangre hizo su esposa; pero la otra, que volando ve y canta la gloria de aquel que la enamora y la bondad que tan excelsa la ha hecho, como un enjambre de abejas, que ora se posa sobre las flores, ora vuelve al sitio donde su trabajo se convierte en dulce miel, descendía a la gran flor que se adorna de tantas hojas, y desde allí se lanzaba de nuevo hacia el punto donde siempre permanece su Amor. Todas estas almas tenían el rostro de llama viva, las alas de oro, y lo restante de tal blancura, que no hay nieve que pueda compararsele. Cuando descendían por la flor de grada en grada, comunicaban a las otras almas la paz y el ardor que ellas adquirían volando; y por más que aquella familia alada se interpusiera entre lo alto y la flor, no impedía la vista ni el esplendor, porque la luz divina penetra en el universo según que éste es digno de ello, de manera que nada puede servirle de obstáculo.

Este reino tranquilo y gozoso, poblado de gente antigua y moderna, tenía todo él la vista y el amor dirigidos hacia un solo punto. ¡Oh trina luz, que centelleando en una sola estrella, regocijas de tal modo la vista de esos espíritus!, mira cuál es aquí abajo nuestra tormenta. Si los bárbaros, procedentes de la región que cubre Hélice diariamente girando con su hijo a quien mira con amor,[205] se quedaban estupefactos al ver a Roma y sus magníficos monumentos, cuando Letrán superaba a todas las obras salidas de manos de los hombres, yo, que acababa de pasar de lo humano a lo divino, del tiempo limitado a lo eterno, y de Florencia a un pueblo justo y santo, ¿de qué estupor no estaría lleno? En verdad que, entregado a tal estupor y a mi gozo, me complacía el no oír ni decir nada. Y como el peregrino que se recrea contemplando el templo que había hecho voto de visitar, y espera, al volver a su país, referir cómo estaba construído, así yo, contemplando la viva luz, paseaba mis miradas por todas las gradas, ya hacia arriba, ya hacia abajo, ya en derredor, y veía rostros que excitaban a la caridad, embellecidos por otras luces y por su sonrisa, y en actitudes adornadas de toda clase de gracia. Mi vista había abarcado por completo la forma general del Paraíso, pero no se había fijado en parte alguna: entonces, poseído de un nuevo deseo, me volví hacia mi Dama para preguntarle sobre algunos puntos que tenían en suspenso mi mente; pero cuando esperaba una cosa, me sucedió otra: creía ver a Beatriz, y vi un anciano[206] vestido como la familia gloriosa. En sus ojos y en sus mejillas estaba esparcida una benigna alegría, y su aspecto era tan dulce como el de un tierno padre.

—Y ella ¿dónde está?—dije al momento.

A lo cual contestó él:

—Beatriz me ha enviado desde mi asiento para poner fin a tu deseo; y si miras el tercer círculo a partir de la grada superior, la verás ocupar el trono en que la han colocado sus méritos.

Sin responder levanté los ojos, y la vi formándose una corona de los eternos rayos que de sí reflejaba. El ojo del que estuviese en lo profundo del mar no distaría tanto de la región más elevada donde truena, como distaban de Beatriz los míos; pero nada importaba, porque su imagen descendía hasta mí sin interposición de otro cuerpo.

—¡Oh mujer, en quien vive mi esperanza, y que consentiste, por mi salvación, en dejar tus huellas en el Infierno! Si he visto tantas cosas, a tu bondad y a tu poder debo esta gracia y la fuerza que me ha sido necesaria. Tú, desde la esclavitud, me has conducido a la libertad por todas las vías y por todos los medios que para hacerlo han estado a tu alcance. Consérvame tus magníficos dones, a fin de que mi alma, que sanaste, se separe de su cuerpo siendo agradable a tus ojos.

Así oré; y aquella que tan lejana parecía, se sonrió y me miró, volviéndose después hacia la eterna fuente.[207] El santo Anciano me dijo:

—A fin de que lleves a feliz término tu viaje, para lo cual me han movido el ruego y el amor santo, vuela con los ojos por este jardín; pues mirándolo se avivará más tu vista para subir hasta el rayo divino. Y la Reina del Cielo, por quien ardo enteramente en amor, nos concederá todas las gracias, porque yo soy su fiel Bernardo.

Como aquel que acaso viene de Croacia para ver nuestra Verónica, y no se cansa de contemplarla a causa de su antigua fama, antes bien dice para sí mientras se la enseñan: "Señor mío Jesucristo, Dios verdadero, ¿era tal vuestro rostro?," lo mismo estaba yo mirando la viva caridad de aquél, que entregado a la contemplación, gustó en el mundo las delicias de que ahora goza.

—Hijo de la gracia—empezó a decirme—, no podrás conocer esta existencia dichosa, mientras fijes los ojos solamente aquí abajo. Ve mirando los círculos hasta el más remoto, a fin de que veas el trono de la Reina a quien está sometido y consagrado este reino.

Levanté los ojos; y así como por la mañana la parte oriental del horizonte excede en claridad a aquella por donde el Sol se pone, del mismo modo, y dirigiendo la vista como el que va del fondo de un valle a la cumbre de un monte, vi en el más elevado círculo una parte del mismo que sobrepujaba en claridad a todas las otras; y así como allí donde se espera el carro que tan mal guió Faetón,[208] más se inflama el cielo y fuera de aquel punto va perdiendo la luz su viveza, de igual suerte aquella pacífica oriflama[209] brillaba más en su centro, disminuyéndose gradualmente el resplandor en todas las demás partes. En aquel centro vi más de mil ángeles que la festejaban con las alas desplegadas, diferente cada cual en su esplendor y en su actitud. Ante sus juegos y sus cantos vi sonreír una beldad, que infundía el contento en los ojos de los demás santos. Aun cuando tuviera tantos recursos para decir como para imaginar, no me atrevería a expresar la mínima parte de sus delicias.

Cuando Bernardo vió mis ojos atentos y fijos en el objeto de su ferviente amor, volvió los suyos hacia él con tanto afecto, que infundió en los míos más ardor para contemplarlo.

CANTO TRIGESIMOSEGUNDO

ATENTO a su dicha, aquel contemplador asumió espontáneamente en sí el cargo de maestro y empezó por estas santas palabras:

—La herida que María restañó y curó fué abierta y enconada por aquella mujer tan hermosa que está a sus pies.[210] Debajo de ésta, en el orden que forman los terceros puestos, se sientan, como ves, Raquel y Beatriz.[211] Sara, Rebeca, Judith, y la bisabuela[212] del Cantor que en medio del dolor producido por su falta dijo "Miserere mei," puedes verlas sucederse de grado en grado, descendiendo, a medida que en la rosa te las voy nombrando de hoja en hoja. Y desde la séptima grada para abajo, como desde la más alta a la misma grada, se suceden las Hebreas, dividiendo todas las hojas de la flor; porque aquéllas son como un recto muro, que comparte los sagrados escalones, según como se fijó en Cristo la mirada de la fe. En esa parte, en que la flor está provista de todas sus hojas, se sientan los que creyeron en la venida de Jesucristo; y en la otra, en que los semicírculos se ven interrumpidos por algunos huecos, se sientan los que creyeron en El después de haber venido; y así como en esa parte el glorioso trono de la Señora del cielo y los otros escaños inferiores forman tan gran separación, así en la opuesta está el trono del gran Juan que, siempre santo, sufrió la soledad y el martirio, y el Infierno después durante dos años;[213] y así también debajo de él, formando a propósito igual separación, está el de Francisco; bajo éste el de Benito, bajo Benito Agustín y otros varios, descendiendo de igual modo hasta aquí de círculo en círculo. Admira, pues, la elevada Providencia divina; porque uno y otro aspecto de la Fe llenarán por igual este jardín. Y sabe que desde la grada que corta por mitad ambas filas hasta abajo, nadie se sienta por su propio mérito, sino por el que contrajo otro, y con ciertas condiciones; porque todos ellos son espíritus desprendidos de la Tierra antes que estuviesen dotados de criterio para elegir la verdad. Fácil te será cerciorarte de ello por sus rostros y también por sus voces infantiles, si los miras y los escuchas bien. Ahora dudas, y dudando guardas silencio; pero yo soltaré las fuertes ligaduras con que te estrechan tus sutiles pensamientos. En toda la extensión de este reino no puede tener cabida un asiento dado por casualidad, como tampoco caben la tristeza, la sed, ni el hambre; pues todo cuanto ves se halla establecido por eterna ley, de modo que aquí cada cosa viene justa como anillo al dedo. Por lo tanto, estas almas apresuradas a la verdadera vida no son aquí "sine causa" más o menos excelentes entre sí. El Rey por quien este reino reposa en tanto amor y deleite, que ninguna voluntad se atreve a desear más, creando todas las almas bajo su dichoso aspecto, las dota según quiere de más o menos gracia: en cuanto a esto baste conocer el efecto; lo cual se demuestra expresa y claramente por la Sagrada Escritura en aquellos gemelos a quienes agitó la ira en el vientre de su madre.[214] Por lo tanto, es preciso que la altísima luz corone de su gloria a los espíritus según sea el color de los cabellos de tal gracia. Así pues, sin consideración al mérito de sus obras, se hallan ésos colocados en diferentes grados, distinguiéndose tan sólo por su penetración primitiva. En los primeros siglos bastaba ciertamente para salvarse tener, junto con la inocencia, la fe de los padres. Transcurridas las primeras edades, fué menester que los varones todavía inocentes adquiriesen la virtud por medio de la circuncisión; pero cuando llegó el tiempo de la Gracia, toda aquella inocencia debió permanecer en el Limbo, si no había recibido el perfecto bautismo de Cristo. Contempla ahora la faz que más se asemeja a la de Cristo, pues sólo su resplandor podrá disponerte a ver a Cristo.

Vi llover sobre ella tanta alegría, llevada por los santos espíritus, creados para volar por aquella altura, que todo cuanto antes había visto no me había causado tal admiración, ni me había mostrado mayor semejanza con Dios. Y aquel amor[215] que fué el primero en descender cantando "Ave, María, gratia plena," extendió sus alas delante de ella. A tan divina cantinea respondió por todas partes la corte bienaventurada, de tal modo que cada espíritu pareció más radiante.

—¡Oh Santo Padre, que por mí te dignas estar aquí abajo, dejando el dulce sitio donde te sientas por toda una eternidad! ¿Qué ángel es ese, que con tanto gozo mira los ojos de nuestra Reina, y tan enamorado está que parece de fuego?

Con estas palabras recurrí nuevamente a la enseñanza de aquel que se embellecía con las bellezas de María, como a los rayos del Sol se embellece la estrella matutina. Y él me respondió:

—Toda la confianza y la gracia que pueden caber en un ángel y en un alma, se encuentran en él, y así queremos que sea; porque es el que llevó la palma a María, cuando el Hijo de Dios quiso cargar con nuestro peso. Pero sigue ahora con la vista según yo vaya hablando, y fija la atención en los grandes patricios de este imperio justísimo y piadoso. Aquellos dos que ves sentados allá arriba, más felices por estar sumamente próximos a la Augusta Señora, son casi dos raíces de esta rosa. El que está a la izquierda es el padre, cuyo atrevido paladar fué causa de que la especie humana probara tanta amargura.[216] Contempla a la derecha al anciano padre de la santa Iglesia, a quien Cristo confió las llaves de esta encantadora flor:[217] a su lado se sienta aquel que vió, antes de morir, todos los tiempos calamitosos que debía atravesar la bella esposa que fué conquistada con la lanza y los clavos;[218] y próximo al otro, aquel Jefe bajo cuyas órdenes vivió de maná la nación ingrata, voluble y obstinada.[219] Mira sentada a Ana frente a Pedro, contemplando a su hija con tal arrobamiento, que ni aun al cantar "Hosanna" separa de ella los ojos: y frente al mayor Padre de familia se sienta Lucía, que envió a tu Dama en tu socorro, cuando cerraste los párpados al borde del abismo. Mas, puesto que huye el tiempo que te adormece, haremos punto aquí, como un buen sastre, que según el paño con que cuenta, así hace el traje y elevaremos los ojos hacia el primer Amor, de modo que, mirándole, penetres en su fulgor cuanto te sea posible. Sin embargo, a fin de que al mover tus alas no retrocedas acaso creyendo adelantar, es preciso pedir con ruegos la gracia que necesitas, e impetrarla de aquella que puede ayudarte: sígueme, pues, con el afecto, de modo que tu corazón acompañe a mis palabras.

Y comenzó a decir esta santa oración:

CANTO TRIGESIMOTERCIO

VIRGEN madre, hija de tu hijo, la más humilde al par que la más alta de todas las criaturas, término fijo de la voluntad eterna, tú eres la que has ennoblecido de tal suerte la humana naturaleza, que su Hacedor no se desdeñó de convertirse en su propia obra. En tu seno se inflamó el amor cuyo calor ha hecho germinar esta flor en la paz eterna. Eres aquí para nosotros meridiano Sol de caridad, y abajo para los mortales vivo manantial de esperanza. Eres tan grande, señora, y tanto vales, que todo el que desea alcanzar alguna gracia y no recurre a ti, quiere que su deseo vuele sin alas. Tu benignidad no sólo socorre al que te implora, sino que muchas veces se anticipa espontáneamente a la súplica. En ti se reúnen la misericordia, la piedad, la magnificencia, y todo cuanto bueno existe en la criatura. Este, pues, que desde la más profunda laguna del universo hasta aquí ha visto una a una todas las existencias espirituales, te suplica le concedas la gracia de adquirir tal virtud, que pueda elevarse con los ojos hasta la salud suprema. Y yo, que nunca he deseado ver más de lo que deseo que él vea, te dirijo todos mis ruegos, y te suplico que no sean vanos, a fin de que disipes con los tuyos todas las nieblas procedentes de su condición mortal, de suerte que pueda contemplar abiertamente el sumo placer. Te ruego además, ¡oh Reina, que puedes cuanto quieres!, que conserves puros sus afectos después de tanto ver; que tu custodia triunfe de los impulsos de las pasiones humanas: mira a Beatriz cómo junta sus manos con todos los bienaventurados para unir sus plegarias a las mías."

Los ojos que Dios ama y venera,[220] fijos en el que por mí oraba, me demostraron cuán gratos le son los devotos ruegos. Después se elevaron hacia la Luz eterna en la cual no es creíble que la mirada de criatura alguna pueda fijarse tan abiertamente. Y yo, que me acercaba al fin de todo anhelo, puse término en mí, como debía, al ardor del deseo. Bernardo sonriéndose me indicaba que mirase hacia arriba; pero yo había hecho ya por mí mismo lo que él quería: porque mi vista, adquiriendo más y más pureza y claridad, penetraba gradualmente en la alta luz que tiene en sí misma la verdad de su existencia. Desde aquel instante, lo que vi excede a todo humano lenguaje, que es impotente para expresar tal visión, y la memoria se rinde a tanta grandeza. Como el que ve soñando, y después del sueño conserva impresa la sensación que ha recibido, sin que le quede otra cosa en la mente, así estoy yo ahora; pues casi ha cesado del todo mi visión, y aun destila en mi pecho la dulzura que nació de ella. Del mismo modo ante el Sol pierde su forma la nieve, y así también se dispersaban al viento en las ligeras hojas las sentencias de la Sibila.

¡Oh luz suprema que te elevas tanto sobre los pensamientos de los mortales! Presta a mi mente algo de lo que parecías, y haz que mi lengua sea tan potente, que pueda dejar a lo menos un destello de tu gloria a las generaciones venideras; pues si se muestra algún tanto a mi memoria y resuena lo mínimo en mis versos, se podrá concebir más tu victoria.

Por la intensidad del vivo rayo que soporté sin cegar, creo que me habría perdido, si hubiera separado de él mis ojos; y recuerdo que por esto fuí tan osado para sostenerlo, que uní mi mirada con el Poder infinito. ¡Oh gracia abundante, por la cual tuve atrevimiento para fijar mis ojos en la Luz eterna hasta tanto que consumí toda mi fuerza visiva! En su profundidad vi que se contiene ligado con vínculos de amor en un volumen todo cuanto hay esparcido por el universo: substancias, accidentes y sus cualidades, unido todo de tal manera, que cuanto digo no es más que una pálida luz. Creo que vi la forma universal de este nudo, porque, recordando estas cosas, me siento poseído de mayor alegría. Un solo punto me causa mayor olvido, que el que han causado veinticinco siglos transcurridos desde la empresa que hizo a Neptuno admirarse de la sombra de Argos. Así es que mi mente en suspenso miraba fija, inmóvil y atenta, y continuaba mirando con ardor creciente. El efecto de esta luz es tal, que no es posible consentir jamás en separarse de ella para contemplar otra cosa; porque el bien, que es objeto de la voluntad, se encierra todo en ella, y fuera de ella es defectuoso lo que allí perfecto. Desde este punto, a causa de lo poco que recuerdo, mis palabras serán más breves que las de un niño cuya lengua se baña todavía en la leche materna. No porque hubiese más de un simple aspecto en la viva luz que yo miraba, pues siempre es tal como antes era, sino porque mi vista se avaloraba contemplándola, su apariencia única se me representaba en otra forma según iba alterándose mi aptitud visiva. En la profunda y clara substancia de la alta luz se me aparecieron tres círculos de tres colores y de una sola dimensión:[221] el uno parecía reflejado por otro como Iris por Iris, y el tercero parecía un fuego procedente de ambos por igual. ¡Ah!, ¡cuán escasa y débil es la lengua para decir mi concepto! Y éste lo es tanto, comparado a lo que vi, que la palabra "poco" no basta para expresar su pequeñez.

¡Oh Luz eterna, que en ti solamente resides, que sola te comprendes, y que siendo por ti a la vez inteligente y entendida, te amas y te complaces en ti misma! Aquel de tus círculos, que parecía proceder de ti como el rayo reflejado procede del rayo directo, cuando mis ojos lo contemplaron en torno, parecióme que dentro de sí con su propio color representaba nuestra efigie, por lo cual mi vista estaba fija atentamente en él. Como el geómetra que se dedica con todo empeño a medir el círculo, y por más que piensa no encuentra el principio que necesita, lo mismo estaba yo ante aquella nueva imagen. Yo quería ver cómo correspondía la efigie al círculo, y cómo a él estaba unida; pero no alcanzaban a tanto mis propias alas, si no hubiera sido iluminada mi mente por un resplandor, merced al cual fué satisfecho su deseo.

Aquí faltó la fuerza a mi elevada fantasía; pero ya eran movidos mi deseo y mi voluntad, como rueda cuyas partes giran todas igualmente, por el Amor que mueve el Sol y las demás estrellas.

FIN

NOTAS:

[1]Can Grande della Scala, señor de Verona y bienhechor de Dante.

[2]La clemencia divina.

[3]La gracia divina, o más bien, la gracia que ilumina.

[4]Según algunos comentadores, éste debe ser Esaú, que renunció a su derecho de primogenitura; según otros, Diocleciano, que abdicó el imperio; según Venturini, el papa Celestino V, y otros creen que el que hizo la gran renuncia es Pilatos.

[5]Se refiere a Jacobo o Israel, que por casarse con Raquel sirvió al padre de ella catorce años.

[6]El filósofo Aristóteles.

[7]La primera de las cuatro divisiones concéntricas del último círculo del Infierno, en donde son castigados los traidores y los matadores de sus propios consanguíneos. Véase el canto trigésimo segundo.

[8]Pape, interjección griega y latina, que significa sorpresa; aleppe, lo mismo que aleph (o Ioseph), voz hebraica, equivalente a jefe, príncipe, etc. La frase, truncada por reticencia, quiere decir: "¡Cómo, Satanás; cómo, Satanás, príncipe del Infierno!... ¿Un audaz mortal se atreve a entrar aquí?"—Fraticelli.

[9]Si no... Esta reticencia expresa el temor y la duda, que inmediatamente desecha Virgilio por respeto al Sér Supremo. Quiere decir: "¡Si no... viniese ayuda del cielo!... Pero, ¿qué digo? Se me ha prometido... y no puede faltar." Se refiere a la llegada del ángel.

[10]El emperador Federico II, siempre en guerra con los Papas, contra los cuales escribió versos, fué excomulgado por Gregorio IX e Inocencio IV, y murió en 1250.—Octaviano degli Ubaldini, de Florencia y del partido gibelino, a pesar de ser Cardenal, dijo una vez, que, si acaso tuviera alma, la perdería por los gibelinos. Por esta razón los coloca Dante entre los herejes.

[11]Guido de Montfort. Para vengar la muerte de Simón, su padre, muerto en Inglaterra por Eduardo, asesinó en 1271, en una iglesia de Viterbo, a Enrique, hermano de aquél, mientras el sacerdote elevaba la

hostia. El corazón del asesinado fué llevado en una copa a Londres, y colocado sobre una columna en el puente del Támesis, para recordar a los ingleses la ofensa que se les había hecho.

[12]Pedro Desvignes, o Pedro della Vigna, jurisconsulto de Capua; gozó por mucho tiempo el favor del emperador Federico II, de quien era canciller y a quien inclinaba lo mismo a la clemencia que a la severidad. Acusado de traición por envidiosos cortesanos, le sacaron los ojos en 1246. Su desesperación fué tal que se estrelló la cabeza contra los muros de su calabozo.

[13]Florencia, cuyo antiguo patrón era el dios Marte. Su estatua ecuestre se conservaba aún en 1337 en el Ponte-Vecchio, de donde la arrancó, juntamente con un trozo del puente, una avenida del Arno.

[14]Manantial de aguas minerales calientes, a dos millas de Viterbo. De él salía un riachuelo con el cual se formaba un baño, al que acudían toda clase de enfermos, y más abajo tomaban y se repartían sus aguas le peccatrici, las mujeres públicas.

[15]Andrés de Mozzi, que fué desposeído del obispado de Florencia a causa de sus vicios, y trasladado después al de Vicenza, por donde pasa el Bacchiglione.

[16]Título de la obra principal de Brunetto Latini, escrita en francés. El "Tesoro" fué publicado en su lengua original por Chabaille (París, 1863), y traducido al italiano por Bono Giamboni (Bolonia, 1878-83, 4 vols.).

[17]Bellísima y honesta doncella, hija de Bellicion Berti, la cual, al mostrarse el emperador Otón IV deseoso de besarla, se volvió hacia su padre diciendo: "Nadie me ha da besar, excepto aquel a quien dé la mano de esposa." Se casó con el conde Guido, de familia germánica, del cual descendieron los condes Guidi, señores de Casentino. De este matrimonio nació Marcovaldo, que fué padre de Guido Guerra, valiente caballero y hombre de gran prudencia y talento, a quien se debió la victoria en la batalla de Benavento.

[18]"Malebolge," fosas malditas. Vocablo dantesco compuesto de "bolge," bolsas, alforjas, y "male" malditas.

[19]En la provincia de Bolonia, situada entre los ríos Savena y Reno, para decir sia o sí, decían sipa o sipó. En el día pronuncian: se pó, que viene a ser el c'est bon de los franceses.

[20]Habiendo roto Dante una de las pilas bautismales de la iglesia de San Juan en Florencia, para salvar a un niño que se ahogaba, fué acusado de sacrilegio. Por esto hace constar aquí que no lo hizo por desprecio a las cosas sagradas, sino por amor a la humanidad.

[21]Esta sombra es la del papa Nicolás III, de la familia de los Orsini de Roma, electo en 1277. Cree que quien le interroga es el alma de Bonifacio VIII; y por eso dice: "¿Estás ya aquí, Bonifacio?" Y añade en seguida: "Me ha engañado en algunos años lo escrito." Es decir: El libro profético, en que nosotros los condenados leemos lo futuro, me ha engañado; porque, según él, tú debías morir en 1303, y no en 1300.

[22]Según la Historia, esta opinión de Dante es exagerada. Sin embargo, Celestino V dijo de Bonifacio VIII, que este papa entró a reinar como un zorro, gobernó como un león y murió como un perro.

[23]Dante alude aquí a Roma, edificada sobre siete colinas, a la que rendían obediencia muchos pueblos y naciones, y permaneció constituída en gran poder y autoridad, mientras (su marido) sus jefes fueron virtuosos: pero decayó en la opinión, que por tanto tiempo había merecido y gozado, cuando la corte romana prefirió a la virtud el oro y la plata, prostituyéndose a los reyes de la tierra.

[24]Tebas, ciudad consagrada a Baco.

[25]Solíase antiguamente, en los testimonios públicos, escribir el ita de los latinos por signo de afirmación, y el no por signo de negación.

[26]Ayer, Viernes, a las tres de la tarde, quiere decir el diablo (pues se supone que habla a las diez de la mañana del Sábado Santo), se cumplieron 1266 años desde que se rompió este puente, a consecuencia de un terremoto, en el momento de la muerte de Jesucristo.

[27]He aquí traducidos los nombres de los doce diablos que Dante menciona en este canto: Malebranche, malas garras.—Malacoda, cola maldita.—Scarmiglione, que arranca los cabellos.—Alichino, que hace inclinar a los otros.—Calcabrina, que pisa el rocío.—Cagnazzo, perro malo.—Barbariccia, el de la barba erizada.—Libicocco, deseo ardiente.—Draghignazzo, veneno de dragón.—Ciriatto-Sannuto, colmillo de jabalí.—Graffiaccane, perro que araña.—Rubicante, inflamado. Todas estas versiones son de Landino.

[28]Mo e issa, voces que significan ahora en lombardo. Mo, del latín modo, que es ahora; issa, elipsis del latín hac, ipsa hora, es también ahora.

[29]Cuéntase que hubo en Colonia un abad tan ambicioso e insolente, que pidió permiso al Papa para que sus monjes pudieran usar capas de escarlata, cintos, espuelas y estribos de plata sobredorada. Esta petición desagradó tanto al Pontífice, que dispuso que en adelante el abad y sus monjes usaran capas negras y mal hechas, y cintos y estribos de madera.

[30]El emperador Federico II encerraba a los culpables de lesa majestad en capas de plomo, y luego los arrojaba al fuego.

[31]Hermanos de una orden de caballería instituída para combatir contra los infieles y los que violaran la justicia. Se les llamó Gaudenti (gozosos) por la vida licenciosa que llevaron.

[32]Agata de color verde obscuro con manchas rojizas, a la que se atribuían virtudes milagrosas contra toda clase de veneno y especialmente contra las mordeduras de las serpientes, y que tenía además la de hacer invisible al que la llevaba.

[33]Agnolo Bruneleschi, florentino.

[34]Para mayor claridad, nótese bien que Dante ve primero tres espíritus: Agnolo Brunelleschi, Buoso Donati y Puccio Sciancato. Luego viene Cianfa en forma de serpiente con seis patas, se arroja sobre Brunelleschi, y los dos se convierten en un solo monstruo, que se va con pasos lentos. Llega después, en forma de serpiente lívida y negra, Guercio Cavalcante: pica a Buoso, le transforma en serpiente y él se vuelve hombre: Buoso huye silbando. Quedan solos en escena Puccio Sciancato, que no ha sufrido transformación, y "aquel a quien llora Gaville;" es decir, Guercio Cavalcante.

[35]Colocados en una misma pira los cadáveres de los hermanos Eteocles y Polinyces, que se habían dado muerte el uno al otro, la llama descubría, bifurcándose, que se odiaban aun después de muertos.

[36]Este espíritu es el conde Guido de Montefeltro.

[37]Dícese que éste fué cierto Griffolino, alquimista, que alabándose de conocer el arte de volar, prometió enseñárselo a un sienés llamado Alberto, el cual al principio le creyó; pero habiendo advertido después el engaño, le acusó ante el obispo de Siena como reo de nigromancia, y

Griffolino fué condenado por dicho obispo a ser quemado vivo, como nigromante.

[38]Gianni Schicchi acometió la empresa de suplantar la persona de Buoso Donati, muerto sin testar; para lo cual se metió en la cama de éste, y fingiendo que estaba cercano a la muerte, testó e instituyó por heredero a Simón Donati, hijo de Buoso, y como legado, dejó a Gianni Schicchi, es decir, a sí mismo, la mejor yegua de las caballerizas de Buoso, llamada Madona Tonina. Dante dice: della Torma por desprecio.

[39]Piña de bronce que primero estuvo sobre la Mole Adriana; en tiempo de Dante estaba en la plaza de la antigua basílica de San Pedro en el Vaticano, y ahora en la sala del gran nicho de Bramante en el jardín que rodean los Museos, llamado por esto "giardin della pigna." Su altura actualmente es de diez palmos, pero en tiempo de Dante, antes de truncada su parte superior, medía unos quince.

[40]Según Fraticelli, cada una de estas cinco extrañas palabras pertenece a diferente lengua; la primera al hebreo, y las otras a cuatro de los principales dialectos derivados de aquélla. Esta opinión parece confirmarla Dante, cuando dice más abajo: "El mismo se acusa: este es Nemrod, etc.;" el que por haber querido construir la torre de Babel, produjo la confusión e hizo que en el mundo no se hable una sola lengua. En tal supuesto, y admitiendo la versión del abate José Venturi (aunque éste dice que las palabras son siriacas), significarían ¡Poder de Dios! ¿Por qué estoy en esta profundidad? Vuelve atrás: escóndete: pero perteneciendo a varias lenguas, sería como si traducidas en español, latín, alemán, francés e italiano, dijésemos: ¡Pardiez!—cur ego—hier—Va-t-en:—fascondi.

[41]Antigua medida inglesa, equivalente a un metro ciento sesenta y ocho milímetros. Cinco alas equivalen, pues, a unos treinta palmos.

[42]Torre inclinada de Bolonia, llamada así del nombre de sus constructores, Felipe y Odón de Garisendi (año de 1110), y que hoy se llama la Torre Mozza por haberla mandado truncar en 1355 el tirano Juan Visconti de Oleggio. Tiene 130 pies de elevación. Al que se coloca al pie de ella en el lado a que se inclina, mirando arriba cuando pasa una nube en sentido contrario a su inclinación, le parece que la torre va a caerse.

[43]Alberigo de Manfredi, señor de Faenza, que ingresó en la orden de los hermanos Gozosos, se había enemistado con sus parientes. Un día, fingiendo reconciliarse con ellos, les invitó a un gran banquete, y en el momento de servirse los postres, les hizo asesinar. De aquí tuvo origen el proverbio italiano: "Ese ha probado la fruta de Alberigo."

[44]"Los estandartes del rey de los Infiernos avanzan."–Imitación del primer verso del himno que entona la Iglesia ante el estandarte de la Cruz, y que aquí aplica irónicamente Virgilio hablando de Lucifer.

[45]Los tres rostros de diversos colores significan las tres partes del mundo entonces conocidas. El rojo o bermejo, los europeos; el entre blanco y amarillo, los asiáticos; el negro, los africanos.–Los tres vientos de que habla luego simbolizan tal vez los tres vicios generadores de todo mal, a saber: la soberbia, la envidia y la avaricia.

[46]Las nueve hijas de Piero, rey de Pella en Macedonia, que habiendo desafiado a las Musas, fueron vencidas y transformadas en urracas. Las mismas Musas son llamadas Piérides.

[47]"Amor, che nella mente mi ragiona"... Así empieza la canción de Dante señalada con el número XV en "Il Canzionere" anotado por Pedro Fraticelli (Florencia, 1911).

[48]Según Aristóteles, la demostración es de dos clases: una llamada propter quod, que es cuando los efectos se deducen de las causas, y otra llamada quia, y es cuando las causas se deducen de los efectos por lo cual este período debe interpretarse del modo siguiente: Contentaos, ¡oh humanos!, con las demostraciones que se pueden deducir de los efectos, por los cuales se viene en conocimiento de sus causas, y no pretendáis conocer más de lo que los hechos os demuestran: que en las cosas que son superiores a la inteligencia humana y a la fuerza de la razón, se ejercita la fe.

[49]La Marca de Ancona, gobernada por Carlos de Anjou.

[50]Padua, fundada por Antenor.

[51]Pía de Tolomei, natural de Siena, casó con Nello o Paganello Pannocchieschi, señor del castillo della Pietra, en la Marisma Toscana, el cual, creyéndola infiel, le dió muerte, en 1295, mandando, según refiere algún comentarista, arrojarla por una ventana.

[52]Pedro III de Aragón.

[53]Carlos I, conde de Provenza y rey de Pulla.

[54]Alfonso III, primogénito de Pedro el Grande, que sucedió a su padre, y sólo reinó seis años, muriendo en 1291.

[55]No será tan honrosa su sepultura cuando muera enlazada a la casa de los Visconti de Milán, como lo sería si hubiera guardado fidelidad a la de los Visconti de Gallura. Los primeros tenían una víbora en su escudo; los segundos un gallo.

[56]Las constelaciones del Eridano, de la Nave y del Pez de oro.—Alegóricamente son las tres virtudes teologales.

[57]La esposa de Titón es la Aurora, y su frente aparecía coronada en las estrellas que forman el signo de Piscis.

[58]Símbolo de los siete pecados capitales.

[59]Guido Guinicelli, poeta de Bolonia, y Guido Cavalcanti, otro célebre poeta florentino, hijo de Cavalcante: éste hizo olvidar la fama del primero; murió en 1301.

[60]Voces con las que designaban los niños al pan y al dinero. Quiere decir: Al cabo de mil años, que son nada comparados con la eternidad, tu fama no será mayor si mueres viejo, que si hubieses muerto en la infancia.

[61]Para librar a un amigo suyo, un tal Vigna, que sólo mediante la suma de diez mil florines de oro podía salir de la cárcel, donde lo tenía Carlos I, rey de Pulla, se presentó en la plaza de Siena a pedir limosna, tembloroso y angustiado.

[62]Luzbel.

[63]Apolo.

[64]Florencia.

[65]En los puercos, perros, lobos y zorras de que habla en este párrafo ha simbolizado Dante respectivamente a los casentinos, aretinos, güelfos florentinos y pisanos. El cazador a que se alude es Fulcieri da Calboli, que, siendo en 1302 potestad de Florencia, fué inducido por los Negros a perseguir a los Blancos, a muchos de los cuales puso por dinero en manos de sus enemigos.

[66]El protomártir San Esteban.

[67]Atenas, por cuyo nombre trabaron gran contienda Neptuno y Minerva.

[68]El pueblo hebreo.

[69]Los troyanos.

[70]Los geománticos solían trazar figuras de puntos hechos a la ventura, y cuando resultaba una parecida a la de las estrellas que forman lo último del signo Acuario y el principio del de Piscis, la llamaban su mayor fortuna.

[71]Palabras del salmo CXVIII, con las que aquellas almas expresan el apego que tuvieron a los cosas terrenas.

[72]"Sabe que yo fuí sucesor de Pedro." Este es Ottobon de Fieschi, conde de Lavagna, pontífice con el nombre de Adriano V, que reinó un mes y nueve días: murió en 1276.

[73]San Nicolás, obispo de Mira, dotó a tres doncellas que a causa de su pobreza se veían en peligro de llevar una vida deshonesta.

[74]Carlos de Valois. El destierro de Dante provino principalmente de la ida de este príncipe a Florencia, enviado por el papa Bonifacio VIII en calidad de mediador entre los dos partidos en que estaba dividida la ciudad.

[75]Cuéntase que la isla de Delos, en el Archipiélago, temblaba y se movía, hasta que Latona, refugiándose en ella, dió a luz a Apolo y Diana, representados por la Mitología en el Sol y la Luna, que Dante llama aquí los dos ojos del Cielo.

[76]Homero.

[77]Algunos teólogos y predicadores místicos de la Edad Media pretendían que Dios había escrito de propio puño las palabras Homo Dei en el rostro humano. Como a causa de su flacura, quiere decir Dante, sus ojos (las oes) estaban tan hundidos en la cabeza, claramente podía verse la M, formada por la nariz, las cejas y las mejillas.

[78]El papa Martín IV, natural de Tours. Fué hombre de bien, y muy amigo de la casa de Francia. Dado a la gula, hacía morir las anguilas del lago de Bolsena, ahogándolas en vino blanco generoso y dulce (garnacha), y después de bien guisadas, las comía con afán.

[79]Bonifacio de Fieschi, conde de Lavagna y arzobispo de Ravena.

[80]Así empieza una bellísima canción de Dante, que puede verse en La Vida Nueva.

[81]Jacobo de Lentino, llamado el Notario, y Guittone de Arezzo, poetas mediocres.

[82]Corso Donati, hermano del mismo Forese, jefe de los Negros, y principal causante de los males de Florencia. Forese no nombra a Corso, porque es su hermano.

[83]Los Centauros, engendrados por el consorcio de Ixion con una nube, llenos de vino, intentaron robar la esposa de Piritóo en medio del convite nupcial, por lo cual Teseo los mató. Combatieron con sus dobles pechos, de hombre y de caballo.

[84]Principio del himno que la Iglesia recita en los maitines del Sábado, y que cantan las almas que se purifican del vicio de la lujuria, porque en él se pide a Dios la pureza.

[85]Palabras dichas por María al arcángel San Gabriel. Dante continúa haciendo citar a las almas ejemplos contrarios a los vicios de que se purifican. Enumeran los ejemplos en alta voz, porque con ellos las almas se reprenden a sí mismas: el himno lo cantan en voz baja, como una oración que dirigen a Dios.

[86]Arnaldo Daniel, célebre poeta provenzal del siglo XII, celebrado por Petrarca como gran maestro de amor y como el primer poeta en lengua vulgar. Escribió novelas caballerescas en prosa.

[87]Gerardo Borneil, poeta de Limoges.

[88]Tu albedrío es ya libre; recto y sano, por el esclarecimiento de tu razón y el dominio de tus pasiones: por lo tanto te hago señor de ti mismo, en lo tocante a la dirección civil (corona), y a la espiritual (mitra).

[89]Beati, quorum remissae sunt iniquitates, et quorum tecta sunt peccata: palabras del segundo Salmo penitencial, con las cuales la Dama congratula a Dante por verle limpio de las manchas de los siete pecados. Esta Dama representa, según algunos comentadores, la Iglesia católica.

[90]Según unos comentadores, los siete dones del Espíritu Santo; según otros, los siete sacramentos.

[91]Los patriarcas, profetas y otros santos varones, que creyeron en la venida de Jesucristo.

[92]Estos diez pasos figuran, según todos los comentadores, los diez mandamientos.

[93]Símbolos de los libros del Antiguo Testamento.

[94]Símbolos de los cuatro Evangelistas.

[95]Las alas son símbolo de la prontitud con que el Evangelio recorrió el mundo. Los ojos, semejantes a los de Argos, lo son de la vigilancia que es necesaria para mantener pura la verdad evangélica contra los sofismas de que se valen las pasiones.

[96]Las tres virtudes teologales: la Fe, color de nieve; la Esperanza, color de esmeralda, y la Caridad, color de fuego.

[97]Las cuatro Virtudes cardinales: Prudencia, Justicia, Fortaleza y Templanza. Se suponen tres ojos a la Prudencia: con uno mira al pasado, para sacar un recuerdo provechoso; con el otro al presente, para no equivocarse al tomar una determinación; y con el otro al porvenir, para evitar a tiempo el mal y prepararse al bien.

[98]San Lucas.

[99]San Pablo.

[100]Los apóstoles Santiago, Pedro, Juan y Judas, escritores de las Epístolas canónicas; y dice de humilde apariencia, porque sus escritos son breves.

[101]S. Juan Apóstol, que cuando escribió el Apocalipsis, estaba cercano a los noventa años.

[102]El velo blanco, el manto verde y el vestido color de fuego, que adornan a Beatriz, simbolizan las tres Virtudes teologales: la corona de oliva indica la Sabiduría.

[103]Cantan, alternando, los versículos del salmo LXXVIII, que el poeta aplica en este lugar a las desventuras de la Iglesia cristiana.

[104]"Dentro de poco no me veréis: pero dentro de otro poco me veréis." Palabras de Jesús, en el Evangelio de San Juan, prediciendo su próxima muerte y su resurrección.

[105]Esto es, un DXV, letras que transportadas equivalen a un DVX, o Capitán, o, como otros quieren, iniciales abreviativas de Dante Xristi Vertagus, Domini Xristi Vicarius, Dominus Xristi Victor o Vitor, etc.

[106]Las manchas de la Luna, que, según el vulgo, eran Caín con un haz de leña.

[107]Beatriz.

[108]Alude a la fábula de Narciso.

[109]Santa Clara, a cuya orden pertenecía Piccarda.

[110]Agamenón.

[111]Al cielo de Mercurio.

[112]Alude al combate de los Horacios y los Curiacios, en que éstos fueron vencidos por aquéllos, quedando Alba sujeta al dominio romano.

[113]Cincinato.

[114]Alude a la destrucción de Fiésole, ocasionada por haber dado asilo esta ciudad a Catilina. En su lugar fué edificada Florencia, donde nació Dante.

[115]El emperador Tiberio.

[116]Hombre de obscuro nacimiento, que al volver de su peregrinación a Santiago de Galicia, llegó a Provenza y se acomodó en casa del conde Raimundo Berenguer. Administrando los bienes de éste, los acrecentó de tal modo que lo que valía diez valió después doce, lo que fué causa de que cuatro hijas del Conde se casaran con cuatro reyes. Romeo, malquistado con Raimundo por algunos barones envidiosos, se separó de él, y fué mendigando su vida.

[117]Bice, diminutivo de Beatriz. Significa que la reverencia que le causaba sólo el oír pronunciar una sílaba de aquel nombre, le tenía con la cabeza baja y sin atreverse a hablar.

[118]Adán.

[119]Ya cuando va tras de él y se llama Espero, ya cuando va delante y se llama Lucífero, de cuya palabra hemos hecho los españoles lucero.

[120]Así comienza una canción de Dante en el Convito.

[121]Esta es el alma de Carlos Martel, muerto en 1295, hijo de Carlos II.

[122]Uno nace, como Solón, a propósito para dar leyes a los pueblos; otro, como Jerjes, para regir imperios; otro, como Melquisedec, para el sacerdocio, y otro, como Dédalo, para la industria.—Estas diferentes aptitudes con que nacen los hombres las infunden los influjos celestes, según el poeta, pero sin distinguir de clases ni de jerarquías.

[123]Ricardo de Cammino, que fué muerto por instigación de Altiniero del Calzoni.

[124]Se refiere al sitio de Marsella por Julio César.

[125]Brillantes como el Sol eran los bienaventurados que allí estaban. Los llama cuarta familia, porque se le aparecen en el cuarto cielo. Estos son las almas de los doctores de la Iglesia.

[126]Pedro Lombardo, llamado el Maestro de las sentencias. En el proemio de su obra dice modestamente que con ella hacía un pequeño dón a la Iglesia, como la viuda de que habla San Lucas, cap. XXI.

[127]El rey Salomón.

[128]San Dionisio Areopagita, autor de un libro titulado: De coelesti hierarchia.

[129]Paulo Orosio, que escribió contra los idólatras siete libros de historia, y los dedicó a San Agustín.

[130]Boecio, a quien hizo morir Teodorico, rey de los godos, y que está sepultado en la iglesia de San Pedro llamada Cielo de oro, en Pavía.

[131]Canónigo regular de San Víctor, escocés.

[132]Seguier, profesor de Filosofía y Ciencias, que enseñaba en la rue du Fouarre, de París, donde estaban las escuelas.

[133]Santo Tomás de Aquino.

[134]Los dos grandes jefes que debían guiar a la Iglesia, el uno hacia la caridad por el espíritu de pobreza, el otro a la mayor fidelidad por medio de la predicación, son, respectivamente, San Francisco de Asís, modelo de amor seráfico, y Santo Domingo, dotado de esplendor querúbico por su sabiduría.

[135]La Pobreza.

[136]Jesucristo.

[137]La ninfa Eco, que enamorada de Narciso, se consumió, quedando únicamente su voz. Entiéndase: naciendo el arco exterior de la reflexión de los rayos del arco menor concéntrico, lo mismo que el eco nace de la reflexión de la voz.

[138]San Buenaventura.

[139]Me obliga a ocuparme en Santo Domingo, por quien Santo Tomás habló tan bien de mi jefe San Francisco.

[140]En España.

[141]La Gramática.

[142]Imagine que estas veinticuatro estrellas formen en el cielo dos constelaciones dispuestas en círculo, como aquella corona en que al morir Ariadna, hija de Minos, hizo que se convirtiera la guirnalda de flores que adornaba su cabeza.

[143]El rey Salomón.

[144]Nombres usados antiguamente para significar gentes de poco cacúmen.

[145]La voz de Salomón, modesta como lo es la verdadera sabiduría.

[146]El alma de Caociaguida, tatarabuelo del Poeta.

[147]Según cuenta la crónica de la Tabla redonda, la camarera de la reina Ginebra tosió al notar el primer mal paso dado por su señora, llevada del amor a Lanzarote.

[148]Los Umberti y los Lamberti, que en sus armas tenían bolas de oro.

[149]Los Adimari, uno de los cuales perjudicó mucho a Dante.

[150]Can el Grande, señor de Verona.

[151]El papa Clemente V, de Gascuña, después de haber promovido al imperio a Enrique VII, favoreció a sus enemigos.

[152]Son las tres primeras letras de la palabra Diligite de la frase: Diligite justitiam qui judicatis terram; que se lee en la Sagrada Escritura.

[153]La musa Calíope.

[154]San Juan Bautista.

[155]El águila.

[156]Felipe el Hermoso.

[157]Los reyes Roberto de Escocia y Eduardo I de Inglaterra.

[158]Alfonso, rey de España. Wenceslao, rey de Bohemia.

[159]La bondad de Carlos el Cojo, rey de Pulla y Jerusalén, estará marcada con una I (uno): es decir, que será igual a uno, mientras que sus maldades llevarán por marca una M (mil), serán iguales a mil.

[160]Fadrique, hijo de Pedro de Aragón, que gobierna la isla de Sicilia, donde está el fuego del Etna.—Dice la vileza, porque Fadrique, después de la muerte de Enrique VII, abandonó vilmente la causa de los gibelinos.

[161]Jaime, rey de Mallorca, y Menorca, y Jaime de Aragón, tío aquél y hermano éste de dicho Fadrique.

[162]Dionisio el Agrícola, rey de Portugal. Noruega, en tiempo de Dante, tenía su rey propio.

[163]Rascia, Raugia, Ragusa, ciudad y territorio de la antigua Dalmacia, sobre el Adriático, cuyo rey falsificó los ducados de Venecia.

[164]El emperador Trajano. (Véase el canto X del Purgatorio.)

[165]Ezequías, rey de Judá, a quien Dios, escuchando sus ruegos, concedió quince años más de vida para arrepentirse de sus culpas.

[166]El emperador Constantino, que se hizo griego, esto es, trasladó de Roma a Bizancio la capital del Imperio romano, con las leyes romanas y con el Aguila imperial, por ceder al Papa la ciudad eterna.

[167]Guillermo II, llamado el Bueno, de cuya pérdida se lamenta Sicilia, así como de ver vivos a Carlos el Cojo y Fadrique de Aragón.

[168]Al cielo de Saturno.

[169]San Pedro y San Pablo.

[170]San Benito abad, que dió a conocer allí la religión cristiana.

[171]La constelación de Géminis.

[172]El Sol.

[173]Saturno y Marte.

[174]La Virgen María, llamada por la Iglesia Rosa Mística.

[175]Los bienaventurados.

[176]El arcángel San Gabriel.

[177]San Pedro.

[178]San Pablo.

[179]El apóstol Santiago.

[180]David.

[181]San Juan en el Apocalipsis.

[182]Dios.

[183]Adán.

[184]Otros escriben un (único), El, por Eli, o J, principio del nombre de Jehová, y sobre cada una de estas opiniones se ha discutido mucho.

[185]Lucifer.

[186]Papas y mártires, sucesores de San Pedro.

[187]Cuando el Sol está en Capricornio, o sea en diciembre y enero.

[188]Las playas fenicias, donde Júpiter, transformado en toro, robó a Europa.

[189]Del signo de Géminis.

[190]Al cielo llamado Primer móvil.

[191]La Naturaleza humana.

[192]Iris.

[193]Estos nueve círculos luminosos son formados por los nueve órdenes angélicos, y su punto céntrico es Dios.

[194]La multiplicación duplicada de las casillas del tablero de ajedrez produce una cantidad asombrosa, en esta forma: 1.ª casilla, 1; 2.ª, 2; 3.ª, 4; 4.ª, 8; 5.ª, 16; 6.ª, 32; hasta la casilla 64, que arroja veinte cifras, o sean decenas de trillón. Cuéntase que el inventor del ajedrez fué un indiano, el cual presentó el nuevo juego a un rey de Persia; y habiéndole ofrecido éste darle lo que pidiese, pidió un cuartillo de grano, duplicado y tantas veces multiplicado cuantas eran las casillas del tablero. El rey se

lo concedió riéndose; pero no pudo pagarle, porque no hubo en todo el reino bastante grano para ello.

[195]San Dionisio Areopagita, en su libro De coelesti hierarchia.

[196]San Gregorio el Grande, que modificó el orden de los ángeles seguido por San Dionisio.

[197]San Pablo, que fué transportado al cielo, e instruyó a San Dionisio.

[198]Quiere decir que Beatriz guardó silencio, mirando fijamente a Dios sólo un instante. Los hijos de Latona son el Sol y la Luna: cuando ambos se hallan en el mismo horizonte, uno en frente de otro, en Aries y Libra, como tenidos en balanza por una mano invisible, inmediatamente rompen ese equilibrio aparente, ascendiendo el uno a nuestro hemisferio, y pasando el otro al hemisferio opuesto.

[199]Nombres muy comunes en Florencia.

[200]El demonio.

[201]Del Primer móvil al Empíreo.

[202]Aquí Dante finge predecir en 1300 la coronación del emperador Enrique VII de Luxemburgo, que tuvo efecto en 1308.

[203]El papa Clemente V.

[204]El papa Bonifacio VIII. (Véase el Infierno, canto XIX.)

[205]El Norte, sobre el cual gira constantemente la Osa mayor, junto con su hijo Bootes o Arturo.

[206]Beatriz ha cumplido ya su misión, y desaparece del lado de Dante, sustituyéndole San Bernardo, símbolo de la contemplación y del amor a María, de quien impetra luego que alcance para el Poeta la gracia de ver a Dios; tal vez porque para esto no basta la ciencia teológica, y se necesita de la Gracia.

[207]Dios, eterna fuente de bien.

[208]El carro del Sol.

[209]La Virgen María.

[210]Eva.

[211]Beatriz es la imagen de la Teología, y Raquel de la vida contemplativa.

[212]Ruth, bisabuela de David.

[213]San Juan Bautista estuvo en el Limbo casi dos años, porque murió antes que Jesucristo.

[214]Esaú y Jacob.

[215]El arcángel San Gabriel.

[216]Adán, cabeza del Antiguo Testamento.

[217]San Pedro, cabeza del Nuevo Testamento.

[218]San Juan Evangelista.

[219]Moisés, que está cerca de Adán.

[220]Los ojos de la Virgen María.

[221]La Santísima Trinidad.

9 789358 481457

Printed at Repro India Ltd.